WORLD INC.

When It Comes to Solutions
—Both Local and Global—
Businesses are Now More
Powerful than Government.
Welcome to World Inc.

ワールドインク

ブルース・ピアスキー 著
東方雅美 訳

英治出版

WORLD INC.

ワールドインク

なぜなら、ビジネスは政府よりも強いから

WORLD INC.

by

Bruce Piasecki

まえがき——パトリシア・アバディーン

企業社会は、大きな変化の真っ只中にある。私はこの「メガトレンド」を、「意識ある企業の台頭」と呼んでいる。企業のゴールは常にお金を儲けることだが、より多くの企業が、倫理的かつ環境にやさしい方針をとるようになっている。『ワールドイング』でブルース・ピアスキー博士は、製品開発と企業戦略という現実的なレンズを通して、この状況を分析する。

ピアスキーの発見は、あなたを驚かせ、刺激するだろう。加えてこの本は、あなたが投資家であれ、消費者であれ、ビジネス・リーダーであれ、二一世紀に成功する企業を見出す上で核となる考え方や洞察力を与えてくれる。ピアスキーが説得力をもって語るのは、企業の核となる理念や人道的な行動が、今日の世界における成功の指標となる、ということだ。

より良い世界を望む人や、「企業が世界の状況を変えることができる」と考えている人は、本書を読むと元気付けられるだろう。疑い深い人、批評家、または「企業が大量消費社会の多大な要求を食い物にしている」と責める活動家などは、優れた企業が何に取り組んでいるか、これまでと明らかに異なる見方に出会うことだろう。

ピアスキーの六冊目の著書となる本書は、「より良い製品や事業を創造することにより、企業は（政府や宗教が取り組むよりも）、より良い世界を作ることができる」という、大胆な考え方をテーマとしたものだ。彼の他の著書の内容を進化させたものでもあり、グローバル化や製品戦略、企業と社会のニーズなどについて解き明かすことにより、自説を裏付けている。

キーワードは「より良い（better）」だ。ピアスキーが「より良い」と言うとき、それは本当に良くなることを意味する。『ワールドインク』は製品開発を幅広く、歴史に基づいて検証している。たとえば、戦後のデミングの革新から、それに続くTQM（総合的品質管理）、そして現代まで、どのように製品が進化してきたかを解説している。現代は環境の時代であり、多くの人が環境に関する質問を発するようになっている。「この製品は持続可能か?」「この企業は持続可能か?」ピアスキーは、環境と経済的な持続可能性には、明らかな関連があるという。本書は、社会のニーズに応えながら企業を成長させるための、新たな体系を作り出した。

本書では、新しいタイプの企業、たとえばトヨタ、HP（ヒューレット・パッカード）、GE（ゼネラル・エレクトリック）、ウォルマートなどについて読むことができる。エレクトロラックス、ワールプール、インターフェイスなどの家電メーカー、グリーン・マウンテン・コーヒーやスターバックス、石油会社のシェルやBPなども登場する。すべて、「社会対応（social response）」の側面を製品に取り入れた、先見性のある企業だ。ピアスキーは勝者と敗者を冷静に分析し、気候変動から鳥インフルエンザまでさまざまな社会問題にどう対応するか、その考え方とアドバイスを提供する。先に挙げた企業は「地球を大切にする」「エネルギーを節約する」「価値の高い」「ゴミを出さない」

などの要素を製品に取り入れている。一言で言うと、社会的な価値観を事業に反映させている。

こうしたことすべてが、六〇〇〇万人以上いる意識の高い消費者を喜ばせている。

あなたがその中の一人なら、このような価値観はあなたの購買行動にも影響を与えているだろう。あなたが出勤の途中で買うコーヒーから（日陰栽培か？★1 フェア・トレードか？★2）スーパーで買う洗濯洗剤まで（無リン洗剤か？）。あるいはオフィスで注文するインク・カートリッジに関しても（この高価なものはリサイクルできるのか？）。本書を読むと、あなたが意識的に選択する商品のリストには、家電製品から自動車、コンピュータなどが加わり、さらに広がるだろう。そして、本書の最後の第三部では、新しい価値評価機関（格付け機関）について語られる。この価値評価機関により、企業の透明性や説明責任を高めながら、より良い世界を作ることが可能になるだろう。

ピアスキーは、本書のテーマに関する専門家だ。コーネル大学でビジネスと政策を学び、アメリカ最古の工科大学であるレンセラー工科大学で教鞭をとった。また、AHCグループを創設し、以来二五年ほど社長を務めている。AHCグループはコンサルティング会社で、金融リスクのコントロールと、経営戦略を専門とする。ピアスキーが同社を設立したのは一九八一年だ。偶然にも、IBMが最初のパソコンを発売した年であり、HPなどの企業が本書で書かれたような路線を進みはじめた年である。本書はさまざまな角度から、二一世紀の社会的な意味を考察する。本書のウェブサイト、www.worldincbook.com も今後ぜひ見つづけてほしい。

★1 日陰で栽培することにより、熱帯雨林を伐採することがなくなり、生態系を守ることができる。伝統的にはコーヒーは日陰で栽培されていた。

★2 小規模な生産者と、正当な価格で取引すること。

過去一七年にわたり、ＡＨＣグループは世界の大企業四〇社を対象に、企業アフィリエート・プログラムを実施してきた。参加企業が、エネルギー問題や環境問題や製品におけるリーダーシップと、戦略とを結びつけられるようにするためだ。企業の社会的なポジションと、財務的なリスク削減のニーズと計画を関連付けることで、これを実現している。

一九八一年以来、ピアスキーはアメリカ企業社会の内側に入り込み、加えて、ＢＰやサンコア・エナジー、デュポンやダウなどの主要な多国籍企業の内部にも入り込んできた。彼は何百もの、もしかしたら何千もの企業に対して、エネルギーや環境や製品の選択などの、最新の問題についてアドバイスしてきた。可能なときには、こうした社会のニーズと企業の新製品を整合させるようにしてきた。私も実際に目にしたが、ピアスキーは、長年にわたる教授やコンサルタントの仕事でファシリテーション能力を身につけた。この本を読むと、より優れた製品の開発をファシリテート（促進）するというわれわれの役割を、考えさせられることになる。

要約すると、この本は社会とビジネスに関して、幅広い洞察を提供してくれる。具体的には、以下の点が記されている。

- 企業戦略の新たな「三種の神器」は、どのように資本主義のイデオロギーを作り変えるか。
- 社会的ブランディングは、なぜ企業において必要となってきているのか。
- 価格を基盤とした競争が、急速に時代遅れになりつつあるのはなぜか。
- トヨタ自動車は、社会やエネルギーに対する配慮を、どのようにしてハイブリッド車のプリウスに織り込んだのか。

●HPは大胆な「e-inclusion（デジタル・デバイドの解消）」イニシアチブを展開している。これは第三世界に技術をもたらし、新たなHPの顧客を何百万人も見つけようという試みだ。同社のコスト意識の強い新経営陣の下でも、このイニシアチブが継続されるのはなぜか。

●第三者的な格付け機関としては、イノベスト、S&P（スタンダード・アンド・プアーズ）、IRRC（Investor Responsibility Research Center）などがあり、この分野のパイオニアとしては、カルバート・グループの創設者であるウェイン・シルビーなどがいる。彼らが新たな金融商品や企業価値評価の方法を見出し、それがより良い世界につながるのはなぜなのか。

私のメガトレンド・シリーズの最新刊である『メガトレンド二〇一〇』★の中で、私は情報化時代が急速に終焉を迎えつつあると指摘した。代わって、ピアスキーが「グローバル・エクイティ文化」と呼ぶ、非常に魅力的な新時代が訪れつつある。この概念のもとに彼が書き記しているのは、人々の社会的、知的、環境的な意識の高まりを受けて、企業が優れた製品を開発するプロセスだ。『メガトレンド二〇一〇』で、私は社会で起こっていることを書いた。ピアスキーが目を向けるのは、主要な企業の中でわき起こっている新たな力である。生き残るためにはすべての企業がこれを実行し、熟達しなければならない。

★ Patricia Aburdene, *Megatrends 2010: The Rise of Conscious Capitalism* (Hampton Roads Pub Co Inc, 2005). パトリシア・アバディーン著『メガトレンド二〇一〇』（経沢香保子監訳、ゴマブックス、二〇〇六年）

つまり、『ワールドインク』は、利益の出る製品と社会的な視点との融合という新たな状況を描き出し、革命的なビジネスの真理を提示する。この真理は、資本主義経済において企業を今後何十年かにわたり動かしていくだろう。すなわち、「よく作られた製品は、社会においてカギとなる価値観を具現化する」のである。

『メガトレンド二〇一〇』著者　パトリシア・アバディーン

CONTENTS

ワールドインク　目次

3

社会対応型資本主義《ソーシャル・レスポンス・キャピタリズム》――経済は根本から進化する 65

6 信頼できるリーダーを育てる――10のレッスン 153

第3部　ピープルインク――資本主義の未来

本文中、（　）内に番号を振っているものは原注、★は訳注である。（編集部）

PART ONE

THE QUIET REVOLUTION

第1部

静かなる革命

1

ワールドインクの時代

——企業の役割が変化する

企業の統合は、世界中で驚くほどの速さと規模で進んでいる。ある企業が別の企業と合併すると、その規模は一夜にして何倍にもなる。それはいまや珍しいことではないが、本当のところそれが何を意味するか、われわれは知らない。

ある上院議員とエレベーターで五分間ほど乗り合わせたときのことだ。ワシントンでの重要な議会の直前だった。企業合併の世界的な状況について話していると、議員は言った。「セブン・シスターズ（世界の七大石油会社）があれだけ巨大になったのは、やったことがどこか正しかったからに違いない。借金をしまくったとか、難しい技術にまじめに取り組んだとか、世界中に事業を拡大したとか、そういうことだけではないはずだ。どこかが正しかったのだ。君はそうは思わないかね？」

私はこのことを、一〇年ほど考えつづけてきた。セブン・シスターズはいまでは五社になってしまった。ということは、正しいことをやらなかった会社もあるのだろう。しかし、企業が急速に成長するのは、正しいことをした結果なのだろうか？　そしてこの「正しい」とは、正確にはどういう意味なのだろう。環境に対して正しいことなのか、人間に対して正しいことなのか。他者を犠牲にしても、株主に対して正しければよいのか。企業が成長するのは世界にとって良いことなのか、それとも悪いことなのか。そこで暮らすわれわれ人間にとってはどうなのだろう。

以下の点について考えてみてほしい。

❶世界の経済主体の規模を比較すると、上位一〇〇位に含まれる五一の組織は企業であり、国家ではない。
❷そうした企業は独自に巨大な帝国を築いており、政治的にも大きな力を持っている。
❸海外資産の二〇％を、多国籍企業の最大手一〇〇社がコントロールしている。この一〇〇社は、どれもよく知られた会社である。
❹世界の総資産の二五％は、ＩＢＭ、デュポン、ハネウェル、ダウといった多国籍企業の大手三〇〇社により所有されている。相当な影響力だ。
❺世界中の貿易のなんと四〇％が、これらの多国籍企業の間で行われている。小規模な企業が彼らを研究し、真似しようとするのもそのためだ。
❻国内総生産（ＧＤＰ）が、世界の最大手六社のそれぞれの年間売上高を上回る国は、二一カ国しかない。

このように、核となる数社が規模と活動範囲の両面において拡大することにより、世界が動かされている。売上高が三〇〇〇億ドルを超え、一五〇以上の国で活動する企業はもはや珍しくない。GEやウォルマート、マイクロソフトなどがその例だ。

こうした新たな世界の状況により、さまざまなものが改善されている。車やコンピュータ、食べ物やその安全性が改善されている。医療機器や人生の長さ、快適さ、満足度が向上している。家電製品や家の建築までもが改善されている。われわれを苦しめている社会問題も、企業と政府が連携し合って解決される。しかも、社会とビジネスの両方にメリットのある形で。実際、そうなるべきなのである。われわれの未来がかかっているのだから。

私がこう考えるようになったのはなぜか。それは、本書を通じて時間をかけて説明していく。ただ、最初に理解しておいてほしいのは、企業の巨大化とグローバル化は新しい出来事ではないし、それに向けてこれから準備できるような未来の出来事でもないということだ。それは現実である。巨大多国籍企業に影響されない国など、ほとんど存在しない。巨大多国籍企業によって日々の生活が直接左右されない個人など、ほとんど存在しない。夕飯で食べる食品から、仕事をこなすための道具、家族を安全に保つためのツールまでもが、影響を受けている。空港や病院さえもが、石油会社や自動車会社の事業活動の影響を受ける。通勤や売店もしかりである。

人類史上初めて、世界の人口の五分の四が街で暮らすようになり、農場や田舎では暮らしていない。この急速な都市化を推し進めたのは、石油やエネルギー、人々の移動の手段、物価などだ。都市化により、ミラノやローマで買いものができたり、ロンドンやシンガポールなどの巨大都市で楽しめるようになった。こうしたことが可能になったのは、この本で解明される企業の戦略のおかげである。

これがいまわれわれが暮らす世界の姿だとすると、将来も成功しつづけ、生きながらえるためには、この世界の姿をよく認識し、理解しなければならない。トーマス・フリードマンの『フラット化する世界』★で示されたように、われわれはこの急速なグローバル化を当然のこととして考え、気ままに楽しんでいる。「すばらしい」とわれわれは言う。ソニーにはこんなに多くのエンターテインメントがあり、ウォルマートではこんなに安く世界からの輸入品が買え、iＰｏｄやＨＰのノートパソコンや携帯用端末には「無料で」すばやく情報を入れることができる。しかし、それでもわれわれはここで立ち止まって、この状況を評価し、この数々の急速な変化の力を利用する方法を考えなければならない。

私はこの本を、多国籍企業の力と責任についての話で始めようと思う。企業の力と責任についての話は、本が進むにつれ深められ、声高になり、意味付けされ、そして、何社かの今後二〇～三〇年の戦略に焦点が当てられる。この話のポイントは次のとおりである。「より良い世界にするための最善の方法は、大企業がより良い製品を開発することである」

アルキメデスは、次の有名な言葉を残した。「十分な大きさのテコを持ってきなさい。そうすれば地球を動かしてみせる」。この工業化時代以前の偉大な思考家は、テコの支点を見つける

★ Thomas L. Friedman, *The World Is Flat: A Brief History of the Twenty-first Century* (Farrar. Straus and Giroux, 2006)
トーマス・フリードマン著『フラット化する世界』（伏見威蕃訳、日本経済新聞社、二〇〇六年）

ことが重要であると理解していた。今日、投資や希望の支点となっているのは、人々が世界をより良くしたいと願うことだ。

われわれは個々人の生活や企業において、何にお金を使うか、その選択を通じて世界を良くするための支点を見つけることができる。パトリシア・アバディーンが書いてくれたまえがきによれば、本書は変革の力を持っている——もし読者が変革を許すならば。社会は常に読書家や思考家により刺激を受け、変革されてきた。読書家や思考家は、行動も起こす。この本を読み終える頃には、あなたは理解することだろう。仕事や生活において、変革を推し進めるような前向きな行動が、可能であるだけでなく、同時に利益をもたらすということを。**図1**で示したのは、「社会対応型資本主義（Social Response Capitalism）」の仕組みだ。すなわち、個人の選択が積み重なると、テコの力で世界さえも動かせるということだ。

図1　変化を起こすテコ：社会対応型資本主義

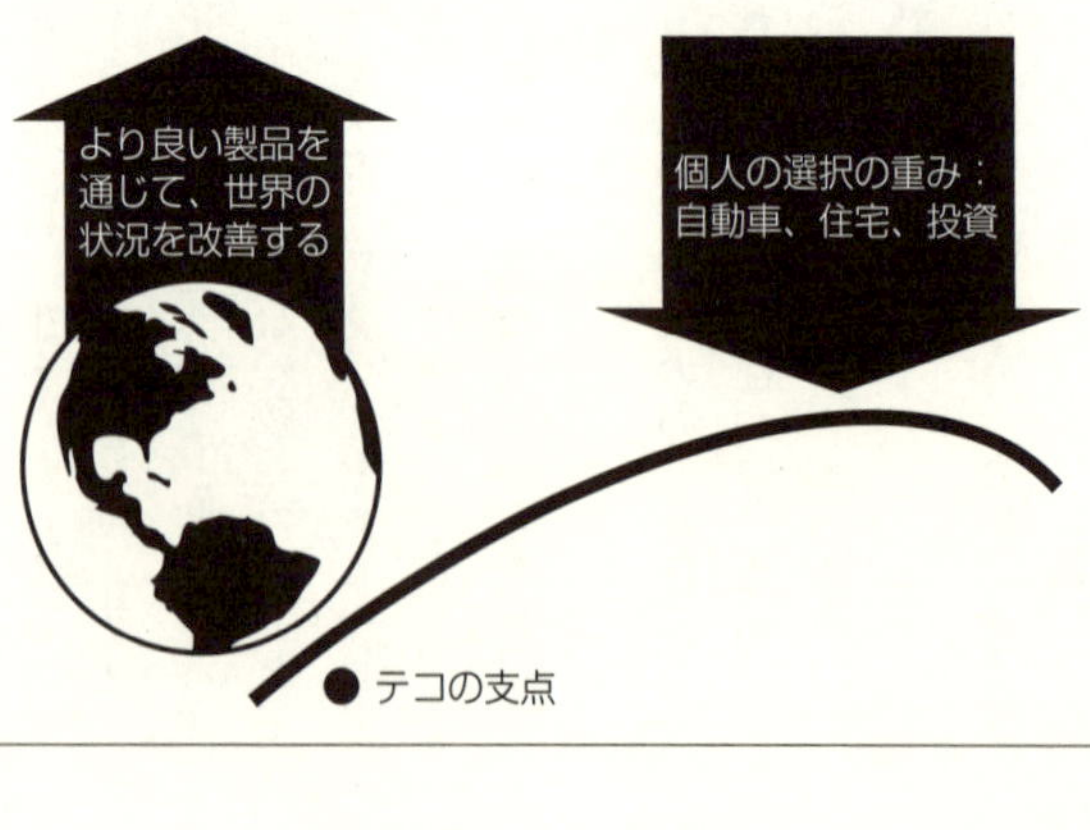

ハビブ博士の講演から見えてきた、企業の社会的な課題

最初に取り上げるのは、石油大手のシェブロンと、その才能豊かなチーフ・エコノミストであるエドガード・ハビブ博士の話だ。ビジネス界の人間は、ハビブを「思考家の司令塔」と呼ぶ。わが社のある社員は、「視野を広く持った、鋭い天気予報官」と言う。ハビブはシェブロンの選択肢を組み合わせ、選ぶことにより、同社を育て、伸ばしてきた。彼は政治的、経済的なリスクを鋭く分析し、それをシンプルで使いやすい財務的なリスクに落とし込んだ。ハビブはシェブロンが進出しようとする国々の政治状況を調べ、事実を積み上げてその国のニーズを描き出し、どうすればシェブロンがそのニーズを満たせるかを考えた。

ハビブの天気予報官的な側面は、「シェブロンはこの合併を実行すべきだ」などの予測をするときに現れる。彼は自身の理屈を力強く気高く語り、どこに障害がありそうかを指し示す。ここで重要なことは、「いつ」その問題が起こるかを、ハビブがきわめて正確に予測できることだ。ほとんどの場合、彼は内密にアドバイスを提供する。ハビブが自身の見解を話すとき、それは信頼感があり、市場を動かす勘や情熱を感じさせる。

二〇〇五年の夏、私はハビブに、われわれAHCグループのワークショップで話をしてくれないかと頼んだ。

わが社のワークショップは、産業界の大物を幅広く集め、理論や実践について討議し、考えを披露し合い、手法や秘密を分かち合う――そのような評判を、すでに一〇年にもわたり勝ち得て

きた。さまざまな視点が提供され、議論の応酬があり、差し迫った問題について良いディベートが行われてきた。どんな大物も、社会的な問題に立ち向かうに当たって、防弾チョッキで身を守らなかった。大物に対して厳しい質問をするのはこのワークショップの長年の伝統であり、そうするからこそお互いに学びあえるのだ。

ハビブがスピーカーを務めたこのワークショップには、メンバー企業であるHPやダウ、デュポン、BP、ハネウェル、アメリカ空軍などから、トップ・エグゼクティブたちが参加していた。加えてわれわれは、複数のCEOや会長、そしてビジネスの食物連鎖の頂点にいるような人々を呼び集めた。ハビブに対して見識のある質問を用意してくるような人々を、今後メンバーになってもらいたい企業から招待したのだ。**図2**は、AHCグループのアフィリエート・プログラムに参加し、議論を行うメンバー企業

図2　信頼できるリーダーを育てる

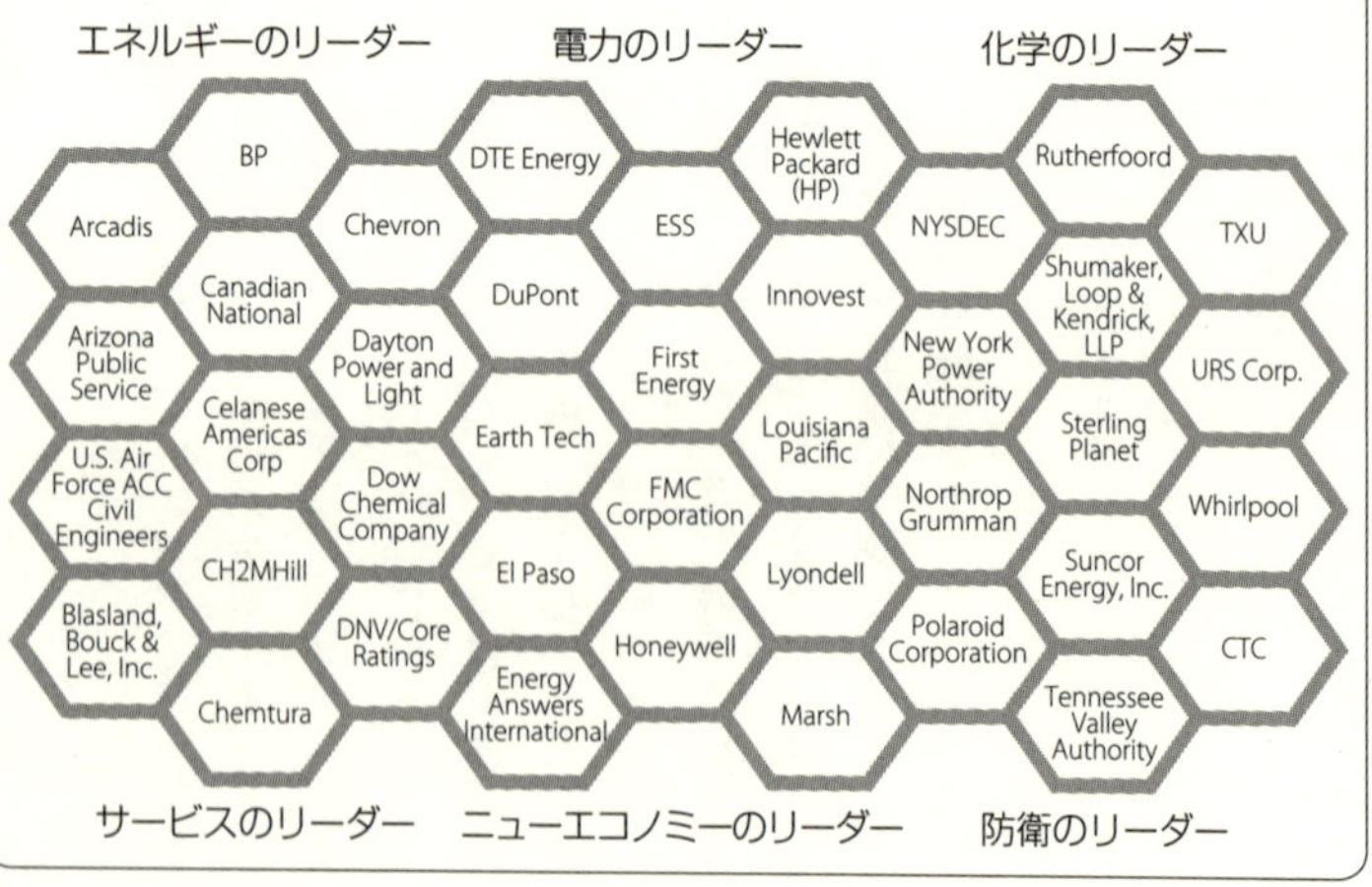

の一例を「ハチの巣」状に描いたものである。この図から、ハビブの話をその六月の日に聞いたメンバーの豪華さや多彩さを感じ取ってもらえることと思う。

ハビブが話しはじめると、緊張感が漂った。携帯電話はすべて電源を切られ、いつもなら起こるひそひそ話も姿を消した。聴衆の大半は、なぜ緊張感が漂っているのか理解していた。ハビブの話の内容は、すべての参加者を傷つけるか助けるか、どちらかであることが感じられたからだ。

企業がこの世界で多くを所有するようになったため、真に戦略的に買収を検討する余地はどんどん少なくなっている。中国はここ一〇年で急速に成長した。今後も中国の石油への渇望は続き、それはさらに激しくなる。ワークショップが開かれた当時、シェブロンはカリフォルニアの石油会社であるユノカルの買収を計画していたが、同時に中国海洋石油もユノカル買収に名乗りを上げていた。ユノカルはアジアに独自の権利を複数持っており、シェブロンと中国の両者にとって魅力的な存在だった（最終的には、シェブロンがユノカルを買収することとなった）。

われわれは新たな緊張感をもってハビブ博士を見た。われわれは彼を前に言葉を探した。それは、彼が多くの足がかりを伝ってキャリアを形成し、階段を上り詰めて、われわれの心の奥底の疑問に答えられる地位まで到達したかもしれないと、知っていたからだ。われわれはまず、次のように尋ねた。「ハビブ博士、もしあなたがこの状況を取り仕切っていたとしたら、どうしますか。中国にユノカルの石油をすべて渡しますか。それとも、高いお金を払って中国を追い出しますか？」

錆び付いた蝶つがい

「ハビブとシェブロンが中国にどう対処するか」という質問よりもさらに深く、われわれの多くは今回の買収の社会的な意味合いについて、多くの疑問を持っていた。「シェブロンがユノカルを傘下に置きつづけると決めたならば、それは国際政治における巨大多国籍企業の役割について、どういう意味を持つのか。もし中国の拡大するエネルギー需要を解決するとしたら、たとえばユノカルの買収を認めるとしたら、それに関連する多くの社会的問題は無視することになるのか。具体的には、中国がユノカルを買収する結果起こり得る、大気中の温室効果ガスの増加や、今後何年もアメリカへの石油供給が減少することについては、考えないのか」

ハビブ博士は、政治的・経済的な事実をおさえた上で、驚くほどのスピードで話した。ハビブの手にかかると、経営戦略は日本の優れた剣士による剣術のようだった。彼はたちまちのうちに質問をさばいていった。「はい。もちろん、大企業には社会的義務があります。はい。もちろん、われわれは世界でのシェブロンのポジションを向上させなければなりません。しかし、われわれが行っていることは、ここに出席しているどの大企業とも違いはありません」

われわれの多くが同じことをするであろう――最後に彼がこう断定したことは、われわれのあいだに大きな不安を引き起こした。今になって思えば、あの部屋にいた大物たちの抱いた緊張感は、この本の中心的なテーマに大きく関係している。つまり、企業が成長し世界に進出すると、企業の社会的な義務も拡大する。企業を運営するリーダーたちは、そのことを直感的に理解するのだ。ただ、こうしたリーダーたちの直感は一般的な論調に押しつぶされがちだ。

現代という新しい世界では、ハリケーン一つでニューオリンズのような大都市が破壊され、石油という一つの商品の需要で国際政治が混乱する。そうした世界では企業の規模に関して質問を投げかけることは意義がある。『ワールドインク』ではそうした問いを発し、将来が満足のいくものになるか、混乱したものになるかを問うのである。

近未来に続くドア

ハビブにHPやデュポン、BPといった大企業の前で話してもらったことにより、われわれは事実上、次のようなさらに大きな質問をしたことになった。

「組織の規模がどんどん大きくなることで、新たな社会秩序が作り出され、企業が社会の方向性を決めるような世界が作られるのか。国の法律や規制や地方政府よりも、多国籍企業のほうが社会に対して大きな影響力を持ちうるのか。新世紀になり、新しい世界の秩序は、すでにわれわれに忍び寄っているのか」

おそらくハビブは近未来について、われわれが予測し得ない多くのことを知っているのだろう。それはたぶん、彼が置かれた立場のためだ。彼はよく、「企業が海外で事業展開する場合、その国の精神と法律の両方の中で働く」ということに言及する。大規模で影響力のある国際的企業は、彼らが事業を行う場所の法律に規制されるだけでなく、メディアや国際司法裁判所、そして国連からも監視される。彼はまるで、この混乱した動物園のような状況を取り仕切っているかのように話した。そしてその動物たちが、シェブロンが社会からの期待にどう応えるのか、回答を求めているかのように話した。この時点でわれわれの多くは、こうしたテーマに関してあまり知識がなかった。ハビブが言ったこと、ハビブの表現の方法は、真に啓示的だった。

私がこの本を書いたのは、現代の多国籍企業に存在する重たいドアの蝶つがいの重要性を説明するためでもある。多国籍企業は、社会が求めるものと、利益を上げるために企業として必要なものとの間を、行ったり来たりしなければならない。そのたびにドアが開いたり閉じたりするわけだが、そのドアの蝶つがいは、「社会に恩恵をもたらすことが、利益創出において重要になってきている」という事実の重さに耐えうるものでなければならない。私はこのドアと蝶つがいが、近未来について考えるための最善の枠組みだと思う。

世界におけるリーダーとしての企業の役割は、まだ熱く議論されている最中だ。その議論は、多国籍企業に対してどれほどの社会的責任を要求できるかについて、国際的に受け入れられる基準が打ち立てられるまで続くだろう。ハビブの講演に刺激を受けた質問すべてが新しいもので、かつ他の質問を引き出すような雰囲気を持っていたことが想像できると思う。

「大企業が社会のニーズに対応するべきだ」という聞いたことのない要求を前にすると、その場にいた多くの人は抵抗を感じたようだ。より良い世界を作ってほしいという期待と日々の自分の仕事とを結びつけて考えることさえも難しそうだった。新しいお菓子屋さんに興奮した子供のように、われわれはハビブへの質問を待ちきれなかった。私は六〇社以上の企業を前にしたファシリテーターとして、ハビブに敬意を保ちながら聴衆のニーズにも応えるにはどうすべきか、と考えていた。ハビブのプレゼンテーションの途中で一五分間の休憩をとることにした。通常のプレゼンテーションの進め方を変更し、ハビブが話し、質問に答える時間を追加した。ハビブはそれに快く応じ、聴衆も歓迎した。

企業の可能性を解き放つ

休憩の後われわれがフォーカスしたのは、主要な企業において社会的なリーダーシップを顕在化させる方法についてだった（多国籍企業の蝶つがいが、重みでギーギーと音を立てているのが聞こえるだろう）。ハビブは、まず政治的な不確実性について簡単に解説し、地域や国ごとに存在する不平不満について述べ、シェブロンが事業を行う一八〇の国で全般的に高まりつつあるナショナリズムについて話した。その後、新たな「グローバル・エクイティ文化★」から生じる、最近の政治的課題について解説した。たとえば、中国との問題や近年のアメリカの貿易赤字などだ。

ハビブは、先進的な資本主義がいかに速いスピードで動くかを説明し、そこでは国際収支の不均衡は景気に波があった二〇世紀ほど重要ではないとした。ハビブが引用した経済理論は、「自己回復効果」を掲げていた。情報が流れるスピードや、為替や企業が状況に対応するスピードにおける自己回復効果である。「われわれは経済理論を書き直している」と、ハビブ博士は言った。

★ Global Equity Culture　著者が提起する新しい世界の状況。本書を通じて徐々に説明されるが、個人が直接的・間接的に企業の株式を保有することが増えるにつれ、企業に対する影響力が拡大しているような世界を示している。そうした状況が世界中で起こっているという「グローバル」な側面も強調されている。補遺Bでもこれに関連した説明がされている。

「というのも、大企業の行動や、大衆がそれを受け入れる行動が、従来の理論よりも速くなっているからだ。大衆の行動と、大企業がそれを受け入れるスピードに関しても、同様である」

ハビブ博士は、グローバル化によって生じる不均衡について懸念するのは見当違いだと述べた。見事な指摘だった。「生産国と消費国との間で国際収支が不均衡となるのは、決して悪いことではありません。不均衡の規模がこれまでに経験のないものなので、多くの人々が心配します。しかし、それはそれで機能します。この新たなグローバル・エクイティ文化は機能するのです」

ハビブの講演の後、私がアフィリエート・プログラムの中心的な法人メンバー四〇社を訪問すると、この言葉を何度も耳にすることになった。グローバル・エクイティ文化が機能するというハビブの信念は、ある種のマントラ（スローガン）のようになった。その言葉で他のすべてが理解できるような、心強い電波のようなものだった。

ハビブは続けて、中国が強力な工業国として台頭してきたことは、世界の資本主義において最も劇的な、短期間に起きた出来事だったと述べた。「中国はこの先の一〇年も、年間一〇〜一二％の成長を続けられる。スピードの速い虎のような国です。インドは、スピードはないが持続力があるゾウのような国で、やがて中国に追いつくでしょう」

企業のグローバル化の始まり

ビジネスのグローバル化はいまに始まったことではない。しかし、現代のグローバル化は、シェブロンやBP、GE、HP、ロッキード・マーチンのような巨大企業が、事業展開や製品を地球全体でバランスさせることにより、リスクをヘッジしていることが特徴だ。これはまるで、虎が足で地球を転がしているという、一九八〇年のエクソンのシンボルが静かに受け入れられ、一般的な企業の姿となったかのようだ。こうしたイメージは決して例外的なものではなくなった。ニューヨークのクイーンズで開かれた万国博覧会でエクソンが最初にこのシンボルを使ったとき、同社は「傲慢だ」という批判を何年も受けつづけた。ハビブの講演の後、どうしてこれほど早く状況が変わったのだろうと、私は考えた。

一九〇五年には、ロンドンやニューヨークの資本家は、二つの大陸、いや四つの大陸にまたがって事業を行う企業の株式を持てたかもしれない。鉄道、蒸気船、電報、そして電話という新しい技術が、輸送と通信のインフラとなっていた。投資家はこうした状況に注目していたが、同時に慎重になる理由もあった。今から約一〇〇年前、人々はハビブ博士のように夢見ることもできたが、夢を実現する力がなかった。二〇世紀の初頭、世界は絶え間ない混乱に苛まれていた。世界恐慌と二つの世界大戦である。

この大きな社会的混乱の後に生じたのは、世界における新たな経済秩序だった。それは二〇世紀の終わりに、現在の多国籍企業の隆盛を引き起こすことになった。この新たな経済秩序が生まれた要因は、二つの大戦の後に登場した豊富な石油や、流動性の高い資金だけではない。国連などの複雑で新しい国際機関や、冷戦時代にピークを迎えた政治的同盟や合意に後押しされたのだ。世界に展開する企業により良いセーフティネットを提供したのは、社会だった。

何十年もの間、共産主義諸国と資本主義諸国という二大政治派閥は、軍事的にも外交的にも経済に関しても競争し、競合する製品やリーダーを輩出してきた。両者は、最貧国の状況をどう改善するかにおいて自身の考えを押し進め、近未来をどのように構成するかにおいて、異なる戦略を展開した。ソビエト連邦とベルリンの壁が崩壊した一九八九年までに、資本主義は明らかに世界的に勝利をおさめ、真の多国籍企業の時代が始まった。ハビブが説明した世界の市場の変化は、一九八九年以前には起こり得なかった。

だが、市場の変化は正確にはどの程度最近のものなのだろうか。そして、次には何が起こるのだろうか。巨大多国籍企業三〇〇社すべてが、その規模と力を同時期に、同じ方法で獲得したのだろうか。

グローバル化の進展と企業の社会的役割

冷戦における西側の勝利は、企業の組織や方針を策定するものにとって、確かな合図となった。一九八九年以降、二〇〇一年の同時多発テロまでの間に、急速なグローバル化が進んだ。多くの企業が規模を指数関数的に拡大した。特に、新たな世界市場をつかみ、その要求を満たした企業が成長した。民主主義の復活、新たなヨーロッパ経済の勢い、その他の各地での民主主義的な原理や規範の導入、そしてアジアでの急速な富の拡大（第四章でトヨタをとりあげるのも、そのためである）。これらすべてが、資本主義の無限を論ずる者に力を与えた。加えて、第二次世界大戦の終わりから二〇世紀の末までに、世界経済の規模が七倍にもなった。これにより、資本主義の理想を育む政府は民主主義の原理を維持できる政府である、ということに多くの人が同意することになった。

ソ連の計画経済の失敗や、全体主義国家の見えないコストについて語られるようになり、二〇世紀の終わりまでには、企業が世界に事業を展開していくことの正当性が強調されるようになった。この状況は、多国籍企業を後押しすると同時に、こうした企業に、社会のニーズを満たす製品を作ることを要求する。将来の競争環境や、その社会的ニーズとの複雑な関係を議論するときは常に、この点に注意を向ける必要がある。

今世紀の夜明けには、大規模国家の政府は、再び世界市場の統合を促進するようになった。多くの政治家の著作でもそうした市場が提唱され、トーマス・フリードマンの著作にも書き表されている。一九〇五年におけるロンドンとニューヨークの特権的な投資家とは対照的に、われわれは協力して世界の資源と市場をしっかりと結合させた。こうした結合に育まれた経済成長や政治的協力関係は心強いものだ。しかし、それとともに生じているのが、社会的な改革の必要性である。

優れた製品開発が社会を変える

グローバル・エクイティ文化の行く手には多くの形や色があり、デコボコがある。国家は二〇〇ほどしかないが、力のある企業は何千もあるのだ。したがって、フリードマンの有名な『フラット化する世界』で解説されている、数多くのフラット化は、新世紀を読み解く普遍的なカギとするには不十分だということになる。彼の記した二一世紀の短い歴史を読んだだけで、すべてが分かったと考えないでほしい。登場人物は、ほかにも多くいるのだ。

問題は、われわれの多くが、社会や企業におけるグローバル化を、過去のメガネで見てしまうことだ。政府が解決策を提供し、企業が製品を提供することを期待するのである。しかし、答えはこのように白黒はっきりしたものではない。世界を良くするのは、政府と企業との協力関係だ。さらに言うならば、この協力関係は、ともに優れた製品を求めることなしには、うまくは起こりえない。この新しい世界では、企業と政府のどちらが欠けても、われわれが必要とする社会的・環境的改革は不可能だ。われわれはみな、生活の質がどんどん低下していること、空気や水の汚染が体に悪影響を及ぼしていることを知っている。

本書の第2章以降では、世界の大規模な経済主体のうち、なぜ五一組織が国でなく企業なのかを解説する。これに関連した事実としては、「世界の上位二〇〇社の利益を合わせた値は、世界のすべての国の経済規模の合計から最大の一〇カ国の経済規模をマイナスした値よりも大きい」ということが挙げられる（たしかに、アメリカは二兆ドル近くの規模を持つ。しかし、アメリカはむしろ世界の中の例外だ。他の例外としては、カナダ、ヨーロッパ諸国、日本、オーストラリアなどがある）。

今日の大企業は、政治学者が考えたような形の権力者ではないし、ジョージ・オーウェルがイメージしたような、非人間的な帝国でもない。企業の経営方針は二一世紀を動かす大きな力となっており、政治的な存在感も増している。もしあなたが上位三〇〇社の中にいるのであれば、それを毎日目にするだろう。しかし、そうでないならば、感じ取るのは非常に難しい。したがって、これらの企業を支持する消費者が、「社会対応」[★1]を正面から期待するのも不思議はない。

この新たな社会からの期待について、ハビブ博士が述べるのをためらったことは、セッションで多くの混乱を引き起こした。彼はシェブロンのような企業の社会的な力と責任について、十分に認識している。しかし、それを引き受けたくはなさそうだった。この本は、そこからステップアップしていくことの必要性を解説するための本でもある。

企業のリーダーたちは、立ち止まって、自らの新しい責任についてよく考える必要がある。地球的な高い視点から考え、複雑さや、企業間の差異や共通の義務について、見過ごしてはならない。こうして近未来に備えることで、多くの見返りを受けることだろう。そして、今後二五年でわれわれが社会の一員として最も期待することは、世界の恵まれない四〇億人の人々に、より優れた製品が提供されることだ。この点に関して、われわれは主張する。「われわれの運命は、優れた製品の開発にかかっている」

大手二〇〇社の売上高を合計しただけで、世界のGDPの二七%になる。この統計とより詳しい内容については、サラ・アンダーソンらによるレポート、『トップ二〇〇』[★2]を参照されたい。このレポートは、この種のものとしては最高の研究だと私は思う。経験的でありながら客観的であり、本章で書かれた概略的な説明を裏付けてくれる。本章でわれわれはさまざまな情報源からの情報を使い、故意に特定できないようにした。というのも、われわれが得た確かな証拠の

★1　Social Response.　詳しくは次章で解説される。
★2　Sarah Anderson and John Cavanagh, *Top 200: The Rise of Corporate Global Power* (Institute for Political Studies, 2000).

ほとんどが、企業内の極秘のトレンド分析にあったからだ。前出のレポートの最後には、すばらしい見解が述べられている。そこで記されているトレンドは新しいもので、企業の規模とグローバルな展開に関して理解しているからこそ、手に入れられる情報である。

こうして振り返ってみると、社会対応型資本主義がどうやって根付いてきたかが見えてくる。二〇年前でさえ、こうしたことはあり得なかった。また、ここまで書いてきたことは、一九八一年頃にはまったく言われることがなかった。その年は、ＩＢＭが最初のパソコンを売り出した年であり、コーネル大学で博士号を取得した私がアメリカン・ハザード・コントロール・グループ（ＡＨＣグループ）を設立した年だ。

ハビブ博士への最後の質問

シェブロンのハビブ博士と、ＨＰやサンコア・エナジー、ＢＰ、ホーム・デポなどのグローバル企業のリーダーが情報を交換し合ったあと、私はハビブ博士に「こうした変化が表すものは、新たに進化した資本主義の姿なのか」と尋ねた。彼は直接的には私の質問には答えなかった。私が思うにその理由は、この大企業にとってのトレンドに気づいた企業人は、それを利用しすぎないようにしたいと考えるからではないか。社会のためになることを、どんな形であれ、企業の利益創出に使っていると見られたくないのだ。

ハビブ博士は、すばやく、かつ注意深く答えた。そのまま引用はしないが、博士の答えのイメージは残った。それは私に、ドクター・スース[1]の書いた物語、『もしも動物園を開くなら[2]』を思い出させたのだ。この物語では、少年が「自分がもし動物園を開くなら、普通の四本足の虎ではイヤだ。十本足の虎を探す」と言う。続けて、十本足の虎を捕まえるための新しい動物や、機械について話す。私はこの話を娘のコレットに話して聞かせるのが好きだ。なぜならこの話には、新しいものやより良いものへの探求が見事に描かれているからだ。ハビブは実際、「すべての大企業はいま、十本の足を持っている」と言った。「それが国々を警戒させ、国家の力を脅かしている」

ハビブのプレゼンテーションについてアンケートをとったところ、多くの参加者は、グローバル・エクイティ文化の実効性についてのハビブ博士の回答が、ずば抜けて優れており素早かったとコメントした。しかし同時に、ある意味ハビブ博士の回答は、世界的な文化の変化の速さによって部分的には裏付けられるものの、その主張を真に有効にするような過去の前例に欠けるという指摘を受けた。われわれは八年かけてこの本を書いた。この本で、博士の知的で素早い回答を検証する。ハビブの答えには何か隠されたものがあり、うまくまとまり過ぎている印象があった。博士の答えよりももう少し深く、これまでの足跡をたどらなければならない。

二〇〇六年四月、アリゾナ州フェニックスにて

★1　一九〇四年生まれのアメリカの有名な絵本作家。本名は Theodor Seuss Geisel.

★2　Dr. Seuss, *If I Ran the Zoo* (Random House Books for Young Readers, 1950).

2 Sフロンティアをめざせ——「社会対応」とは何か

過去一〇〇年ほどの間、牛乳のパックから高速の電車まで、革新的な工業製品が誕生し、われわれに豊かさや自由、そして「さらにより良いものが生まれる」という希望をもたらしてきた。われわれはベンジャミン・フランクリンの話を何度も聞いた。最初は学校に裸足で通うような暮らしだったが、最後には数十億ドルのビジネスに出資するようになった。現代の偉人にも、このような人々がいる。われわれはこうした貧乏人が金持ちになる話を好み、その中に希望を見出してきた。そうした話では、革新的なリーダーと投資家が、自分たちが開発した新しい優れた製品から収益を上げるのだ。それが人工心臓用の改善されたバルブであっても、マッハ二よりも速く飛べる空軍戦闘機のロッキード・マーチンであっても、あるいは年老いて痛む歯ぐきによく効く歯磨き粉や洗口液であっても、われわれの文化では競争を理解し、競争のメリットとその必要性についても理解している。さらにわれわれは、たぶん無意識のうちに、成功の背後で競争が作り

図3　増大する社会の課題

1. 気候変動
2. 食料、大気、水、木材の必要性
3. 40億人以上の貧困者
4. エイズ、マラリア、鳥インフルエンザ
5. 地球規模のテロリズム
6. 石油をめぐる争いと石油の枯渇

出すパニックと信念についても知っている。

競争は、より新しくより良い製品を育む。一方で、エンロンのスキャンダルから、社会の価値を破壊する製品まで、弱点やマイナスの面ももたらす。公害や地球規模での気候変動、資源の枯渇、新たな形の経済的帝国主義、そして水や澄んだ空気や木材などの資源を巡る地域紛争などが起こる。イラクやアフガニスタン、中東の他の地域やアジアでは石油を巡る戦いが起こり、インドや中国国内では水を巡る戦いが激しさを増す。このことから、現在のライフスタイルを維持するためには、高いお金を払わなければならないことが予想される。もし現在のペースで、エネルギーや消費材を使うとしたらである。

こうした課題は、われわれが聞いて育ってきた栄光と成功の物語と同じくらい魅力がある。というのは、このような課題があるからこそ、より良い製品を求める努力をするようになるからだ。仕事場に運転していく車から、化石燃料を使う台所の設備、居間にある

数々の電気製品までがその対象となる。製品開発のポイントとなるのは、消費者にとっての利便性だけでなく、世界をより幸福かつ健全にするためにその製品は何ができるか、という点である。

消費者から企業への期待

工業化社会の無限の成長は、分岐点に差し掛かっている。採掘でき、かつ採算が取れる石油やガスの量は限られている。石油の減少とその結果起こりうる悲惨な事態について書いているのは、『ロング・エマージェンシー』[★1]の著者、ジム・クンストラーのような絶望的な悲観主義者だけではない。ナショナル・ジオグラフィック誌や「グッドモーニング・アメリカ」[★2]などのメジャーなメディアも、石油価格の上昇と今後の入手可能性について議論している。

石油の枯渇や気候変動といった環境的、経済的問題からは、社会面での不安と実務面での不安の両方が感じられる。この不安があるために、BPやサンコア、トヨタ（第4章を参照）、HP（第7章を参照）などで見られるようなイノベーションが生まれるのである。今では、世界の資本市場が政治的なイデオロギーや経済理論、財務政策のいずれかにより機能すると考えるべきではない。グローバル・エクイティ文化が機能するためには、この三つをすべて動員して、利益が出るとともに責任のある解決方法を見出さなければならない。

冒頭のハビブ博士の話は、本書の全体の議論を象徴するものだ。すなわち「消費者のあいだには、新たな期待がある。それは、企業は新たな社会的義務を持つという期待である。その期待により多国籍企業が事業を続けられる」というものだ。われわれはこの新たな期待を「無血革命」と呼ぶ。なぜなら、それはある企業を一晩で破壊し、他の企業の支援に回るような力を持っているからだ。この迅速で果敢で静かな革命により、つまずき萎れて最後には市場から追い出される企業と、勝者となる企業が分かれることになる。

過去三世紀は、民主主義政府の潜在力を解き放ち、世界中に資本主義を広めるような時代だった。政府と同じくらいの力と影響力があれば、多国籍企業も同様の責任を果たせると主張するのは簡単だ。しかし、いま企業の社会的な役割を最もよく実践させられるのは誰か。われわれは政府に依存しすぎることを静かにやめ、社会が政府と大企業の関係を最適化させなければならない時代へと滑り込んだ。

独立革命以前、トーマス・ペインが『コモン・センス』の中で政府の役割を真剣に検討した。憲法を批准するためのニューヨークを巡る戦いの最中にも、『フェデラリスト・ペーパー』の三人の著者が検討を行った。いまこそ多国籍企業の役割と責任を精査し、その見解を『コーポレート・ペーパー』として発表すべきだ。たしかに、政府とグローバル企業の新たな役割との最適なバランスを見出す前に、他の緊急の社会問題がわれわれを分裂させることがあるかもしれない。たとえば、われわれが現在とらわれているナショナリズムやテロの問題などだ。しかしながら、

★1　James Howard Kunstler, *The Long Emergency: Surviving the End of Oil, Climate Change, and Other Converging Catastrophes of the Twenty-First Century* (Atlantic Monthly Pr, 2005).
★2　アメリカＡＢＣで放送されている朝の情報番組。

まずわれわれが本書で示している考え方の変化に投資しなければ、また、まず企業が社会問題に取り組む責任があるとしなければ、先に挙げたような問題も複雑さを増すだろう。

　われわれには必要なときに参照できるよう、文書として表されたものが必要だ。企業の重要な決定と人々のニーズ、政府の役割をどのようにして一致させるべきかが記された文書が。こうしたガイドがなければ、どの多国籍企業も規模が大きくなることの意味を理解しないままに成長しつづける。やがて、社会的責任を何ら引き受けることなしに、力を持つようになる。われわれには、三〇〇社の多国籍企業がそれぞれに独自の規制や責任の取り方を規定するまで待っている余裕はない。BPとシェブロンがエネルギーの未来について、どちらの見解が正しいか広告で競っているのを見れば、企業に任せておけないことは明らかだ。また、社会対応型資本主義について、個々の企業が解釈を行うまで待っているのも愚かなことだ。それは、毎週ロウズとホーム・デポが競っていることや、ペプシとコカコーラが世界中で競争していることを見れば分かる。

　明らかに、多国籍企業はいまだに利益の心配ばかりしており、より良い世界を築くための自分たちの役割を検証する余裕がないのだ。そして、その姿勢を変えそうな気配もない。この本はスタート地点であり、今後数十年に渡って行うべき検証の始まりだと考えてほしい。加えて、読者のあなたにも直接この議論に参加してほしい。そのためのブログが、本書のウェブサイト、www.worldincbook.com にある。

　グローバル・エクイティ文化は事業の利幅を減少させ、競争を世界に広げ、競争の厳しさを強める。グローバル・エクイティ文化は、勝者と敗者を決める社会の力だ。ある会社の製品が山積みの社会問題を解決し、信頼できる年金やより高い賃金、きれいな空気と水などをもたらすとき、グローバル・エクイティ文化はその製品を賞賛し、資金を提供する。しかし、社会的責任を無視するような製品には罰を与える。デュポンを見てみよう。同社は創業以来少なくとも三回、根本的な自社改革を実行した。爆薬から化学製品へ、そしていまは「ナレッジ・ベース」「ソリューション・ベース」の製品だ。HPやトヨタなどの企業も、こうした改革を行い、現在も上り調子だ。

グローバル・エクイティ文化

今後五〇年で、グローバル・エクイティ文化は影響力を拡大しつづけ、力を増していくだろう。気品も増していってほしいと思う。この過程を「グローバル化」と呼ぶ人もいるが、この言葉は幅が広すぎると思うし、同時に狭い言葉でもあると思う。狭いというのは、グローバル化が「市場の解放（より多くの利益）を要求する」という意味で使われるからだ。広いというのは、グローバル化が「企業とある地域との衝突を生み出す」という意味で使われるからだ。

より正確なのは、「グローバル・エクイティ文化」という言葉である。この言葉はより包括的で、すべての人々と国々が立ち上がるということを示唆する。われわれはこの言葉を、本書の第8章と第9章でより詳しく定義する。そして、将来の選択について解説する上で、なぜこれがより包括的な表現なのかを説明する。

社会的責任とSフロンティア

本書は複雑でいろいろな意味合いが含まれているが、その中心となる問いかけは、次のようにきわめてシンプルだ。

「競争や勝利への欲望が人間の本質において重要な部分を占めているが、それでもわれわれは、自分自身や自分の企業を見直し、社会的な責任についてもっと考慮することができるようになるのだろうか」

われわれは大規模な競争の価値やその魅力について、とてもよく理解している。企業は競合他社より良いものを作ることで自尊心を満たし、消費者は優れた製品を手に入れる。しかし、優れた二一世紀の企業は、社会的ニーズについて理解し、正しく認識し、その価値をうまく活用しようとしているだろうか。

ある企業が成功するという予測は、市場が常に動いていること、また予測そのものの性質により、不確実である。確実なことは、やがて石油やガスがなくなること。家を暖め、自動車を動かし、今ある形での工業製品を作りつづけるための燃料がなくなることである。これは事実だ。大手石油会社、自動車会社、消費材メーカー、農産物の会社などでは、石油時代の終焉について、取締役会で議論され、懸念されることが増えている。世界の最大手三〇〇社は、この新たな世界秩序、新たな社会領域について研究を進めつつある。彼らが生き残り、さらに栄えるためには、社会のニーズを考えたイノベーションの方法を開発し、向上させていかなければならない。石油供給の

図4　Sフロンティア

減少により空いてしまう穴を埋めるための新たな方法、社会における責任を果たす方法を探さなければならない。われわれはこの、ビジネスにおける社会に関連した側面を「Sフロンティア」と呼ぶ。

ワールドインクは複雑な理論であり、一つのリストにまとめるのは難しい。それでも**図4**のイメージで、次の三つの現実を表すことができる。

❶新たな世界市場の情報の速さ（Swiftness）
❷われわれの前に立ちはだかる主要な社会問題の厳しさ（Severity）
❸社会対応（Social Response）の資本主義の必要性

Sフロンティアはすでに誕生している。「フロンティア」と呼ぶのは、ビジネスに関する思考における、進化の最前線を表しているからだ。一八世紀と一九世紀のアメリカ人の思考を形作り発展させた西部開拓前線（ウエスタン・フロンティア）を思い起こしてもらうとよいだろう。Sには二つの先端部分がある。それと似た形で、どんな社会的な動きにも上昇局面と下降局面がある。あなたやあなたの会社は、S字カーブを今後上昇するのだろうか、下降するのだろうか。

多くの企業や個人は、この新たな領域に適応するよう、まだ調整する必要がある。しかし、そうして多くの人が新しいルールを理解し適用しはじめるにつれ、人々はある企業が悲惨な結末に向かっていることを察知できるようになる。それも、地平線の向こうの遠い先にある悲惨な状況が見えるようになるだけでなく、新たな要求水準を満たさない企業に退場を求める力さえも持つようになる。簡単に言うと、今日よいポジションをとっている企業だけが、変化が起こったときに追い風を受けられる。二〇五〇年までには、最大手三〇〇社は非常に大きな変化を経験することとなり、生き残るのはわずかであろう。

社会対応型の製品開発は、世界市場における厳し

図5　21世紀の無血革命

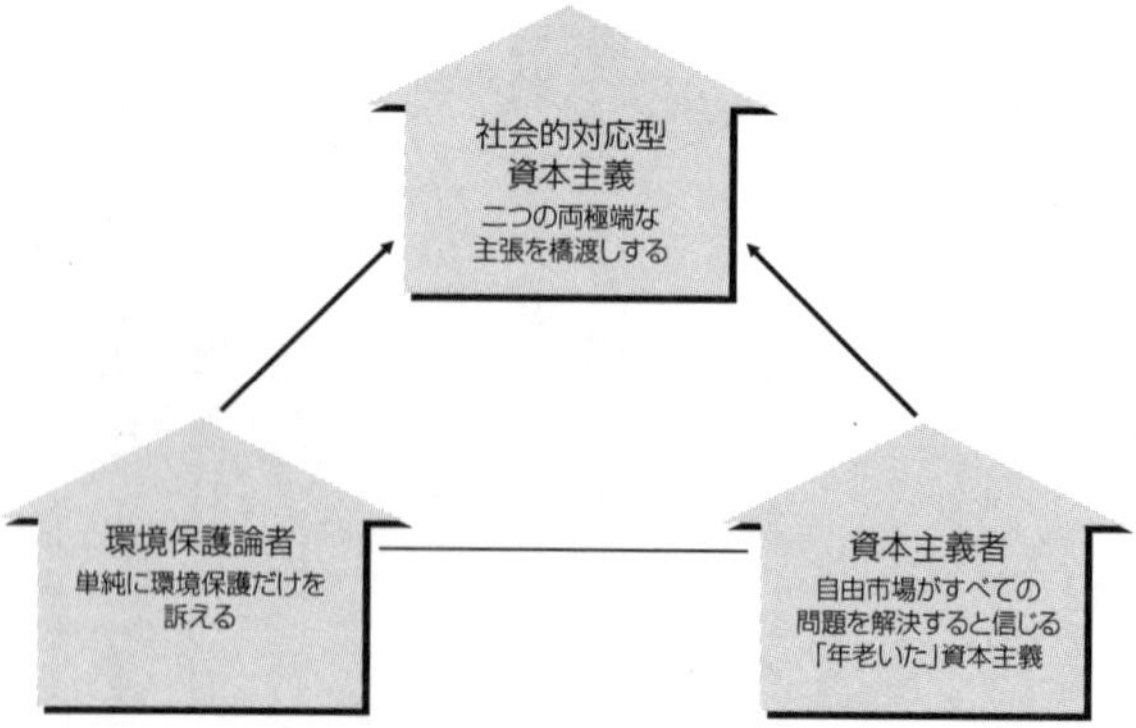

い競争と社会のニーズの間にある溝を埋める方法の一つである。自制しながらより良い近未来に向けて努力する、戦略的方法だ。これが本書の中心となるコンセプトである。

トヨタとのプロジェクト――本書の起源

この本のためのリサーチは、トヨタ自動車への三年間のコンサルティング契約とともに、意図せずして始まった。コンサルティングは、営業とマーケティングのトップ、法務部のトップ、そして工場長に向けてのものだった。目を開かれる思いがした。トヨタは戦略空軍総司令部のように統率がとれている。しかし、同時にクリエイティビティをも推進している企業なのである。同社は利益を上げ、自動車業界の頂点に向けて走っている。しかも近未来についても重視している。新車のすべてが、トヨタのクリエイティビティと迫り来る市場の変化を考慮に入れて、設計され、製造されている。

一九九九年から二〇〇六年までの間に、トヨタの世界シェアは七・二%から一三%に拡大した。シェアが一%増えるごとに、一万八〇〇〇人の労働者が雇用されて、トヨタの社会的なビジョンを支えた。トヨタの資産は二〇〇〇億ドルを超え、GM（ゼネラルモーターズ）とフォードの資産の合計よりも大きくなった。

二〇〇六年のクリスマス・イブに、ロンドンのファイナンシャル・タイムズ（FT）紙はトップ記事でこう報じた。**「トヨタ、自動車メーカー世界第一位に」**。このタイミングのよい年末の記事では、FT東京支局のナカモト・ミチヨと、ロンドンのジョン・リードが、トヨタの一九九九年以降の業績をまとめていた。記事にはこうあった。「トヨタは世界最大の自動車メーカーであるゼネラルモーターズの地位を奪おうとしている。トヨタが昨日発表した予測によると、販売台数は六%増え、同社史上最高の九三四万台になるという」

われわれは一九九九年にトヨタの動きを「頂点へ向けてのレース」と呼んだが、記事によれば、ちょうど同社の七〇周年にそのレースはゴールを迎えることになる。記事にはこうも書かれていた。「トヨタは世界で最も利益を上げている自動車メーカーだが、トヨタの重役たちは（二〇〇七年に）GMを追い越すことについては、あまり意に介していない様子だった」

しかし、同社が社会対応の戦略を調整し直した一九九九年には、同社はこのような状況ではなかった。このことからも、Sフロンティアがどれだけ速く前進するかが分かる。トヨタが重要かつ洞察力のある決定を下したのは一九九九年で、当時、競合他社はどこもトヨタのような決定はしていなかった。二〇〇七年までに、世界は数々の優れた車を目にし、選ぶようになった。

トヨタが前世紀の終わりに世界を見渡したとき、同社はいくつもの新しいニーズが浮上してきていることに気づいた。

私は、ニューヨークの五二番街の九ウエストで開かれた早朝のミーティングを、今でも鮮明に覚えている。そこにトヨタは毎月、二〇人のメンバーを招集した（コンサルタント六名、トヨタの核となるリーダー一四名）。ニューヨークの毎月の会議の一週間前に、全員が極秘資料を受け取った。そこには競争の焦点となる事項に関して詳細に記したスパイダー・チャートや、カギとなる指標が書かれていた。指標とは、たとえば、ペンキ一センチに含まれる揮発性有機化合物の量などだ。われわれは会議でそれぞれに時間を与えられ、データから発見したトレンドや、データから得られる示唆などを順番に発表した。ロサンゼルスやマンハッタンの大手広告会社の人たちは、この方式の会議を少々居心地悪く感じたようだ。だが、トヨタの人々はその居心地の悪さを求めているのだと、私は感じた。それは非常に規律ある、中身の濃いプロセスだった。そしてわれわれはこの会議を、三年の間毎月続けた。

トヨタはこの会議のやり方を変えることはなかった。こうした進め方は、われわれ五人のチームの他のメンバーの心にも響いたようだった。メンバーにはドイツ人のエンジニアや、製紙会社の元重役などがいた。われわれはこの会議のように、前もって準備しておくことを好んだのだった。そしてこの会議により、二十数名のトヨタの人々、トヨタのロビイスト、広報関係の協力企業などが、われわれのSフロンティアの意味や思想についてのアドバイスを吸収した。彼らは、継続性があり、かつ競争を勝ち抜けるような購買パターンを見出した。終盤にはわれわれが主要な会議の進行役を務め、カギとなるいくつかの見解をとりまとめた。われわれはまた、トヨタが「一〇車種戦略」を決定するのにも力を貸した。この戦略については、トヨタとその優れた車の開発について述べた第4章で解説する。

石油価格や高速道路のスペースの限界、ごみ埋め立て地のキャパシティなどに関して社会的なプレッシャーは高まっている。こうしたプレッシャーに対するトヨタの反応は非常に大きかった。この点も、本書を書きはじめる重要な理由となった。私はMBAのコースで教えるために最良の本を一〇年間探しつづけてきたが、その中にも書かれていない新しい何かが、トヨタの中で起こっているのが感じられた。何か、とても革命的なことだ。この「何か」はトヨタの有名な生産方式よりも、明らかに大きなものである。あなたが本書のトヨタのケースを読むときには、頂点に向かいつつある同社が、どれだけニュースで取り上げられているかを思い出してほしい。トヨタは素早く、厳しく、社会に敏感である。

消費者がより良い製品を求める動き

より早く、より安く、より良く。これが現代社会の特徴だ。ただし、われわれの生活において最も重要なのは、「より良く」の側面である。「より早く」や「より安く」が重視され過ぎると進歩は滞り、われわれはそれを感じ取る。より早くてより安い、しかし、より良くはないとき、その製品の間違いに気づく。たとえば、コンピュータがスパムメールでダメになってしまったときなどだ。

社会的ニーズと、社会対応型資本主義を基盤とした優れた製品の開発、すなわち早くて安い以前に良いものである製品の開発の起源は、一九七二年まで遡る。

なぜ一九七二年なのか？　それはこの年にNASA（アメリカ航空宇宙局）が設立されたからだ。NASAは、パソコンや耐熱素材、そして驚異的な移動体通信の時代を切り開いた。NASAはこれ以外にも、図6に示した製品の開発に力を貸した。★

一九七二年以降——環境保護運動もこの年に誕生したと、多くの人が感じている——、フォーチュン五〇〇企業の六〇%が、合併や倒産によって姿を消した。言い換えれば、まるで先史時代の恐竜のように、当時の有力企業の三分の二近くが絶滅してしまったのだ。このような、ある意味での浄化は、社会のためによいことであり、常に起こっていることだとわれわれは考える。このような状況が示唆するのは、究極の社会的製品を開発することが、事業の成功を最も確実にし、将来性のある企業と壁にぶつかる企業を分けるものかもしれないということだ。

歴史を学ぶと、より良い製品を求めたのはわれわれが最初ではないことが分かる。ただ、企業が政治的に力を増している今日、

★ NASAが現代の技術に寄与した様子については、補遺Bでさらに詳しく解説されている。

図6　社会のニーズを基盤とした製品の起源

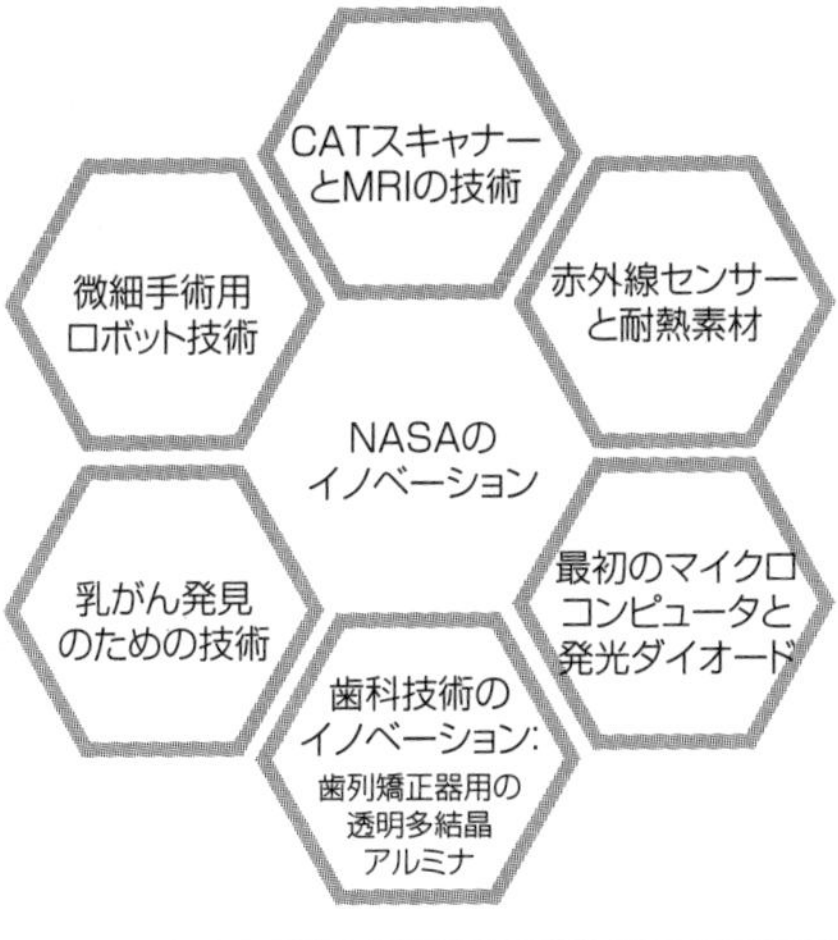

より良い製品の開発が以前と比べて不可欠なものとなっている。このことから、現代の多国籍企業の社会的な義務が明らかになる。本書の各章は、より良い製品の開発の背後にある社会の歴史と、何が巨大組織に変革を促すのかについての経営の現場における洞察を組み合わせたものだ。

ほとんどの企業は、早くて安いが良くはない製品を作ることによって壁にぶつかりたいとは思っていない。しかし、その衝動を抑えられないのだ。まるで企業は、社会から取り除かれるための製品を作るという中毒にかかっているかのようだ。社会が製品や企業を選び取る力は市場よりも強いということは、歴史の上からも見てとれる。

企業がより良い製品を開発する意義

環境的にも、社会的にも良い製品を作るよう、多国籍企業を説得するのは容易なことではない。しかし、われわれはそれぞれに「テコの支点」を持っている。いわば、より良い世界を望む気持ちが、安さと速さへの欲求を上回る地点、あるいはティッピング・ポイントのような点だ。私がクライアントにアプローチするときは、心で個人としてのテコの支点を意識し、どうすればクライアントの力になれるかを尋ねる。

一九八一年以来、私の会社とそのシニア・アソシエイトたちは、自分の役割を「巨大で複雑な企業のエネルギーや環境問題、製品の魅力を改善すること」と定義してきた。私のこれまでの著書は、企業改革の必要性について書かれている。本書は製品の改革をベースにした進歩の必要性を描いている。こうした進歩は、賢い消費者である読者をも巻き込む。パトリシア・アバディーンの『メガトレンド二〇一〇』は「意識の高い資本（conscious capital）」、すなわち「あなたの選択」というテコの支点が持つ力の具体例を示している。

「企業のリーダーたちは新たな社会的役割を認識すべきだ」という要求が起こっていることは、グローバル・エクイティ文化における非常に重要な展開だ。われわれが本書で「テコの支点」と表現しているもの――消費者個々人が持つ、より良い製品を求める責任や、企業を超える力――を、事業の意思決定における最も重要なポイントとしなければならない。また産業界も、どうすれば自社のテコのバランスがとれるかが分かれば、世間の期待に応えるための対応も軽減され、より多くの利益が得られるようになる。社会のニーズに応えれば、一気に利益も生み出せるようになる。このことがビジネスを変える。

静かに、痛みなく、ただし容赦なく。消費者は日増しに社会的な意識の高さを求めるようになっており、あなたはこうした消費者のニーズに対応しなければならない。あなたの会社は、よりエネルギー効率の高い車や、建築資材や窓を生産するだろうか。社会のことを考えながら、水やエネルギー、資材の新しい使用方法を提案するだろうか。競争に勝つためだけでなく、基準となる価格や品質を決めるために、先頭に立ってすばやく学習できるだろうか。

私が一九八一年に会社を興してから、多くのことが起こった。たとえば同じ年、ＩＢＭが「ＩＢＭ５１５０」という製品を発表し、「個人《パーソナル》のコンピュータ」という新しい市場が誕生することとなった。この奇妙なベージュの箱は一五六五ドルで売られ、わずか一六キロバイトしかメモリーがなかった。この本の中身よりも小さな容量だ。この機械に情報を入れるには、カセットテープを使った。フロッピーディスク・ドライブは追加料金を払って、オプションで付けなければならなかった。四半世紀前がどんな時代だったか、もう少し書こう。この頃、ダイアナ・ロスとライオネル・リッチーが「エンドレス・ラブ」でヒットを飛ばした。二〇歳のダイアナ妃が、チャールズ皇太子と新婚旅行にでかけた。ロナルド・レーガンはソ連を睨みつけはじめたところだった。

今から見ると発展途上の時代だった当時でさえも、資本主義におけるグローバル化の力について意識しはじめている企業がいくつかあった。それが、まさにこの本の中心となっている企業である。グローバル化について、われわれの多くが理解するには二五年がかかったが、大きな変化が起こっているときには、その意味や示唆するところを把握するのは難しいものだ。あとから言うのは簡単である。いずれにしろわれわれAHCグループは、事態を整理しようと必死に取り組んできた。企業や社会の変化は避けられない。しかし、Sフロンティアをカギとした、企業を導く方法と技術を提供することはできるはずだ。

明らかに、状況は変わった。現在は少なくとも一〇億台のパソコンが使われている。（エコノミスト誌によると）平均的な会社員は、眠ったり、家族と過ごしたりするよりも多くの時間、パソコンに向かっている。この本の観点から言うと、パソコン発売当時、主要な収益源すべてをIBMが抑えなかったことは重要である。マイクロプロセッサはインテル製、オペレーティング・システムは、当時二五歳のビル・ゲイツが率いるマイクロソフト製だった。いまではPC革命の始まりとされるパソコンをＩＢＭが発売する一方で、そこから利益を受ける多くの人々（このイノベーションを飯の種とする企業や個人）がいたのだ。やがて多くの企業から、より低価格の類似製品も出された。ここでのポイントは、より良い製品を作るための技術開発は、社会的善の基盤となり、社会的善を広めるということだ。ある製品の重要なアップグレードは、社会における意味も大きいのである。

今日の企業戦略における「三種の神器」

この消費者の選択という広い世界においては、人々は多国籍企業や中小企業にもより多くの期待を寄せている。大衆が社会をより意識した製品を要求し、手に入れるというこのチャンスを、パトリシア・アバディーンは「意識の高い資本主義（conscious capitalism）」の夜明けと呼ぶ。彼女と私は同じメガトレンドを見ているのである。企業戦略には、新たな三種の神器が生まれた――価格、技術的品質、そして「社会対応（social response）」だ。これらが、新世紀の核となる。

もしあなたが、三番目の要素を否定するならば、個人的かつ職業上の最大のリスクをとることを覚悟した方がいい。消費者は、あなたの会社の製品が社会的なニーズを満たしていることを期待する。あるいは、少なくとも人間や環境に害を及ぼさないことを期待する。今日、大衆はかつてないほど簡単に情報にアクセスでき、ボタンを押すだけで瞬時に情報を入手できる。あなたの会社の立場を決めるのは、消費者があなたの会社の製品やサービスをどう受け止めるかである。しかも、今日の消費者は情報に詳しく、意識が高い人々なのだ。

ただし、企業と社会的問題の解決との関連について消費者が意識していることは、まだ明確に示されていない。両者のつながりから生まれる力を逃さず、効果的に使うためには、この関連を明確に示すべきだ。企業の新たな三種の神器（価格、技術的品質、社会対応）により、新世紀における多国籍企業は、企業の根幹を見直すことになる。エンロンやタイコ、マーサ・スチュアート以降の会計改革よりも、その影響力は大きい。これは、今後一五年から二五年の間にピークを迎える、大きな社会的な力である。それだけ時間がかかる理由は、企業に対して、規制や税金のような外からの強制力が働かないからだ。

世界の人口は増えつづけ、富が世界のさまざまな地域に分散し、世界は自然に成長している。ここから更なる議論が生まれ、ワールドインクのフレームワークに修正を加えるかもしれない。グローバル・エクイティ文化が、地球上の人々全体にとって良いのかどうかは、これから分かる部分もある。大企業三〇〇社の勢力が拡大しつづけていると書く場合、ラオスやナイジェリアのような国では、「善かれ悪しかれ」という言葉も加えなければならない。なぜなら、それらの地域では多くの人々が傷つくからだ。

社会対応――企業戦略の新しい要素

社会対応は、伸びる企業と衰退する企業を分ける新たなポイントだ。社会対応を行うには、製品と社会的視点に関して、新たな核を自社内で独自に、自社のために開発することが必要だ。

ジャック・トラウトとスチーブ・リブキンは共著『ユニーク・ポジショニング』★の中で、次のように述べた。「企業がこの厳しいグローバル競争を生き抜く唯一の方法は、明確に焦点を定め新たな方法で他社と差別化することである」。二一世紀には、コーポレート・ガバナンスや企業倫理、リーダーシップに関して新たな解釈をする必要がある。社会的な視点をしっかりと確立しなければ、企業は顧客数の減少を見ることになるだろう。新しい社会支援と利益の世界は、今日のイノベーティブな戦略家を待っているのである。

われわれは、法律を変えるだけでなく、消費者向け製品のあり方を変えなければならない。法律は政府という外部から変化を強要する。企業の競争心や消費者のニーズといった内部から生じる変化のほうが、ずっと効果的で熱心に遂行される。

社会対応は、戦略を策定する上での重要な要素だが、まだ内密の新しい要素である――私が訪れた企業では、本社社屋の上層階の奥に密かにしまわれていた。だが、社会対応は企業に明らかな優位性をもたらすという点で、非常に影響力がある。それは世界の資本市場のニーズに、繊細さと力をもって応えることも可能にする。国の政府よりも速く、人々の変わりつづける欲求に応えることを可能にする。

二〇世紀には、競争力のある製品とはすなわち技術品質と価格の面で競争力がある製品だった。今日では、より良い製品とより優れたリーダーが、社会対応型資本主義を切り開いている。

★ Jack Trout, Steve Rivkin, *Differentiate or Die: Survival in Our Era of Killer Competition* (John Wiley & Sons, 2000). ジャック・トラウト、スチーブ・リブキン著『ユニーク・ポジショニング』（島田陽介訳、ダイヤモンド社、二〇〇一年）

つまり、二〇世紀の資本主義は、価格と技術品質をベースにした競争だった。二一世紀の資本主義には、その上に社会対応が乗っているのである。

二一世紀の最初の一〇年で、社会対応型資本主義は企業のエンジンを作り直す完璧なツールだということが明らかになり、より良い世界に向けてエンジンを動かしていくことが明らかになるだろう。社会対応は、継続的な改善に欠かせなくなっており、終わりなき効率化をさらに推し進めている。消費者も企業の重役も、機関投資家も個人投資家も、環境保護論者も、エネルギーの専門家も、誰もが好むのは、価格と技術品質に優れているとともに「社会的ブランド」のある製品だ。車でも、コンピュータでも、電気製品でも、何でもそうである。この差別化の要素は、コーヒー豆がどのように育てられたか、家庭でどのように洗濯をするかにまで関わってくる。

ビジネスへの課題

この三つ目の要素――社会対応という企業の明暗を分け

図7　企業戦略の新しい要素

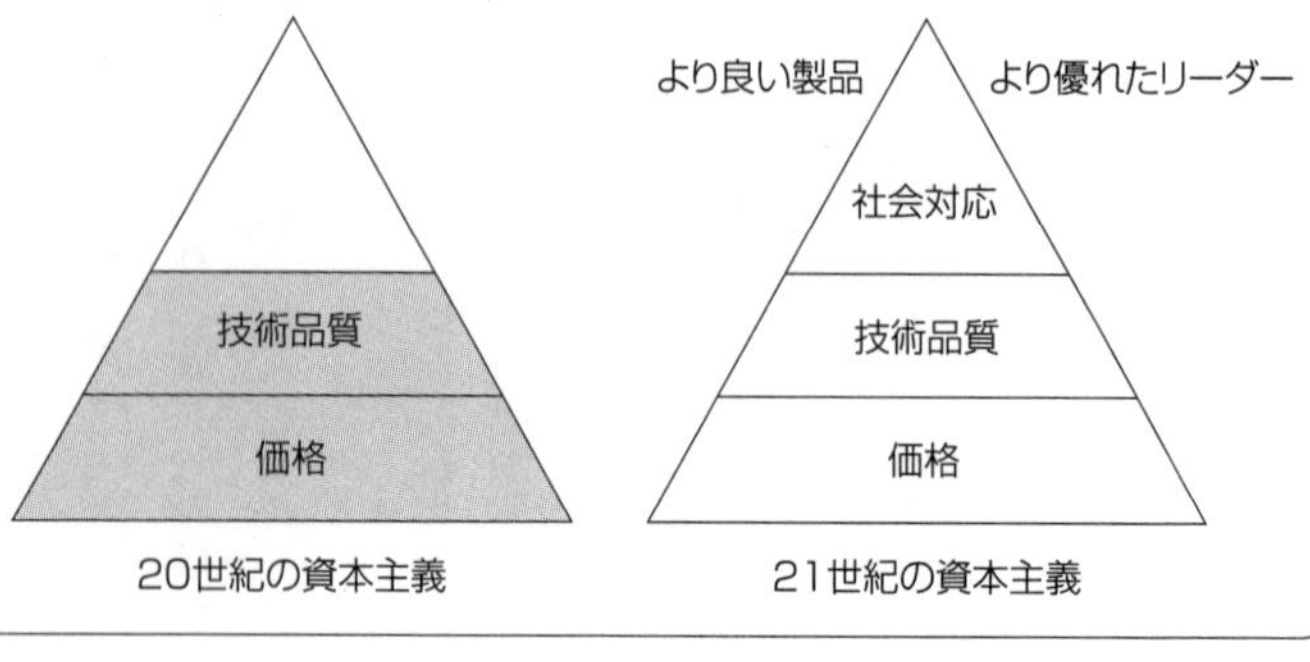

る要素――について、ビジネススクールでは教えられているだろうか。答えは悲しいことに、「そうは思わない」だ。私はビジネス書を数多く読むし、さまざまな機関で高等教育も熱心に受ける。その私がそう言うのだ。というのも、メリックやシェル、BP、ダウ、ジェネンテック、デュポンなどの創造性と能力のある多国籍企業は、大学の教授がこうした企業の記事を読むよりも速く、新しいビジネスモデルを開発してしまうからだ。私自身、以前は大学教授だったが、MBAホルダーが競争を価格のみで判断し、実質的な力のないリーダーになってしまうことに気づいた。優れたリーダーは、品質や社会状況も含めて判断する。

「意識の高い資本主義」に向かうプロセスで、製品の開発者や政府のリーダー、企業のエグゼクティブは、社会の閉じ込められたニーズに応えることに、もっと集中すべきだ。このアプローチは、エンロンの事件やサーベンス・オクスリー法(SOX法)によって、企業ガバナンスにも新たな考え方をもたらしている。一つ誤解のないようにしておこう。私は、慈善行為をしようとか、評判をよくするために、ちょっとした「企業の社会的責任」めいたことを行おうと言っているのではない。私は、社会的責任に即した製品開発と長期的な利益との複雑な関係について述べている。より良い製品がより良い世界を作るのである。

第2章のまとめ

人間は物をいじくり回す(tinker)生物である。現状でよしとすることができない。だからわれわれは、進化しつづける技術に囲まれている。ホイジンガ[★1]からハーバーマス[★2]まで、多くの学者が人間はホモ・サピエンス（「man the thinker ＝ 知恵のある人」の意）というより、ホモ・ルーデンス（「man the tinker ＝ 遊ぶ人」の意）だとした。何かを試して、実際の経験と考え抜かれた哲学とを混ぜ合わせるのは、われわれの本質である。われわれのニーズと信念との融合も、新世紀のすべての技術的発展をもってすればより現実的になる。こうした思いを持つには、何もＭＩＴ（マサチューセッツ工科大学）やスタンフォード大学の卒業生である必要はない。より優れた技術を探求する心は、われわれ一人ひとりに本質的に備わっているものだと思う。

人類の歴史上初めて、八〇％以上もの人が都市に住む時代である。都市の水や空気、住居や食品のほとんどは、誰かが使う前にどこかの企業が手を加えたものだ。企業は基本的なニーズから進歩的技術まで、生活の多くの側面をコントロールしている。したがって、企業にはもっと多くを期待すべきだ。われわれは車やコンピュータや住宅を、「より多く」求めているのではない。明日起こるかもしれない難題にも耐えられるような、選び抜かれた車、優れたコンピュータや住宅がほしいのだ。いまこそ、優れた製品の探求を始めなければならない。

再掲：これまでに起きた資本主義の変化

以下に示すのは、大企業と社会対応に関する面で資本主義が変化した点である。この一二の項目がこの順番で起こったのではないが、本書における理論の歴史的な位置付けを示すために示す。

振り返りの意味で、これらの事実について考えてみてほしい。それぞれに関しては、本書の3章以降で詳しく説明する。

1　世界の経済主体のなかで、上位一〇〇位のうち五一組織が企業であり、経済的に力のあるプレイヤーとなる国は四九カ国しかない。これにより、アダム・スミスの『国富論』はひどく時代遅れになる。★3 また、アレクサンダー・ハミルトンのようなアメリカの初期の偉大な銀行家による論文も、もはや正しいものとは言えなくなる。お金に従うのであれば、いまや従うべきは企業のお金であり、国のお金ではない。

2　多国籍企業の上位一〇〇社が、世界の海外資産の二〇％をコントロールしている。これにより、マイケル・ポーターの『国の競争優位』★4 などの著作は、今世紀新たに登場したものを大きく欠いていることとなる。GEやHP、トヨタ、BP、シェブロン、エクソンモービルなどにとっては、海外資産はもはや他国のものではない。トーマス・フリードマンやアルフレッド・スティグリッツのグローバル化に関する著作においても、この企業による資産所有の

★1　ヨハン・ホイジンガ（Johan Huizinga）。オランダの歴史家。
★2　ユルゲン・ハーバーマス（Jürgen Habermas）。ドイツの哲学者。
★3　アダム・スミスは自由主義的市場経済を支持した一方で、国際的な経済活動に関しては国家の役割を評価した。
★4　Michael Porter, *The Competitive Advantage of Nations* (Palgrave Macmillan, 1990). マイケル・ポーター著『国の競争優位（上・下）』（土岐坤・小野寺武夫訳、ダイヤモンド社、一九九二年）

現実や、社会的義務に関する記述は十分だとは言えない。おそらく、彼らがグローバル化の結果ではなく、その展開に焦点を当てたためだろう。

3　ハネウェルやＩＢＭ、デュポン、ダウ、ワールプールなどの多国籍企業上位三〇〇社の資産は、世界の総資産の二五％を占める。こうしたリーダー企業間のベンチマーキングを理解し、規制することは、非常に重要だ。なぜなら、テロから鳥インフルエンザまで、緊急の課題に世界がどう対応するかは、彼らの企業運営やイノベーションの方法によって変わってくるからだ。

4　これら三〇〇の巨大多国籍企業が、社会の苦痛を減らす道筋やリスクの許容度を決める。彼らはその力と責任の中に、われわれすべての生活がよくなるような手段を持っている。

5　石油価格に関する騒ぎや、人々が天然ガス価格の変動を熱心に見守っている状況も、これら三〇〇社の決定や姿勢と直接に関係している。

6　世界貿易の四〇％もが、三〇〇社の多国籍企業の間だけで行われている。すなわち、パイの大部分が、この成長中の企業の王国から外へ出る前に食べられてしまっているのだ。勝者は勝者を呼び、三〇〇社の中で貿易を行うものが勝つ。

私のヒーローでありメンターであるジョージ・オーウェルは、近未来に関する先見の明のある見解（一九八四年の『動物農場』や、戦争についての優れたコメントなど）の中で、こうした事実の意味合いを解明する気配などまったくなかった。これは、グローバル・エクイティ文化がどれだけ急速に現れてきたかの証拠である。

7　いまや世界貿易は、主要な企業の間だけで行われ、それによってさらに企業は力を増していく。ＧＥやＧＭが咳をしたり風邪をひいたりしたら、運命が変わってしまう小さなサプライヤーがたくさんいる。

8　こうした企業間の取引において、これらの巨大企業が社会的なニーズについて考えるように仕向けるにはどうすべきか。それを考えるべき時が来た。

9　多国籍企業上位六社のそれぞれの年間売上高と比較すると、その額より大きな国内総生産（ＧＤＰ）がある国はわずか二一カ国だけである。すなわち、この六社――ＧＥ、エクソンモービル、ＢＰなど――は、多くの政府の代表者よりも大きな社会的影響力を持っているということになる。これだけの売上と世界展開を考えると、社会対応の企業と資本主義について、その可能性と将来をわれわれ自身が理解しなければならない。

10　エンロンやワールドコムなどが、滅びつつある資本主義の実例であるとしたら、トヨタやHPは新たな社会対応の動きを表す企業である。いくつもの裁判所が、エンロンのCEOやCOOに有罪判決を下した。今こそ、近未来のことを考える企業とそうでない企業を区別し、正しい社会的な価値が広がっていくようにしなければならない。

11　世界がどんどん小さくなり、グローバル企業が社会において新しい不慣れな役割を果たしはじめた今、未来に最も大きな希望を与えるのは、これらの企業が作る製品である。製品は、社会的な価値を具体化する。現在の法律や世論調査、消費者の購買パターンよりも、社会的な価値が表れる。

12　社会対応型資本主義は、新たな希望の根源となる。大望を抱き、優れたものを求めて世界を巡りたいという、きわめて資本主義者らしい欲求を認める。

3 社会対応型資本主義──経済は根本から進化する

ソーシャル・レスポンス・キャピタリズム

私が社会対応型資本主義について考えはじめたのは、マンハッタンからオルバニーへの船旅の途中だった。この船旅は、ニューヨーク州のマリオ・クオモ州知事がスポンサーとなり、一九八〇年代の終わり頃に行われたものだった。私の会社は二年にわたって、ニューヨーク州エネルギー研究開発機構（New York State Energy Research and Development Authority）に関して、クオモ氏にコンサルティングをしてきた。この仕事の一部として、州知事とその有能な副官であるスタン・ランダインが「ニューヨーク二〇〇〇」と題した船旅を企画したのだ。このハドソン川をさかのぼる「思考実験」の間、われわれ五〇人は、ニューヨークをよくするための州政府の真の役割について議論した。

私は環境専門家として、そこに参加していた。私の最初の二冊の著作が、有害廃棄物の管理に関する連邦法の形成において、役に立ったのだ。ボートに乗っていたのは、ほとんどが弁護士や企業の重役や銀行家だったが、アメリカ原住民の代表も何人かいた。ハドソン川中流にある陸軍士官学校の要塞のそばを通り過ぎるとき、州知事は「altruism★（利他主義）」の最近の定義についてわれわれに尋ねた。州知事は、国の軍隊の安全について、州政府がもっと関わるべきかをわれわれに考えてほしかったようだ。だからこの場合、それを念頭に置いて定義を考えなければならなかった。活発な質問や、なぜ人々やリーダーが要求されている以上のことをしようとするのか、定義しようとする試みが続いた。その後、ニューヨークのパーク・アベニューで働く弁護士で、天然資源保護委員会（Natural Resources Defense Council）の共同設立者であるデイビッド・サイブが話をした。サイブは腕の立つ法廷弁護士であり、マリオ・クオモと同様に、信頼感を絵に描いたようなリーダーだ。その話は、私にとって決して忘れられないものとなった。

サイブは第二次世界大戦中、兵士としてイタリア・アルプスに駐留していた。雪深い山の頂上での任務だった。サイブは白髪まじりの眉毛を持ち上げて、アルプスに駐留する前に人を殺したと言った。しかし、アルプスでの任務はそれよりも過酷なものだった。連合軍の合言葉を知らない者が谷を渡ろうとしたら、その人を撃たなければならなかったのだ。合言葉は毎晩変えられていた。ある朝早く、一人の人間が近づいてきた。

この「見知らぬ」兵士が見通しの悪い吹雪の中を進んできたとき、サイブは自分の任務を復唱した。「撃てよ。ボヤボヤするな」と、自分に言い聞かせつづけた。だが、彼は撃たなかった。上司の命令に従わなかった。彼は伝統や自身の経験に抗うことを決めたのだ。あとになって、その兵士は数日間道に迷っていた連合軍の兵士であったことが分かった。だから、合言葉を知らなかったのだ。

サイブは次の言葉で話を締めくくった。「では、私は利他的な理由から、兵士を撃たなかったのでしょうか。みなさんは、どう思いますか」

彼は聴衆が考える間、言葉を止めた。ほとんどの人が、彼は英雄だと思った。しかし違った。サイブは「相手のことを考えて、撃たなかったわけではありません」と言った。「その朝、私の銃が使われなかったのは、崇高な無私の美徳のためではありませんでした。たしかに、私は名もない連合軍の兵士を救いました。しかしそれは、彼が自分の味方だと知っていたからではなく、彼が雪の中を三日間さまよっていたことを直感したからでもありません」。ここでの空白がすべてを物語った。「私は怖かったのです。間違いを犯すのを恐れていました」

信頼感のあるリーダーと過ごしたこれまでの経験から言うと、彼らはよく本能に基づいて行動する。本能とは、恐怖や熱望、ひたすら競争を愛する気持ちなどだ。リーダーに対して数字を示したり、法的な意味を説明したり、重要性を示したりすることはできる。だが、こうしたアドバイスも、彼らの内側にあるものほどの意味はなさない。内側にあるものが重要だという点は、資本主義も同じだ。資本主義は分岐点にある。なぜなら、より多くの人が支持するようになっているのは、世界をよくしようという思いを内側に持った企業だからだ。

私は、リーダーが自分の陣地を守ろうと競い合う姿に、興味を引かれる。彼らはパニックと決意

★　自分のことよりも、他人の幸福について考えること。「利他主義」と訳されることが多い。

を持ってそうするのだ。そのような姿はこれまでチャーチルやリンカーンのような社会的リーダーについて研究されてきた。しかし、上位三〇〇社の企業がどれだけ巨大になっているかを考えると、企業のリーダーシップについても考えなければならないことが分かる。

いまのところ私は、企業の失敗には興味がない。失敗事例はウォールストリート・ジャーナル紙や、ロンドンのフィナンシャル・タイムズ紙で詳しく分析されている。その代わりに4章以降の三つの章では、信頼できるリーダーについて検証しよう。この本を読み終えるまでには、あなたはそのようなリーダーがどうしてお金を生み出すことができるのか、わかるようになるだろう。

社会対応型資本主義を定義する

この芽生えはじめたばかりの先進的な資本主義の定義は、複雑だが重要だ。ちょうど、デイビッド・サイブの話のように。以下に示すのは社会対応型資本主義の要素である。われわれはこのリストをクライアントやアフィリエートに提示している。

1　企業は消費者からの要求に対応するため、新製品を開発し、それにより事業を積極的に見直す。この場合の新製品とは、従来からある業績と価格への期待と、より広い世界に対する社会的なインパクトとのギャップを埋めるような製品である。

2　このギャップは過去には無視されてきた。なぜなら、このような「外部要因」に注意を払う企業は良い企業とされなかったからだ。価格と品質で製品は売れてきた。

3　しかし今日ではこうした外部要因が、製品の長期的な生存可能性に影響を与える。われわれの産業経済の基盤となっているすべての製品ラインに影響するのである。

4　これまで、よき企業市民になるための取り組みは、効率化や製造技術の合理化に焦点が当てられてきた。いま焦点となりつつあるのは、より良い製品を作ることだ。新たな、真の社会的なニーズやプレッシャーに対応する製品である。

5　新たな社会的プレッシャーの例としては、次のようなものが挙げられる。日常的に使う製品から、有害な化学物質を取り除く動き。製品の耐久性やリサイクルに企業が重点を置くこと。また、澄んだ空気や気候変動に関するプレッシャーに先手を打って対応するような、純粋な製品開発などである。

私はこうした「選り抜きの資本主義者（企業）が世界を良くする力」こそが、利他主義に近いもの、またそれより良いものであると考える。利他主義には無私の美徳が必要だが、社会対応に必要なのは、自分の味方を撃たないことだけだ。言い換えれば、あなたの会社や業界や規制団体に支援の輪を作り上げ、何をもって「良い」製品とするのか、ルールを作り直すのだ。賢明かつ信頼のおけるやり方で、世間の期待に応えるのである。これにより企業は、価格と技術品質と社会のニーズをベースに競争できるようになる。

こうしたことは、特にセキュリティやセンサー、エネルギー、車、コンピュータなどを提供している企業に当てはまる。だが、Sフロンティアはすべての企業に関わってくる。エレクトロラックス[★1]やワールプールなどの大きな責任ある企業から、ニッチ市場を探している小さな会社まで、すべてが含まれる。Sフロンティアは、その探し方を覚えれば、至るところに見つけることができる――安くて粗雑な製品の時代は終わったのだ。ナイキもSフロンティアを見ているし、スターバックスやIBMも見ている。これはつまり、新たな高みへと進んでいくことである。そこからは、価格と技術品質、そして社会対応で競争することになる。先に挙げた企業は、製品の価格が安くても、一定の基準を満たさなければ買わない人が増えていることに気づいている。

W・エドワード・デミングや、ジョセフ・ジュランといった経営学者は、第二次世界大戦後の数十年にわたり、価格や技術的な信頼性や流通などの古典的な問題に加えて、品質管理のプロセスが経営戦略に盛り込まれるよう導いてきた。この品質と生産効率の革新により、製品と組織の技術品質と価格の二点が重視されるようになった。GEやハネウェル、ロッキード・マーチン、コノコ・フィリップスは、世界により良い製品を提供するため、価格と技術品質の両者に重点を置いていることで知られている。

しかしわれわれは今、新たな三位一体[★2]の時代に生きている。ここでの三位一体とは、先に三種の神器として挙げた、社会的な問題意識（社会対応）を価格や業績と同列に置くという考え方だ。この企業戦略における新たなアプローチは、「継続的な価値の創造」を促進するために考えられた。このアプローチをとることで、長年にわたり社会からの監視に耐えられるような製品群を作ることができる。技術品質を向上させながら価格を下げるという、今も続いている戦略に対して、社会対応の製品開発は新たな意思決定モデルとなる。

結果として企業は、馴染みの薄い、新たな役割を担うことになる。自社に長期的な価値をもたらし、われわれの毎日の生活の質を根本的に変えるような役割だ。価格と技術品質が企業の信条の「父」と「子」であるならば、社会対応は「精霊」である。現在のところ、「精霊」はほとんど見えていない。しかし実のところ、企業のこの社会的なミッションは、企業の行いすべてにしっかりと植えつけられるようになりつつある。消費者や競合他社が、企業の社会的責任の基準を上げつつあるからだ。スコット・ベトベリ[★3]のような人――ナイキやスターバックスなどの企業ブランドに、素朴だけれども粋な感じを持たせたクリエイター――が、企業の「魂」について一生懸命に語るのも、そのためだ。ある企業が「将来の社会のニーズがどのように自分たちの組織を変えるのか」を問いはじめたら、その企業に魂を感じることができるだろう。

★1　スウェーデンに本社を置く、ヨーロッパ最大の白物家電メーカー。

★2　キリスト教で、「父なる神」と「子なる神（イエス・キリスト）」と「精霊」の三位は、唯一の神が三つの姿になって現れたもので、本来は一体であるという考え方。

★3　**Scott Bedbury.**　ナイキやスターバックスの社内で、マーケティングやブランド構築に携わった。現在はコンサルタント、執筆者として活動。

社会対応型資本主義の現状と幅の広がり

デイビッド・サイブは他の何百万の兵士と同様に、状況に対して何をすべきか、すばやく考え、勘を働かせて決断した。これはリーダーシップと優れた本能による行動であり、何も考えずに命令や伝統に従うのとは異なる。彼は恐怖によって勇気を得、強い苦しみから結果を得た。われわれの多くは、このようなリーダーを信頼する。優れた判断力と強い意志を持っていることが証明されているからだ。

社会への対応は、世界のあらゆる市場でその重要性が高まっている。一部の企業の取締役会では、中心的な話題にさえなりつつある。HPやデュポンといった企業と仕事をした経験から言うと、これは一時的な流行ではない。第5章でも説明するが、HPやデュポンでは、取締役は代わってもこうした文化は残っている。常に時代に合わせて修正されるが、永続的な文化なのである。価格と技術品質だけでなく、社会への対応をベースに競争することが、企業の存続と経済的な成功に結びついているからだ。

こうした展開や企業の責任を期待する声は、非常に新しいものである。新しいものであるがゆえに、デミングやジュランがこのトレンドに気づかなかったのも当然だ。今日の経営学の権威者と呼ばれる人たち（ウォーレン・ベニスからジム・コリンズまで）も、いまだに価格と品質にこだわっていて、彼らの優れた著作にはこの成功へのカギとなる三番目の要素が含まれていない。しかし、何社かの先進的な企業が先に道を切り開いている。伝統的な学者の世界でこの概念が採り上げられるより早く、実践的な理論が作られるより早く、企業が動いたのだ。スターバックスやナイキ、シェル、ＢＰは、彼らの「社会的ブランド」を宣伝するために、広告に何百万ドルも投じている。

第二次世界大戦後にデミングとジュランが企業戦略のあり方を変えたのと同様に、ボパール[★1]やヴァルディーズ号[★2]の悲惨な事故の後、多くの新たな社会勢力が、企業戦略の意思決定モデルを変えはじめた。クオモ州知事と仕事をし、政府の真の役割についての私自身の定義を広げたあと、私はこうした動きを『企業の環境戦略――ボパール以後の多くの変化[★3]』という本にまとめ、一九九五年に出版した。

二年も経たないうちに、アンディ・ホフマンが『環境競争戦略[★4]』という本を書いた。ホフマンがこの本で、大企業の動きに関して私と同じテーマをいくつも採り上げたことに感謝している。エルゼビア・サイエンスも『企業の環境戦略』という季刊誌を発行しはじめた。こうした展開の中で、当時私が気づかなかったのは、変化のスピードと大きさだ。

社会対応は顧客による製品の選択や、企業戦略、ＩＲ活動、ブランドの中に含まれる。われわれは社会対応を、企業戦略、エネルギー、環境的なリーダーシップといった社会的なニーズと、

★1　インドの都市。一九八四年に有毒ガスの漏出事故が起こり、多くの死者が出た。
★2　エクソンの石油タンカー。一九八九年にアラスカの沖合で石油流出事故を起こした。
★3　Bruce W. Piasecki, *Corporate Environmental Strategy: The Avalanche of Change Since Bhopal* (John Wiley & Sons, 1995).
★4　Andrew J. Hoffman, *Competitive Environmental Strategy: A Guide to the Changing Business Landscape* (Island Pr, 2000).

財務リスクや機会に関する古典的なマネジメントとの「バランスをとる」と表現する。社会対応型資本主義は、より良い世界を確実にするために、優れた製品を探求する行動のすべてを含むのだ。

社会対応型資本主義は、単なる世紀末的な関心事を超えるものだ。この一〇年ほど、社会への対応が環境やエネルギー問題だけにとどまらない理由を、私はクライアントに説明してきた。有力企業が、さらに多くのトピックについて議論している。それは社会対応型資本主義の結果（消費者がより良い、より安全な製品を求めること）であり、始まり（より良い製品が開発され、成功し、より多くの企業がこの流れに続くこと）でもある。提起されている問題には、次のようなものがある。アメリカで販売されている衣服や電気製品を製造するアジアの工場の労働環境。これはナイキやギャップが真剣に懸念している問題だ。また、エイズなどの公衆衛生問題。近年のハリケーンによる洪水の後では、基本的な救命活動——清潔な水を十分に供給すること——、および電力網の近代化なども、この関連で話された。世界全体で政府の役割が小さくなっている今、企業がその分の役割を果たすことが期待されている。

優れた企業が上る階段——社会対応型の製品開発

社会対応型の製品開発（ＳＲＰＤ：Social Response Product Development）は、資本主義の新たな形である。三〇年以上にわたり、産業界はよりクリーンに、より効率的になり、また最高の品質とサービスを目指して進んできたが、今世紀ついに最高点に達するのである。これは現代企業にとってのトップへの階段である。その頂点では、利益率だけを守る代わりに、リーダーが世界的な枠組みに沿って、自社の計画や見込みが健全であることを望み、そうすることを要求される。**図8**に示すように、多くの企業がこの階段を上っている。

SRPDを動かす要素――世界の気候変動に対する懸念、テロ、エネルギーの多様化と保護、環境保全、新しい資本市場への投資――は、社会対応型資本主義の意味合いを形作ってきた。簡単に歴史を振り返ってみよう。

一九六〇年代の終盤から一九七〇年代のはじめにかけて、社会において環境保護運動が誕生した。それ以来、企業の責任は政府の規制に沿う形で何度も形を変え、次第に消費者からの期待や、新しい世界貿易のルールにも

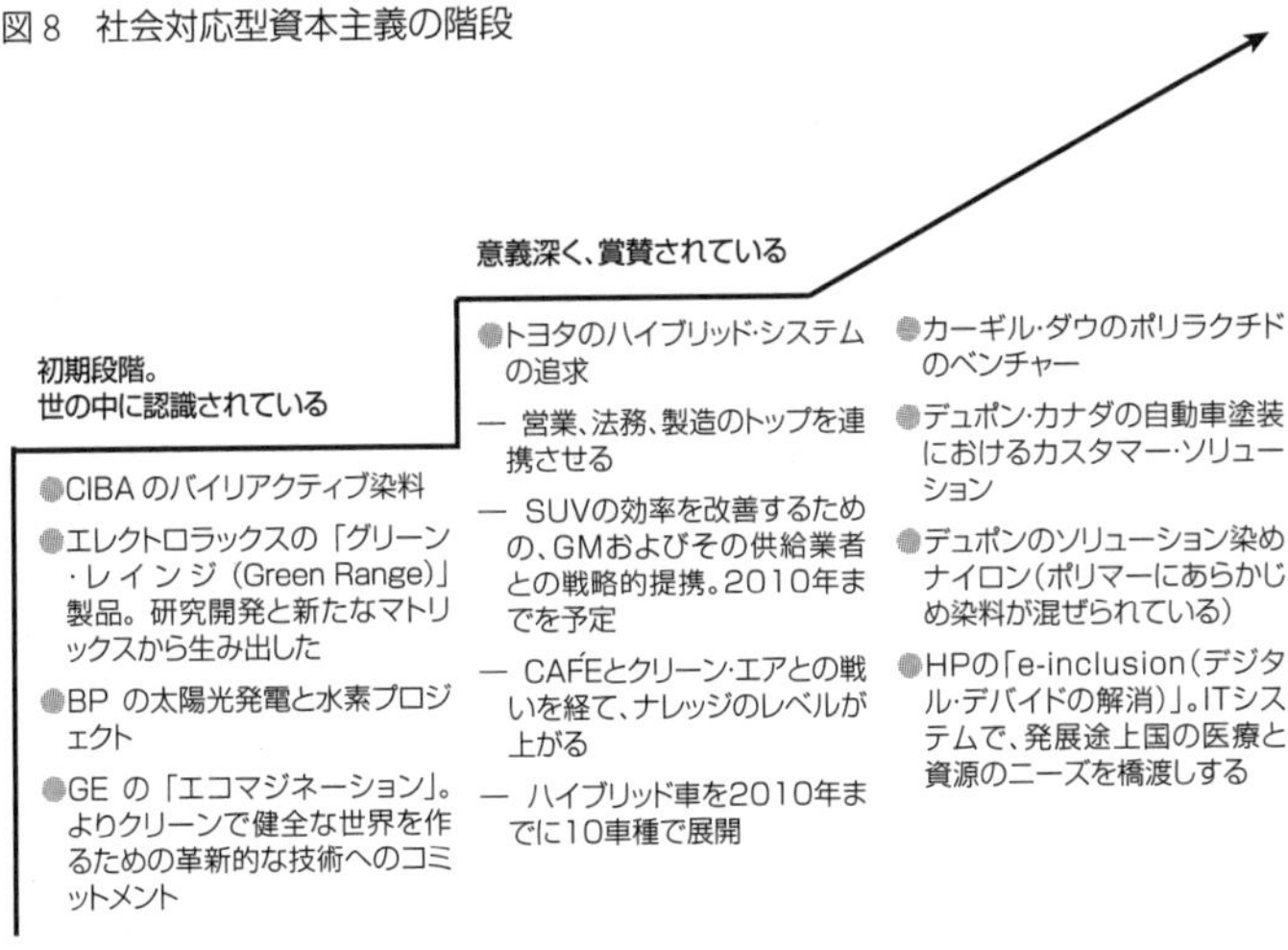

意義深く、賞賛されている
初期段階。
世の中に認識されている
●CIBAのバイリアクティブ染料
●エレクトロラックスの「グリーン・レインジ（Green Range）」製品。研究開発と新たなマトリックスから生み出した
●BPの太陽光発電と水素プロジェクト
●GEの「エコマジネーション」。よりクリーンで健全な世界を作るための革新的な技術へのコミットメント
●トヨタのハイブリッド・システムの追求
― 営業、法務、製造のトップを連携させる
― SUVの効率を改善するための、GMおよびその供給業者との戦略的提携。2010年までを予定
― CAFÉとクリーン・エアとの戦いを経て、ナレッジのレベルが上がる
― ハイブリッド車を2010年までに10車種で展開
●カーギル・ダウのポリラクチドのベンチャー
●デュポン・カナダの自動車塗装におけるカスタマー・ソリューション
●デュポンのソリューション染めナイロン（ポリマーにあらかじめ染料が混ぜられている）
●HPの「e-inclusion（デジタル・デバイドの解消）」。ITシステムで、発展途上国の医療と資源のニーズを橋渡しする

図8　社会対応型資本主義の階段

影響されるようになった。一九七三年の石油禁輸を一つのきっかけとして、一九七〇年代にはアメリカで大規模な社会的環境運動が起こった。一九八〇年代には、ラブ・カナル[★1]とボパールの悲劇が起こり、リスクの軽減と廃棄物処理が求められる時代となった。廃棄物改善のビジネスも数多く誕生した。一九九〇年代は、自由貿易と労働者の権利、世紀末には六〇億にも達すると予想された世界的な人口増加が特徴だった。そこから、一九九〇年代には「企業の社会的責任（CSR）」が、新たな市場に参入し世界貿易に参加するためには欠かせない戦略として現れてきた。CSRは通常、企業の一部門だけに存在し、その業務は社会的な問題やイメージの問題にどう対応するかといったことに限定されている（たとえば、公害問題に対する地域社会の怒りを、どのようにコントロールするかなど）。CSRは通常は製品開発には焦点を当てず、社会対応型の製品開発や資本主義のように、企業全体の文化を包含することはない。

社会対応型資本主義者——世界の七九三人の億万長者（一〇億ドルを超える資産を持つ人）の多くをはじめとして、それより資産は少ないが新たなイノベーションから利益を得、イノベーションを指揮する人たちまで——が、こうした時代の動きを活用しようと、台頭してきた。彼らの多くが、現在のCSRに関する研究の範囲は「狭すぎる」と見て、サプライチェーンに関する問題まで範囲を広げようとしている。

こうした歴史的展開やプレッシャーにより、法律や原材料などの面で企業の変化を起こすのではなく、新しい社会のプレッシャーをどう実際の製品に結実させるかに焦点が当たるようになってきた。われわれが望むのは、企業がわれわれのほしがるものを提供するだけでなく、必要とするものを提供することだ。もしわれわれが持続可能性のドアを開こうとするならば、われわれはその視点を持った世代のCEOを迎え入れなければならない。

この世紀は、おそらく企業にとっては歴史上もっとも難しい時代になるだろう。技術のインパクトと消費のスピードがその主な要因だ。二〇一〇年代に入るにあたり重要なことは、E・F・シューマッハー[★2]や、パトリシア・アバディーンら先駆者たちの仕事を作り変えようと、無駄な努力や時間を費やさないことだ。世界がフラットになるにつれ、時間は短縮されている。かつては、自動車の新しいモデルを世に出すまでに一五年かかった。いまやトヨタは、五年で完成させる。かつて産業界は、自社の業界のみにおける業績に意識を集中させていた。ピーター・ドラッカーやジュランやデミングの理論は、そうした世界を念頭に築かれたものだ。今日では、ダウやBPやトヨタのブランドは、世界のさまざまな業界で競い合っている。これが新世紀の真実なのだ。「ウォール街や投資家は、グローバル企業を『あらゆる業界内での比較で、その企業の社会的なブランド価値がどれだけ高くなったか』という観点から評価する」と、イノベストの社長であるヒューソン・バルツェルは指摘する。いまでは巨大企業は、自社を社会的な責任を負ったブランドと見なさなければ繁栄できない。すなわち、トヨタが手ごろな価格で良い車を作ることは誰もが知っているが、消費者は、その車や製造プロセスが環境や社会に優しいかを同じぐらい気に

★1　アメリカのナイアガラ滝近くの地名。毒性産業廃棄物の投棄場であった場所にできた町で、住民に深刻な健康被害が広がった。
★2　シューマッハーと彼の主張については、補遺Bを参照のこと。

かけているのである。

社会対応型資本主義を形成する

この歴史は、ある意味では始まったばかりである。アメリカ同時多発テロ事件と、それに続くマドリッドやロンドンでの爆破事件の後、世界はこれまでにないほど、通常の生活や自由に対して脅威を感じるようになった。世界の経済発展とテロ、石油や水などの天然資源をめぐる緊張関係、人口増加、気候変動、政治不安は、すべて関連し合っている。しかしこれらが触媒となって、グローバル・エクイティ文化において、新たな希望のある展開が生まれている。優れた社会対応型資本主義者は、深刻な社会問題の中に隠されている機会を見つけるのである。

以下に示したのは、今後一〇年でわれわれの暮らしが直面するであろう問題だ。われわれAHCは、どれだけ潜在顧客の力になれるかを検討するため、これらの避けられない世界の状況を顧客に提示している。こうした状況はどの企業でも、重要な戦略を決める場合には検討されなければならない。

1　世界の人口は六〇億人を超える。これにより、地球資源に関してすべての人に制約が及ぶようになる。

2　世界の人口の多くが飢えていて、字が読めず、貧しい。

3　厳しい市場環境に直面し、多くの企業が社会的な責任の範囲を世界の最も貧しい地域にまで広げている。それらの国々の人を助け、いずれ自社製品の市場を新たに作り出せることを願いながら。

4　世界の石油資源は減少しつつあり、専門家の中には五〇年から一〇〇年で枯渇すると見る人もいる。

5　エネルギーは持続可能性の核となる。新しい技術や手法や資本が、エネルギー業界に加わっている。たとえば、燃料電池、バイオ燃料、風力発電、薄膜太陽電池、そしてハイブリッド・エンジンのようなエネルギーどうしをつなぐ技術などだ。こうした技術が現れているのは、石油供給に限界があること、気候変動の不確実さ、そして新たなエネルギー事業で利益を生み出せる可能性を、人々が意識しているからだ。

6　清潔で新鮮な水には限りがある。ある専門家は、将来の世界的な紛争は「資源をめぐる戦い」になるだろうと見ている。新鮮な水や、豊かな土壌、及び他の天然資源を手に入れるための戦いだ。

7　中国の経済成長は、今後一〇年から二〇年の間、指数関数的な勢いで続くと考えられる。その結果、二〇二〇年か二〇三〇年には、中国のＧＤＰは世界で二番目の規模となる可能性がある。中国は持続可能性を意識しながら、経済を発展させようとしている。

二〇〇三年と二〇〇四年に、中国は自動車の排気ガスと再生エネルギーに関してガイドラインを設けた。その基準は、他の先進諸国の先を行くものである。

三番目の問題を提示したあたりで、多くのMBAホルダーや役員たちの気持ちは揺さぶられはじめる。そして、ここがリーダーとマネジャーを分けるポイントとなる。すなわち、新たなプレッシャーに反応し、対処する能力があるかどうかだ。

ここで再び、本書の冒頭で示した境界条件を示す。

- 世界の経済主体の規模を比較すると、上位一〇〇位に含まれる五一の組織は企業であり、国家ではない。
- 海外資産の二〇%を、多国籍企業の最大手一〇〇社がコントロールしている。
- 世界の総資産の二五%は、多国籍企業の大手三〇〇社により所有されている。
- 世界貿易の四〇%もが、これらの多国籍企業の間で行われている。
- 国内総生産（GDP）が、世界の最大手六社のそれぞれの年間売上高を上回る国は、二一カ国しかない。

先に上げた七つの世界的状況と企業の急速な成長が出会うことにより、グローバル・エクイティ文化が形成されている。この出会いは、機会と希望の両方をもたらす。

図9が表すのは、世界的な状況が、地域やわれわれの生活にまで影響を与えるということだ。

こうしたイメージは、自社の利益に直接影響することにしか耳を貸さない人たちには、伝えるのが難しい。この図が四つの面を持っているということは、影響の中には間接的なものや二次的な関係のものがあるということだ。しかしそれでも、事業の成功に対しては同様のインパクトを持っている。社会対応型資本主義者たちには、こうしたメッセージがはっきりと、強く響く。

ここに希望がある。すなわち、「持続的に利益を得るには、山積みの社会的問題を解決するよう、資金と経営資源とエネルギーと人間を活用しなければならない」。私が二五年前にアメリカン・ハザード・コントロール・グループを設立したとき、そのモットーはこうだった。「世間からの期待に応えよう」。われわれがこのモットーを用いるのは、世界の社会的な変動に比べたら、われわれがいかに小さいかを思い出そうとするときだ。変動とは、短期のマーケットだけに起こるのではなく、

図9　4つの点が結びつく

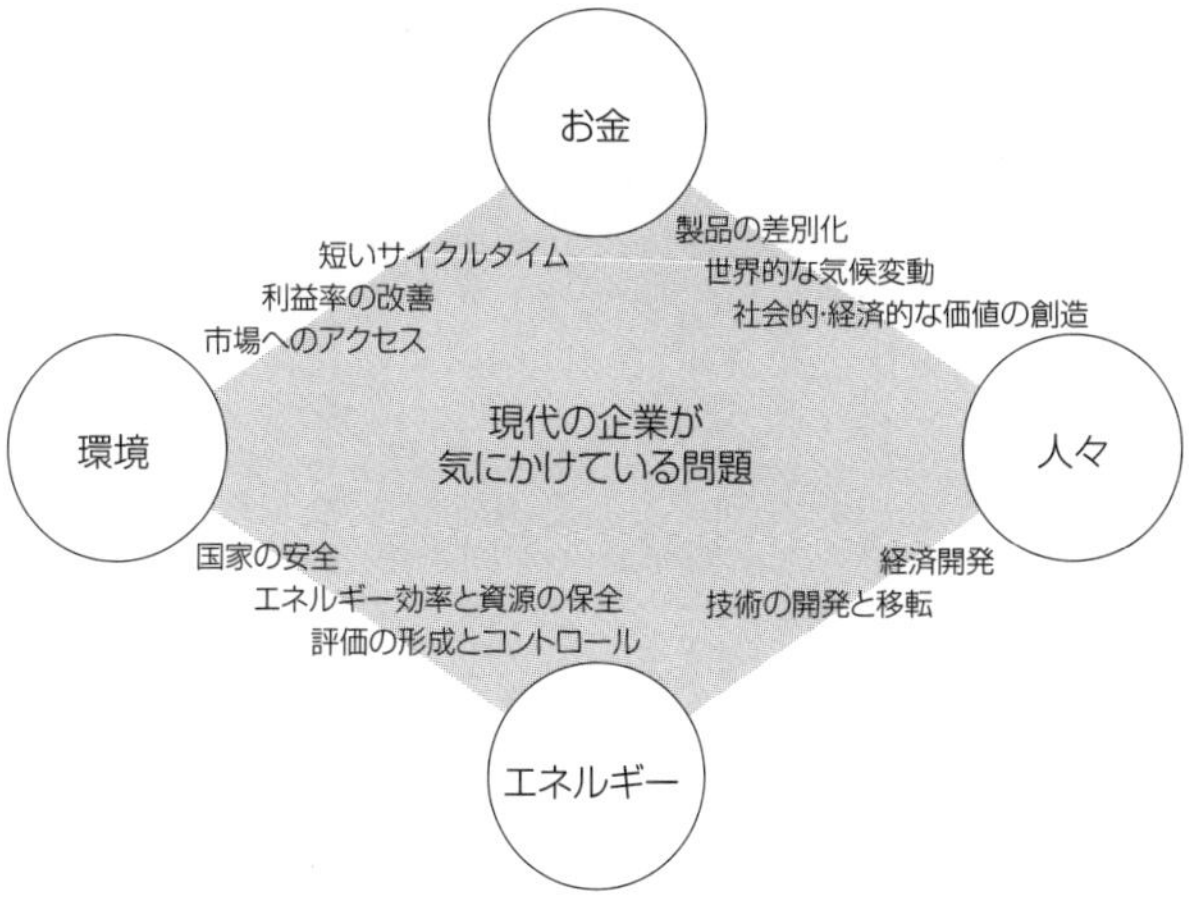

長期の社会的なニーズや期待においてもどんどん起こるようになっている。われわれは今でもそうした期待に応えている。いや、そうした期待が毎月のようにわれわれを方向付けている。

社会対応型製品開発の六つの利点

社会対応型資本主義では、製品グループの管理や運営が重要になる。一つの良いアイディアは、すばやく、クリエイティブに、なるべく多くの製品に応用されなければならない。トヨタは三年のうちに、重要なイノベーションを一〇の製品に応用した。SUVのハイランダーから、カムリ、レクサス、そして効率よく動く新しいトラックにまで応用したのだ。HPも同様のことをしており、イノベーションをさまざまな製品に活用している。液晶ディスプレイがよく知られた事例だ。メイタグを買収したワールプールも、エレクトロラックスと競うためには、このプロセスを採用する必要がある。フォーチュン誌やフォーブス誌などによれば、GEやウォルマートもこうしたイノベーションを進めようとしているようだ。ワイアード誌やファースト・カンパニー誌は、中小企業が同様の意向を持っているという記事をよく掲載しているし、インク誌やCFOマガジンにも、そうした記事が載っている。

一九九九年から二〇〇〇年にかけてわれわれが出席したトヨタの会議も、製品群の中で整合性をとることに重きを置いていた。二〇〇五年にプリウスが同社の世界市場の中で三%のシェアを占めるとすぐに、トヨタは先述の一〇製品の戦略をニューヨークタイムズ紙に掲載させた。われわれはその戦略を一九九九年には知っていたのだが、ようやく極秘事項ではなくなり、SRPD

のメリットを他の顧客企業にも伝えることができるようになった。

私は一〇年近くにわたり、社会対応の製品開発には六つの利点があると、顧客企業にアドバイスしてきた。それは銀行の複利のように、繰り返されていくものである。それを以下に示すが、読む際には四半期で達成できるものではなく、一〇年ほどの結果として考えてほしい。

1 **利益率の向上**――労働力やエネルギーや原材料を効率よく使用することにより、製品ライフサイクルのすべての段階でコストを節減する。トヨタはそうした無駄のない生産方式で、世界的に有名である。

2 **サイクルタイムの短縮**――製品開発の初期段階から、コンカレント・エンジニアリング★のプロセスの一部として、環境問題を検討する。それによって製品を市場に出すまでの時間を短縮する。インテル、HP、GE、ハネウェルなどの企業は、頻繁にその進展具合を評価している。

3 **世界市場へのアクセス**――環境的に好ましい製品、ヨーロッパや日本などの重要な地域の環境基準に合った世界的な製品を開発する。二〇〇六年のゴールドマン・サックスのレポートでも、石油やガスの市場へのアクセスが制約されていることについて書かれていた。その後、世界の製造業のあいだで、この戦略的要素について重要性が高まった。トヨタは

★ Concurrent Engineering. 製品開発の初期段階から最終段階までのさまざまな業務（企画、設計、実験、試作など）を同時並行で進める開発手法。

一九九九年にはこの点を認識していた。

4　製品の差別化――エネルギー効率や分解のしやすさなど、購買行動を左右するかもしれない環境的な利点を、自社の製品に組み込む。トヨタはこの点において、競合他社をはるかに上回っている。

5　製品の価値に社会性を組み込む――自社の製品ラインのポジショニングを明確にし、自社が製品について次のように考えていることが、消費者と投資家に伝わるようにする。「製品は社会的な表現であり、社会的なニーズの解決とお金を稼ぐことを両立させたものである」。HPはこの社会的な価値の組み込みにおいて、最も分かりやすい事例である。

6　企業のリスク・プレミアムを減らす――社会への対応が組み込まれた製品を選ぶことにより、企業の全体的なリスク・プレミアムは減少する。この利点は複雑なので、本書の最後の二章（第八章、第九章）をこの説明に当てることにする。

端的に言うならば、社会対応型製品開発は、従来からの製品開発のツールに「社会的な」要素を混ぜ合わせたものだと言える。今世紀までは、歩留まりの向上や、業界を超えたマーケット・ポジショニングといった要素は、エンジニアリングや製造などの部門内での問題だった。しかし最近では、企業の上層部にまで届きつつある。マーケティングや営業のトップから（トヨタでそうであるように）、法務、IT、エネルギー調達、などのトップまでが関わっているのだ。

たとえば、今日あなたが車を買おうとする場合、決め手になるのは、色や乗り心地、トルク★1、運転のしやすさなどだけではないはずだ。トヨタはあなたの選択肢に社会的な属性を加えた。手ごろな値段で買えるハイブリッド車を開発したのだ。同じことがHPから買うコンピュータやPDAにも言える（詳しくは、第7章を参照のこと）。あなたはこうした選択を無意識のうちに行っているかもしれない。しかし、いまや心の中で、価格と技術品質、それに加えて社会対応の要素が、選択の基準となっているのだ。

それぞれの企業の動き

七〇年近くの間、企業は塩化炭化水素[★2]や、電気メッキなどの製造プロセスで生じる重金属のスラッジ（沈殿物）などを、地中や池や工業用の貯水池などに投棄することを許されてきた。しかし、アメリカ議会が一九八四年に環境保全再生法（RARC : Resource Conservation and Recovery Act）を制定し、これができなくなった。四年も経たないうちに、すべてが変わった。詳しくは私の一九八四年の著書、『投棄の先に』[★3]と、続編である一九八八年の著書『アメリカの未来』[★4]に書いてあるが、一九八〇年代の終盤には、一〇億ドル規模の廃棄物処理市場が生まれた。今では、デュポンや

★1 ギアやシャフトなどの軸の回転力。
★2 環境汚染物質。長期間にわたって残留する。
★3 Bruce W. Piasecki, *Beyond Dumping: New Strategies for Controlling Toxic Contamination* (Quorum Books, 1884)
★4 Bruce W. Piasecki, Gary A. Davis, *America's Future in Toxic Waste Management: Lessons from Europe* (Quorum Books, 1887)

ＢＰ、シェブロンなどが原油流出事故などの後始末に備えて引当金を積んでおり、数十億規模の市場になっている。

経営のトレンドの歴史を見たならば、流行となることが重要だと分かるだろう。その好例が、ＧＥによって開発されたシックス・シグマだ。スリーエムやダウ、セラニーズなど、さまざまな企業で急速に採用されることとなった。別の例としては、ｉＰｏｄの流行が挙げられる。世界が次第に小さくなり、混雑してくると、われわれには自分に戻るためのプライベートな空間が必要になるのだ。どれだけ急速に、ｉＰｏｄが浸透していったか、考えてみてほしい。

社会対応型資本主義についても、同じことが言える。長い間、「資本」という言葉と「社会」という言葉を関連付けることさえ、あり得なかった。ベルリンの壁崩壊以前であれば、価格と技術品質以外のものをベースにした競争を言い出したならば、それが何であれ、資本主義者とは反対の人間だと思われたことだろう。社会対応型資本主義の製品面での魅力が高まってきたのは、トヨタが一九九九年にハイブリッド車市場に参入しようと決めた頃だ（図10を参照）。私は一九九五年の著書『企業の環境戦略』以来、世界を良くするためにより良い製品を開発する動きは、二〇一五年までにピークを迎えるだろうと、クライアントに話してきた。政治状況によっては二〇二五年頃までかかるかもしれないが、それが起こるのは確実だ。

重要なのは、波が来る前にその力をとらえることだ。波に消し去られてはならない。図10は、われわれが企業の取締役会などで示して、非常に大きなインパクトを与えた三八枚の図の一つだ。トヨタがこの市場変化の中心にいること、しかし最初のリーダーであることよりも、圧倒的な第二の波を起こしたことに注目してほしい。
ビジネスはいまや、州や国の中での競争だけに左右されるのではない。世界中の競争にも左右される。社会のニーズへの対応がどれだけ進んでいるかは、業界によって異なる。また、企業の動機によっても異なる。たとえばインテルは、ペンティアム１からペンティアム５まで、急速に製品を変化させた。専門家や証券アナリストの中には、こうした製品のアップグレードは、ＳＲＰＤに動機付けられ、サイクルタイムを早期に短縮するために行われたと言う人もいる。しかし、インテルについては評価が定まっていないことも忘れてはならない。いまではプロセッサ市場で八一％のシェアを握るインテルだが、同社はいくつかの裁判を係争中で、果たして同社が世界を良くするために製品をアップグレードしたのか、あるいは競争相手を封じ込めるためにそうしたのかが問われている。

図10　ハイブリッド車発売の歴史

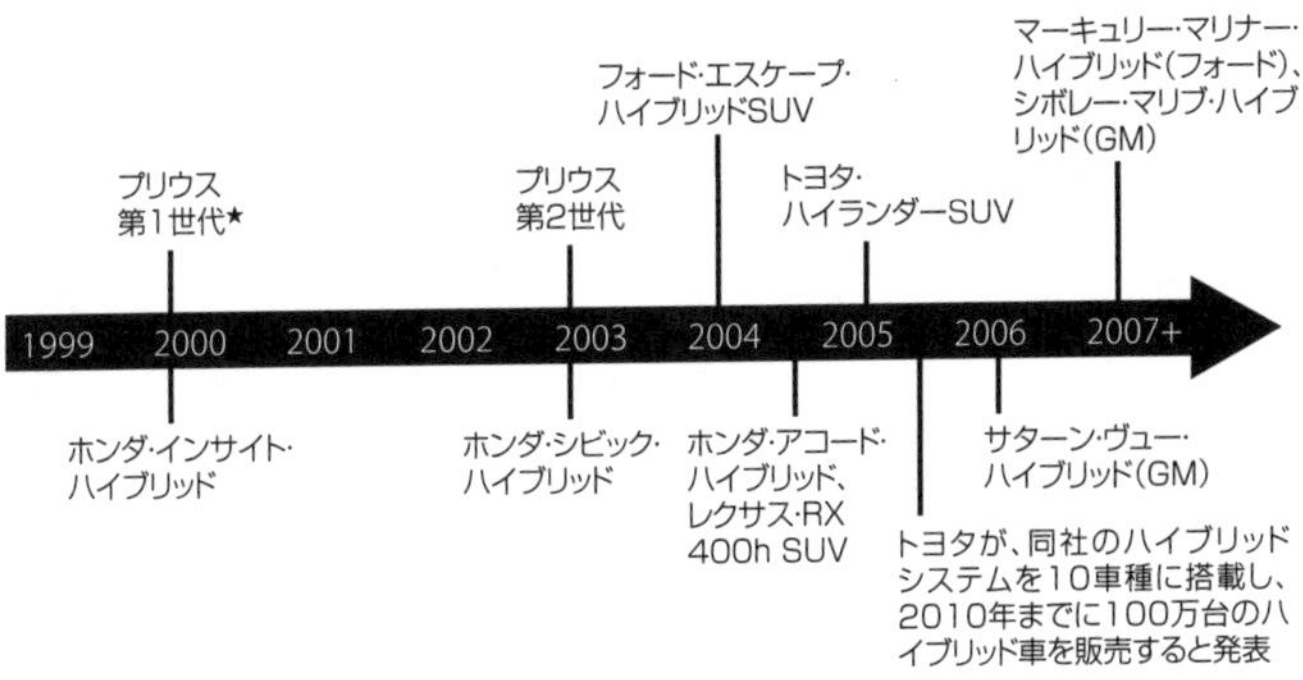

★プリウスの日本での発売は1997年だが、北米で発売されたのは2000年だった

マーケティングに強い巨大企業、たとえばスリーエムやナイキ、プロクター・アンド・ギャンブル（P&G）なども、同様に製品を変更し、ゴールを見直し、世界に対してどんな良い仕事をしているかを宣伝している。これらの企業の評価も定まっていない。P&Gのような企業が、基礎的な研究開発よりも宣伝により多くのお金を使っているのは奇妙なことだ。これらの企業はイノベーションのスピードを誇るが、その際に競合の参入を防ぐことよりも、よい宣伝となることに神経を注ぐ。

巨大企業が、価格と品質に加えて社会対応を追求する理由はこうだ。「経営資源が少なく、動くスピードも劣る競合企業に対して、社会対応は参入障壁を高め、それにより利益率を高める。社会対応は、数十年かけて結実するもので、数四半期では実を結ばない。宣伝で売上は一時的に伸びるかもしれない。しかし、良い製品をつくれば企業

啓発された私利の追求

社会対応型資本主義は、現在のもの以上になろうとしている。したがって、投資家やマネジャー、エグゼクティブやサプライチェーンの計画者にとって、いま社会対応はますます重要になっている。

しかしある意味では、もし消費者が「社会対応」についてあまり意識しないのであれば、当初私が思ったほど重要ではないのかもしれない。ジョン・エルキントンやジョエル・マコワー、および他のグリーン・コンシューマー（環境を考えて買い物をする消費者）を唱道する人々に欠けているのはここである。社会対応型資本主義がうまく機能すると、それは製品の価格に埋め込まれる——そして購入に影響する。パトリシア・アバディーンの著作が一〇年ほど前にこの現実を指摘しはじめ、ス

は存続できる」

P&Gに関しては、もう一つ検証してみたいことがある。同社は環境や持続可能性の分野で優れたリーダーを抱えている。しかし同社は、世界のトレンドや消費者の購買動向が、拡大する社会のニーズにどう関連しているか、ずっと明かそうとしないのだ。これは私にとって心配の種である。明らかにP&Gは、製品ポジショニングを社会のニーズに基づいて行うことができる。しかし、これまで私が話をした同社の重役たちはみな同じだった。彼らは、現れつつある社会のニーズに応えるために何をしようとしているのか、話そうとしないのだ。北アメリカの家庭の九四%に入り込んでいる企業としては、消費者が何をほしがり何を必要としているのか、もっと公に話してもいいのではないだろうか。しかし、やはり同社にも、後を追ってくる企業がいる。ユニリーバ、コルゲート、ホーム・デポなどだ。政府がより良い製品を

チュアート・ハートらの著作でも書かれている。★ 一九七二年以降に書かれた「グリーン・コンシューマー」の必要性が書かれた本では、この重要なポイントを見逃していた。

社会対応型資本主義者は、消費者のあいだに大きな期待を創造し、競合他社が同じ輪をくぐり抜けるのを困難にしている。燃料電池やバイオ燃料から、包装の仕方、輸送やコンピュータ設備にエネルギーを供給する方法まで、グローバル・エクイティ文化を動かしているのは、この啓発された私利の追求とでも言うべきものだ。これが世の中というもので、企業は自己を存続させ、成長させる方法を探す。しかしこの革命は、われわれすべてにとって良いものであるという、副次的な効果も持っているのである。

★ ハートの著作に関しては、補遺Bを参照のこと。

探すにはどうするのが最善かについて、われわれが三〇〇社のグローバル企業の回答を待っていられない理由も同じだ。社内でのつまらない口論が多すぎるのだ。

組織行動の研究者や、数多いリーダーシップの研究者や権威者たちは、いずれこの三つ目の「社会対応」というレンズにもっと焦点を合わせる必要があるだろう。それによりこの概念は科学的に解明され、より深く精査されることだろう。

われわれの仕事は、その存在を明らかにすること。それだけである。いずれは、この社会対応の論理は、費用の抑制や、新製品開発などのプログラムを通じて、企業の業績を改善するためのより永久的なツールとなる。

GEのエコマジネーション

今世紀、資本主義における社会的要素をめぐる議論が終息しないであろう理由が、もう一つある。気候変動が大変な規模と複雑さで進んでいることだ。そのため、エネルギー分野では新しいタイプのリーダーが求められている。企業のためになることと、社会に必要なことの両方を話せるようなリーダーだ。

以下に示すのは、グローバルなエネルギー企業であるGEが、どのように自社を変革していったかという話である。

GEのエコマジネーション活動は、世界が小さくなっているという事実に基づいている。小さな世界では、どんな企業の行動も、何百万人もの人々に影響する可能性がある。したがって、信頼性と効率の面で製品を改善していく努力が非常に重要となる。GEの研究開発部門の主張がどれだけ真摯で永続的なものかはまだ言えない。しかし同社が、より「クリーンな」技術に関する研究開発の予算を倍増させると発表したことは、注目に値する。飛行機のタービンから冷蔵庫などの家電製品まで、GEは全社的に予算を増やした。二〇〇五年の夏には、あらゆる雑誌でこの夢のようなエコマジネーションが紹介された。これはグローバル・エクイティ市場への、大きな価値の転換を示していた。

もし本書が二〇一五年に書かれているのであれば、二〇〇五年八月一五日のフォーブス誌の特集記事、「GEは環境に向かう」が実際にどうなったか、十分に検証することができただろう。本書は二〇〇六年末に仕上がったが、それでも初期の結果は見ることができる。二〇〇六年五月一九日、「リニューアブル・エネルギー・アクセス」というウェブサイト（より良いエネルギー資源を見出すべく尽力している企業のニュースを載せたり、推薦したりしている）は、次の記事を掲載した。

「GEは今週、エコマジネーション・レポートを発表した。それによると、エネルギー効率がよく環境的に進んでいる製品の売上は、二〇〇五年に一〇一億ドルとなり、二〇〇四年の六二億ドルから増加した。受注額は前年のおよそ二倍の一七〇億ドルとなった」。この記事では、会長兼CEOのジェフ・イメルトの言葉も引用されていた。「石油や他のエネルギーの価格が高騰し、水不足の懸念が広がる中、エコマジネーションは、昨年よりもなおいっそう、投資家のみなさんにとって意味のあるものとなっています」

これから先の一〇年には、第二次世界大戦後の三〇年に品質において起こったことが、社会対応型資本主義で起こる可能性がある。品質革命と社会対応の革命は、ともに企業の内側から起こり、社会全体に広がる。私が一九九八年に『環境マネジメントと事業戦略★』という大学の教科書をジョン・ワイリー社から出版したとき、私はこのトレンドの勢いに気づかなかった。また、社会を意識した行動をとるという政府の役割を、これほど早く企業が担うようになるとも予測していなかった。本書の核であるSフロンティアという革命は、政府による規制を急速に追い越しつつある。とはいえ、政府はその大切な仕事をもちろん止めるべきではない。政府による規制が基盤となり、それが出遅れた企業の改革を促すのである。

この改革の波を前に進めるリーダーは十

図11　新市場にアクセスする

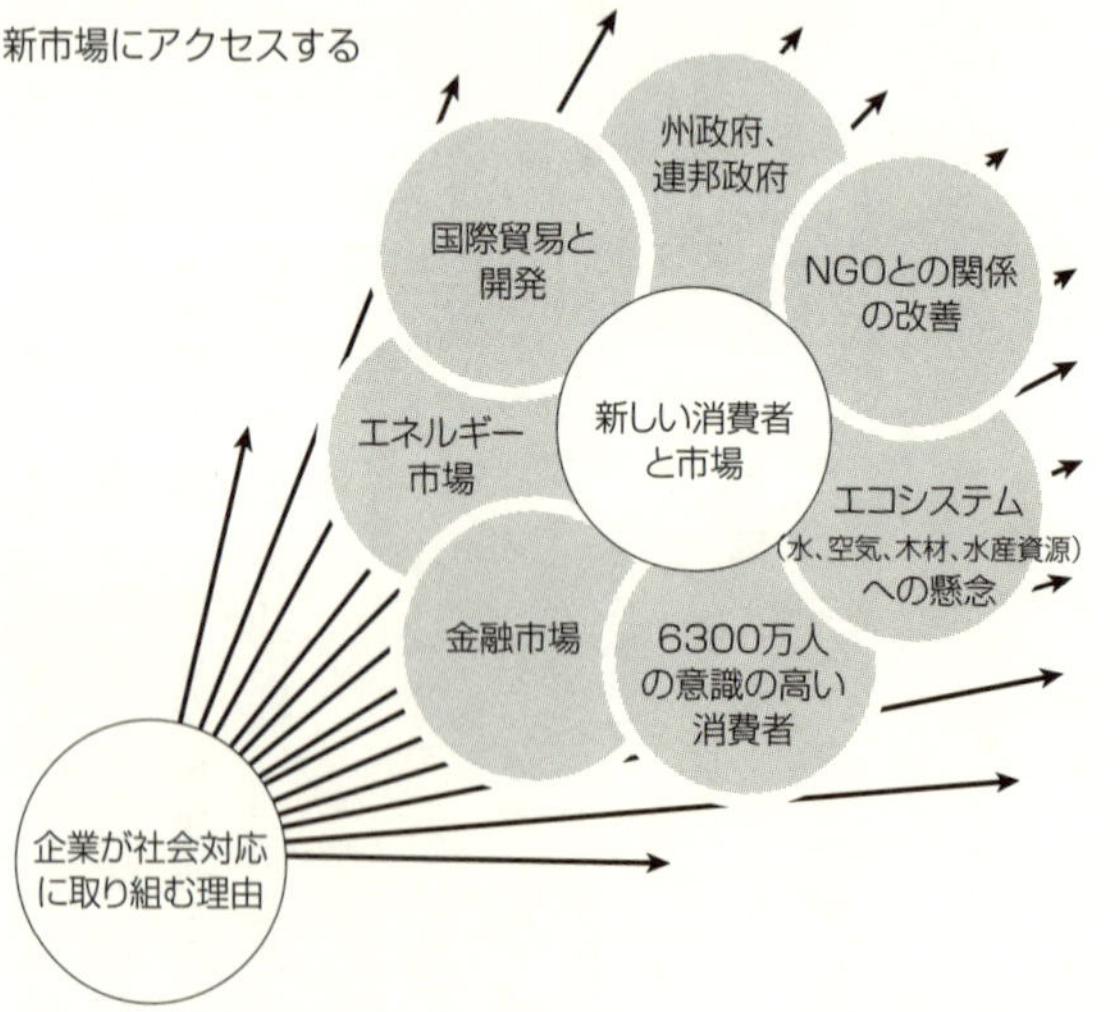

分にいるだろうか。また、GEのエコマジネーションの一七のプロジェクトがGEを変えるよう、十分にチェックされたりプレッシャーがかけられたりしているだろうか。

もしGEが環境を追求するなら、同業のコングロマリットであるハネウェルやタイコも追随するのではないかと期待できるだろう。もしHPが環境によいコンピュータを製造したら、IBMなども数カ月後に同じことをするのではと期待される。もしトヨタがハイブリッド車を世界の市場に送り込むスピードを上げつづけるならば、GMやフォードも歩調を合わせる必要がある。さもなければ、Sフロンティアをさらに下がりつづけていくことだろう。おそらくこれが、ハビブ博士が言うところの、世界市場における「自己回復」的な側面だ。これらの企業が雪原を進んでいるときに、あまり早く撃ってしまわずにおこう。同時に、合言葉を教えよう。すなわち、われわれが何を欲しているか（want）だけでなく、われわれが何を必要としているか（need）を表す言葉だ。

図11が示すのは、われわれが企業の取締役会でのプレゼンテーションの最後で使うチャートで、現時点で強まってきている力を示している。GEやトヨタ、HPらは、新しいアイディアを数多く打ち上げている。そうあるべきなのだ。

★ Bruce Piasecki, Kevin A. Fletcher, and Frank Mendelson, *Environmental Management and Business Strategy: Leadership Skills for the New Century* (John Wiley and Sons, 1998).

よく似たイノベーションが起こるとき

企業行動が社会的な面で大きく変化した最初のきっかけは、法的かつ公的な要因だった。過去二五年間、規制は社会的な変化を引き起こす、よく切れるハサミのようなものだった。それは、現在も存在する社会的な動きがはじまった頃からだ。ボパールの事故やエクソンのヴァルディーズ号による原油流出事故の後、シェルやＢＰ、ダウやデュポンといった企業は、社会や環境に及ぼす害を減らすよう、社内および対外的に目標を設けた。

やがて企業は製品開発や経営の方法を変え、より「先取的」あるいは「持続可能な価値の創造」に突き進むようになった。企業がこの未開の地に進んでいく際、彼らは同業他社と協力し合うことにより、競争優位を獲得する方法を探した。次の事例を見てみよう。

1　ホンダとトヨタによるハイブリッドのパワー・トレーンの開発。ブレーキをかけることによって充電されるバッテリーと、一般的なエンジンの組み合わせで作られた。自動車製造におけるこのイノベーションは、非常に意義のあるものだ。

2　ＢＰとシェルによる太陽光発電への投資と、二〇世紀の終わりに展開された「石油の先に（Beyond Petroleum）」のキャンペーン。ＢＰは何百店ものホーム・デポの店舗に、ソーラー・パネルを設置すると確約した。シェルは、代替エネルギーと水素利用の意義について世界の人々に知ってもらうため、「ライトハウス・プロジェクト（Lighthouse Project）」を展開している。水素利用では、ワシントンDCにおける水素燃料ステーションの設置、アイスランド島における島全体での水素利用実験の取り組みなどに参加している。

3　ワールプールとエレクトロラックスによる効率の良い家電製品への取り組み。現時点での成功例としては、ワールプールの洗濯乾燥機、デュエット・シリーズが挙げられる。同シリーズは、水と電気の使用量を大幅に節約し、製品寿命も長い。価格の上乗せも適切で、ブラジルや中国でよく売れている。

4　HPとIBMによる液晶画面と「オール・イン・ワン」製品のシリーズ。「オール・イン・ワン」の事業所用システムでは、一つの機器の大きさで最低三つのサービスを提供する。たとえば、プリンタ、ファックス、コピーといった機能から、伝言メッセージを消去する機能までを持つようにする。これは、単なる小型化以上のものだ。というのは、この動きは、都市の人口増加によりオフィススペースが減少しているという事実に対応して起こったものだからだ。

巨大企業どうしが似たようなイノベーションを仕掛けるということは、今日の非常に競争の激しい市場においては、大きな意味のあることだ。価格競争や品質の向上などの点では、単独でリスクをとることもできる。しかし、ある新たな社会的な力が企業の長期的な生存の可能性に影響を与えようとしている場合、その問題に取り組んで競争優位を得るためには、業界グループや重要な企業どうしで同じ方向に進んだほうが効果を得やすい。たとえ、かつてはライバルだったとしてもである。

同様の動きをとると、失敗によるリスクも軽減する。どんなイノベーションでも、そのマイナス面はリスクが増加することだ。したがって、リスクを減らすことができれば、イノベーションを増やすことができるはずだ。また、すべての市場参加者が重要なトレンドをもっと知ることができるよう、市場を教育することもできる。ホンダがトヨタとともにハイブリッド車に取り組んだとき、それは両社のリスクを減らすことになった。また、この技術的かつ社会的なアップグレードが一般によく知られ、頼られるようになると、GMやフォードに対するリスクも減らすことになった。シェルとBPは太陽光発電への投資をどう位置付けるか競ったり、二酸化炭素への影響とどう相殺するかを競ったりする。それは両社が社会対応を、他のすべての競合がいずれ超えなければならないハードルを上げる方法と考えているからだと推測できる。

製品の明暗を分けるもの

社会対応をテーマとした本章は、次の四つのポイントをもって締めくくる。

1　ほとんどの製品が、われわれの社会対応の基準を満たしていない。品質が不十分なものもあるし、製造している企業が新たな方向性を支持していないものもある。

2　成功したリーダーのほとんどが、社会対応の義務に関して、本能的な感覚を持っていた。彼らは社会対応に、パニックと信念をもって取り組む。

3　新しい世代のリーダーは、常に観察し、分析し、応用しなければならない。なぜなら、彼らの知識は長く使えるものでも、信頼できるものでもないからだ。こう考えるのは、歴史的に正しい。

こうした複数の競合企業におけるイノベーションは、今後二〇年ほど真剣に研究されるべきだろう。特に、BPの「石油の先に」のイニシアチブなどにメディアが大きく注目したり、アジアやヨーロッパの家電製品における環境・エネルギー面での革命が注目されたりしているのだから。こうした企業やその競合が、二酸化炭素の削減と製品の改良を同時に進められるかどうかが重要となるだろう。

第3章のポイント

1　多くの業界や企業で、社会対応型資本主義が産業革命以来の考え方に取って代わりつつある。

2　この新しい形の資本主義は、これまでと若干異なる企業の信念と、新たな企業戦略をベースにしている。この戦略のもとでは、価格、技術品質、社会対応を基盤として製品が設計される。

3　よき企業市民になろうとする企業は、かつては

4　世の中の何十万人ものMBAや製品技術者が、社会対応を正しく理解していない。
悲観主義者は、「企業がわれわれの未来を守れない」とする理由として、エンロン、タイコ、ワールドコムなどの事例を挙げる。しかし、本書で紹介した一九〇五年から二〇〇五年までの展開を考えてみよう。そうすると、このような企業への非難が時代遅れであることがわかる。社会的な資本主義者は（彼らには注目し、投資する価値がある）、社会的な価値を新製品に埋め込む。次章以降のトヨタやHPのケースで検討するが、彼らは価格と技術品質、そして社会のニーズの面で競い合う。それは多くの場合、政府の規制の何年も先を行っている。

製造技術や効率に焦点を当てていた。だが最近では、優れた製品そのものがここに加わった。優れた製品はブランドの評判や株価を上げる大きな効果を持つ。

4　賢明な企業のリーダーは、消費者がほしがるものだけでなく、消費者が必要とするものを与えるよう、自社を促している。これにより製品に社会的な意識が加味され、その結果、企業は、シェアや技術的な先進性だけを競うのではなく、社会からどれだけ評価されるかも競うようになる。それが成長を加速するのである。

5　社会対応型製品開発を動かすのは、人口の増加、化石燃料供給の減少、また「世界最大の一〇〇の経済主体のうち五一が企業であり国ではない」という事実などだ。こうした製品開発は二〇一五年までにピークを迎えそうだ。したがって、それが当たり前になって、時間的な優位性がなくなる前に始めるのなら、今がその時だ。

6　社会対応型製品開発の主なメリットは、利益率の向上、サイクルタイムの短縮、市場へのアクセス、製品の差別化、製品に社会性という新たな付加価値が生まれること、などが挙げられる。

7　社会対応型製品開発には、深刻かつ何度も現れるハードルがある。たとえば、新しいビジネス・リーダーたちが、正しいスキルを教えられていないこと。今日市場に出ている製品のほとんどが、社会対応の製品とは認められないことなどだ。

以上七つのポイントについて、さらに詳しく知りたい読者は、ＡＨＣグループのウェブサイト

www.ahcgroup.com を参照してほしい。たとえば、「お金の問題（Money Matters）」のセクションでは、1、6、7のポイントについて知ることができる。2、3、4、5のポイントについては、コーポレート・ストラテジー・トゥデイ誌★に掲載された記事に詳述している。

二〇〇七年二月、ニューヨーク州サラトガ・スプリングスにて

★ AHCグループがウェブサイト上に掲載している経営誌。

PART TWO

REDEFINING LEADERSHIP

第2部

変革への視点

4 トヨタに学ぶ
――「持続可能な成長」への戦略

社会対応の資本主義を推進するには、まったく新しいタイプのリーダーが必要だ。動きが早く厳しいであろう、世界の未来を認識している人が必要だ。リンカーンのように偉大で人徳のあるリーダーや、チャーチルやシェークスピアのような弁舌に長けたリーダーである必要はない。その代わりに、より優れた製品をこの厳しく変化の激しい世界にもたらすことに、集中して情熱を傾けられるリーダーでなければならない。

こうしたリーダーシップを築き上げることの意味を知るには、古くからある企業で、すでにこうした動きをとっている企業を見てみるとよい。つまり、トヨタのような会社だ。

自動車は、二〇世紀の究極の製品だ。ヘンリー・フォードがモデルTを発売して以来、アメリカ人は自動車の気品や力、スピード、軽快さ、壮麗さに魅了されてきた。単に移動手段を提供するだけでなく、自動車は自由や機動力、便利さ、ステイタス、快適さを与えてくれた。自動車業界は、世界でも最大規模の製造業だ。毎年、四四〇〇万台以上の乗用車やトラックを生産する。その数は、ほとんどの国の人口を上回る。これだけの規模になっているのは、自分で車を所有する喜びが大きいからでもあるが、別の大きな要因もある。第二次世界大戦以来、石油化学や開発や旅行業界と手を結んだすべての国のリーダーが、車のニーズを社会に組み込んできたのだ。先進諸国では、自動車は毎日の生活で中心的な役割を果たしている。

だが、自動車は環境破壊の主要因ともなっている。日々、自動車によって空気や水の質が悪くなっている。世界では七億台の車が稼動し、毎日一五万台以上増えていることを考えてみてほしい。アメリカだけを見ても、スモッグの三分の一は自動車やトラックから生じている。カリフォルニアでは交通渋滞のために、平日で一日あたり四〇万時間が失われている。車の使いすぎ——もっと正確に言うならば、間違った大きさの車の使いすぎ——という問題は、環境破壊を超え、われわれの生活の質に直接影響し、仕事や生活のための時間、健康や人生の楽しみなどにも影響を与えている。

アメリカ人が車を買う場合、求めるのは性能と安全性だ。環境に配慮した車の第一世代では、その要求には応えられなかった。時速七〇マイルで走るSUVで混雑した高速道路では、ゼネラルモーターズのサターンEV1のような車は、消費者に受け入れられなかった。サターンEV1は電気自動車で、二人しか乗れず、走行距離にも限界があり、充電も難しかった。

アメリカでのこうした状況は、世界の大部分とは異なる。世界ではガソリンに対する助成はあまりなく、一ガロン（三・七八五リットル）がアメリカドル換算で四ドルにもなる。一方でアメリカでは、エネルギー効率を性能と安全性よりも重視するような、経済的なインセンティブは働かなかった。アメリカにおける社会的、文化的、政治的なプレッシャーと優位性がその要因だ。

しかし、このような状況は変わってきているかもしれない。二〇〇六年の夏、アメリカでのガソリン一ガロンあたりの価格は、三ドルにまで上昇した。そして、それに伴いハイブリッド車の市場も拡大した。一九九九年にわれわれはトヨタに、将来アメリカでのガソリン価格が一ガロン三ドルになる可能性を示唆した。その時点では、そんなことは誰も言っていなかったが、トヨタの戦略家たちは驚きもしなかった。今日われわれは、企業のリーダーたちや製品の研究者に、二〇一五年までに五ドルになる恐れがあると言っている。本書で、「動きが早く厳しい」という言葉を見たら、ガソリン価格や、家庭の冷暖房費用の急上昇を思い浮かべてほしい。エネルギーは、このまったく新しい世界の一つのカギとなる。そして、あなたの日々の製品やエネルギーの選択と、あなたの利益や価値観は、直接的に結びついている。

他の業界における新製品の発売状況を見て分かるのは、望ましい価値とエネルギー効率をもたらす製品であれば、それは企業として強力な「売り」になるということだ。その成功例として挙げられるのが、メイタグの洗濯機、ネプチューン・シリーズだ。メイタグはこの高性能の洗濯機を売り出すにあたり、環境にやさしいことを他の利点とともにアピールし、衣類をより早くよりきれいにするだけでなく、お金と水を節約できるとした。価格と品質、社会的責任のすばらしい一体化だ。

ウィスリン・ワールドワイドがアメリカ人に対して実施した最近の調査によると、環境問題の解決に寄与している業界の順位で、自動車業界は下から三番目にランク付けされた。自動車業界が、自分たちは環境に良い技術を提供していると考えているのとは、異なる結果となったのだ。自動車業界はまた、自分たちはこれまでアメリカにおいて、他の業界よりも多くの雇用と自由と富をもたらしてきたと考えている。同業界が二〇〇〇年に、広告に推定一三〇億ドルを使い、三五〇億ドルを値引きや販売促進のための費用に使ったにもかかわらず、そう考えている。二〇〇五年までに、燃費の悪いトラックやSUVの売上が減少したため、この広告関連の費用は大幅に増加した。GMとフォードはこれまでにないほどの値引きを実施し、それは二〇〇五年の末までに深刻で重大な状況をもたらした。フォードにとってのビステオン、GMにとってのデルファイといった両社のサプライヤー企業は、あるCFOが二〇〇五年半ばにこっそりと打ち明けたように、「値引き地獄」にいた。私がフォードでこの混乱状況を取り仕切っていたならば、ジャガーやランドローバーや、オースティン・マーチンやマツダの車の性能に、すぐにでも社会対応という強みを加えただろう。私の株式アドバイザーはこの夏、フォードの株価が七ドルにまで下がっても、同社の株を買うべきではないと言った。同社の将来を見越した発言だ。

もちろん、環境にやさしくなろうとする努力は、自動車業界でもなされている。しかし、そうした努力は社会対応型製品開発に、少なくともそのあるべき姿に、根ざしたものではない。昔ながらのフィランソロピー（慈善活動）と、エネルギー効率のよい車に対する小さな市場があるのではないか（加えて、水素などの代替燃料で走る車の市場もあるかもしれない）という、ぼんやりとした気づきに根ざしているだけだ。

だが、エネルギー効率と代替燃料の市場は、そんなに小さいだろうか? 私は、二一世紀にはこれらの市場は、大きな市場になると信じている。グローバル市場が成長し拡大するにつれ、中国やインドなどの新興市場が、自動車の効率を競う実験場となる。たとえば、好景気の中国において自動車の選択基準は、現代的な快適さと、走行距離あたりの消費エネルギーの少なさという世界的な基準の組み合わせとなるのではないか。上昇しつづけるガソリン価格と環境被害の状況から見ると、そう考えるのが論理的だ。

さらに、次の中国のニュースを見てみよう。「中国政府は初めて、新車に対して燃費に関する規制を課そうとしている。その基準はアメリカのものよりも格段に厳しいものとなりそうだ。新しい基準の導入により政府が期待しているのは、エネルギーを節約し、自動車メーカーが最新のハイブリッド・エンジンや他の技術を中国に導入することだ。それにより、中東などの不安定な国々からの石油輸入に依存しつつある状況を、改善しようとしている」

これまで世界中の多くの人々が、車の気品や力、魅力について書いてきた。今日多くの人が書くのは、大気汚染や喘息や渋滞についてである。これらは車の進化に対してわれわれが支払ってきたコストだ。どうすれば、排出ガスや他の公害物質というコストをあまり払わずに、気品や力や魅力を享受することができるのだろうか。いったい、そんなことが可能なのだろうか。

トヨタのように、ホンダも優れた車を作っている。燃費や組み立て方法や、廃車後のリサイクルについて、基準のはるか先を静かに進んでいく車だ。競合企業の中には、両社の動きに追いつこうとし、実際に行動を起こしている企業もある。だが、多くの企業はトヨタと同じペースではまだ動けない。ホンダとさえも、同じペースでは無理だ。おそらくそうした企業は、来るべき「チャイナ・シンドローム」の影響を感じるには、地理的にも思想的にも遠く離れすぎているのだ。中国は世界が見たことのないほど巨大な市場となり、社会的責任を法的に要求しようとしている。こうした社会のニーズにチャレンジしようと考えるような先見性や時代の流れを、企業はどこで手に入れるのだろうか？

持続可能な成長を目指す

一九一三年に、ヘンリー・フォードは自動車の大量生産を開始し、その後の社会を変えた。フォードは、高い品質基準を維持しながら生産量を劇的に増大させた天才であり、生産性を向上させるには標準化が不可欠であると認識していた。彼の努力により自動車はどこにでもある製品となり、主な移動手段となってきた。

皮肉なことに、トヨタ生産方式の完成を主導した豊田英二の発想の源となったのは、ヘンリー・フォードだった。豊田は、アメリカの生産効率化の動きをより洗練されたものにし、自動車生産に使用する原材料の種類と量の削減に、科学的に取り組んだ。「環境」という言葉は使わなかったが、豊田は世界的な企業を築き上げ、トヨタはいまでは効率とムダのない生産を実現し、公害のレベルをどんどん下げていく企業となっている。フォードが一九世紀に実行したことを、豊田は二〇世紀に実行したのである。

多国籍企業が社会的かつ環境的なプレッシャーに対応しながらも、業績目標を達成し、その過程で製品に持続可能性を持たせる――これをどうやって成し遂げるのか。トヨタがその実例となる。これはまさに社会対応の製品開発（SRPD）の中心的コンセプトであり、本書の多くのページがトヨタに割かれている理由もここにある。トヨタを自動車業界のトップへ押し上げたのは、この新たな社会的な資本主義の哲学だ。自動車業界は人類全体の長期的な生存のカギとなる業界だ。同業界は、大気をクリーンにし、再生エネルギーを見出す力となる。トヨタの元社長である奥田碩は、トヨタの視点について次のように述べている。

「私は環境保護と経済成長が、相容れないものだとは思わない。私に言わせれば、環境的な影響を無視した経済成長は、無責任なものである。一方で、経済成長の必要性を認識せずに環境問題の解決を図ることも、現実的ではない。われわれが目指すべきなのは、持続可能な成長だ」

図12　フォードに続くトヨタのイノベーション

フォードによるイノベーション	トヨタによるイノベーション
・大量生産	・ハイブリッド・システム
・組み立てライン	・TQM
・標準化された部品	・トヨタ生産方式

今日でもトヨタは、その先駆的な生産と製品の基準を高いレベルで維持している。同社はハイブリッド車、プリウスのような技術を導入することで、多くの環境基準を上回りつづけている。自動車の環境性能に関しては、プリウスのおかげでトヨタは先頭を走っている。プリウスやカムリなどの製品ラインの力が、同社の強さとなっている。われわれがどんな車がほしいか同社の技術者に説明するだけで、トヨタはその車を作ってきた。

トヨタは社会対応型資本主義を実行し、成功して大きな利益をあげている。同社は好感度を高めようとして、そうしているのではない。世間に良い印象を与えることが、主な動機ではない。そのような動機は、簡単に歪められてしまう。もちろん、トヨタは世間に良い印象を与えることに対して、決して否定的なわけではない。しかし、同社の製品戦略の核となっているのは、人々のこの先のニーズを読むことだ。そうすることにより、製品の長期的な市場を作るのである。トヨタは利益を出したいのだ。トヨタは、人々のニーズの予測を、利益創出とは無縁のフィランソロピー的なものだとは考えていない。そうではなくて、究極的な成功のカギだと考えている。他の企業もトヨタに続こうとしている。それは前述したように、社会対応の製品が持続的なものとなる可能性を示している。社会対応の製品開発は、お金を稼ぐ本業の外で行われるおまけの作業ではない。むしろ、賢明な生き残り戦略の基礎となるものだ。そしていまや地球の運命は、プリウスのような優れた製品にかかっているのである。

トヨタのアメリカでの展開と社会対応への動き

トヨタがアメリカ市場に初めて参入したのは、一九五七年だった。日本で成功したトヨペット・クラウンをアメリカにも投入したのだ。しかし、あまりよいスタートではなかった。クラウンという比較的小さな車は日本市場には合っていたが、アメリカ市場の状況と期待には合わなかった。クラウンはアメリカ人には小さすぎ、燃費のよさもアメリカでは評価されなかった。その時点では、ガソリン価格はアメリカではあまり気にする人がいなかったのだ。またクラウンは、アメリカ車に比べると洗練されておらず、安定性も劣っていた。アメリカ車は、数十年前に開発された、フォードの製造手法の恩恵をまだ受けていたのだ。

この経験から、トヨタは重要な教訓を得た。つまり、アメリカ市場という未知の、日本とは異なるマーケットに新製品を投入する前に、徹底的に市場を理解する必要があるということ。そしてアメリカ市場では、快適さと安定性が何よりも優先されるということだ。しかしトヨタはやがて、

市場を作る

「持続可能な成長」については、文字どおり何百冊もの本が書かれている。何がトヨタのような会社を突き動かすのかについても、多くのケーススタディが書かれている。今日の経験豊かな企業は、市場の期待に応える。あるいは、公衆衛生と安全の基準を上回るような新製品を出すことで、市場の期待を作り出す。トヨタは四半世紀にわたり、アメリカの自動車市場を形成してきた。フォードとGMとシボレーの「ビッグ3」に代表される市場に、追随することはしなかった。

自社にもアメリカの競合企業を上回る優位性があることに気づき、アメリカ市場でも顧客を獲得できるということを知った。トヨタの主な優位性は、以下の三点だ。

- トヨタは「ムダのない生産方式」を開発した。それはヘンリー・フォードの大量生産方式をベースにしたものだったが、これに改善を加え、競合よりも少ない金属とペンキとプラスチックで車が作れるようにした。その結果、車の価格を下げ、資源を節約できるようになった。
- アメリカ車が提供する快適さに加え、トヨタは長持ちする品質を提供することができた。それにより、リコールや修理を減らすことができた。
- トヨタのブランドは若い世代のあいだで人気が出はじめた。その世代は、アメリカ車のメーカーに古い世代ほど執着していなかった。これは主に第二次世界大戦の影響だ。

自動車製造において根本的な変化が起こったのは、ハイブリッド車以前では一九七〇年代だった。その頃、日本の自動車メーカーがアメリカのメーカーから主導権を奪ったのだ。日本のメーカーは石油危機の間に、燃費のよい、シンプルで安定性のある車を販売し、市場シェアを獲得した。GMやフォードやクライスラー（現ダイムラー・クライスラー）は、変化を余儀なくされた。アメリカ人が買う車が、「道路にいる恐竜」（ハーパー誌のライター、ウィリアム・タッカーがそう呼んだ）から、カムリやカローラやアコードなど、日本のメーカーが作る高品質で効率のよい車に変わってきたからだ。

トヨタは自社の優位性を認識すると、世界的な自動車製造技術を持つメーカーになることを目指して、長い旅を開始した。トヨタは新車を開発するまでのサイクルタイムを大幅に短縮し、典型的な開発期間を三六カ月から二四カ月にまで短くした。したがって、需要の変化にほとんどすぐに対応できるようになった。これはトヨタの競合企業が新車を市場に出すまでの期間の、約三分の一である。**図13**はトヨタの製品グループを「じょうご」の形で表したものだ。これを見ることで、未来の車というまったく新しいプラットフォームを開発する社会的なミッションに取り組むために、トヨタのリーダーたちが何を考えているのか、理解する助けになるだろう。彼らは新技術を用いて、過去を改善し、新たなものを加える。そうすることにより市場をすばやく、効率的に変えようとしている。

トヨタは、プリウス、カムリ、レクサスという厳選した複数の製品シリーズを展開することで、将来に対する賭けをヘッジした。現在の市場の需要を測るために、トヨタは過去を振り返るのではなく、市場からの要求を予測し、予測される需要に基づいて製造設備を作り、在庫を確保した。本書を読んでいる企業にとって、**図13**は最も価値のあるものとなるかもしれない。なぜならこの図は、社会的責任へ向かう安定的で賢明な成長の効果を、正確に表しているからだ。

かつて経営戦略は、本社社屋の閉ざされた扉の奥で形成され、社会の動きや社外で懸念されていることなどからは遠く離れていた。対照的にトヨタでは、「今後の経営戦略」を形成するのは、同社の技術者やプランナーと重役たちである。彼らは共同で仕事をし、地球規模の気候変動や大気汚染、酸性雨などの問題に配慮した、社会対応の製品を開発する。彼らは目標地点を目指

図13　トヨタの「じょうご」

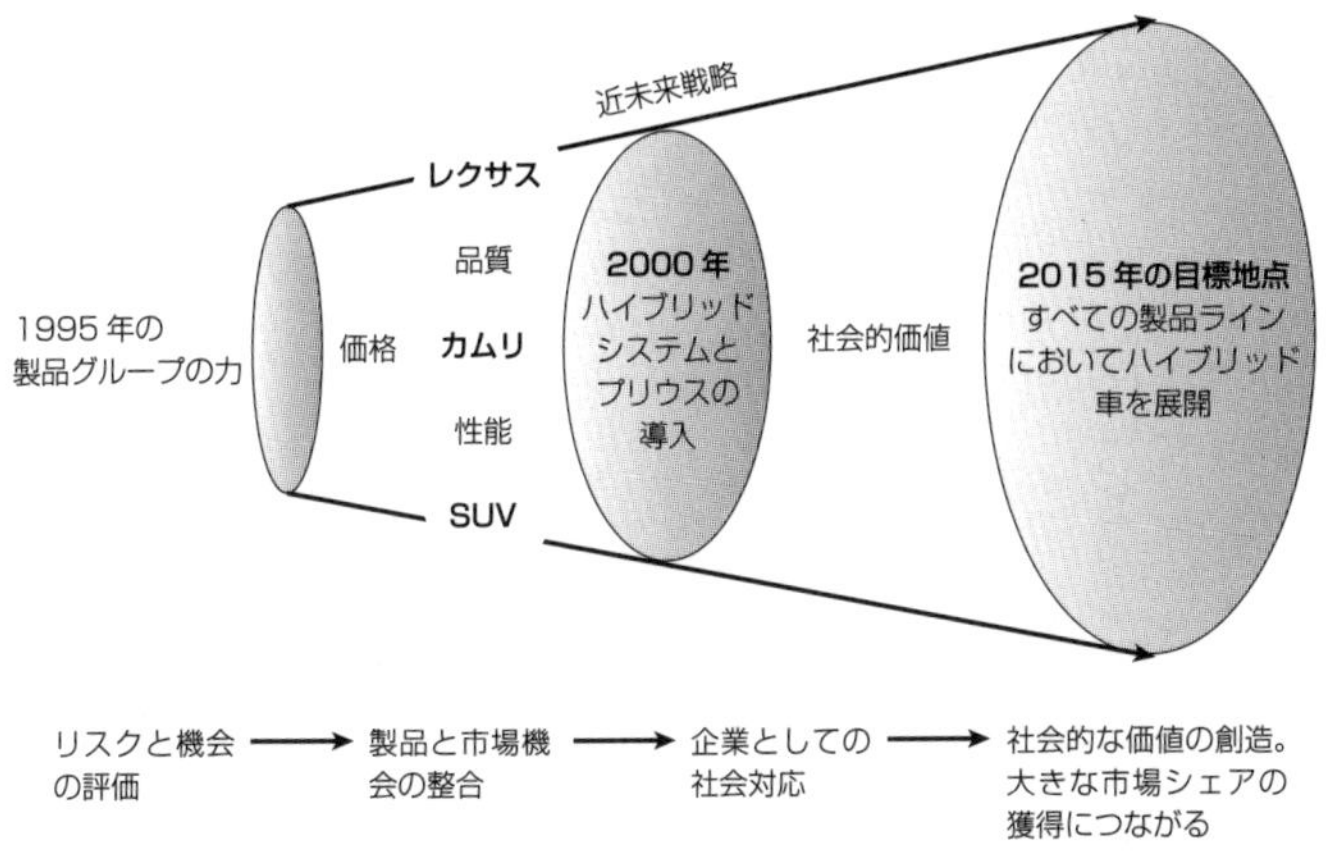

し、さまざまな技術的イノベーションを用いる。同様にわれわれAHCグループが製品ポジショニングや新興市場のマネジメントで行っているのは、クライアント企業のリーダーや現場のマネジャーに、「じょうご」の中で自分たちがどの地点にいるのかをはっきりと理解してもらうことだ。時代の先を行き、やがて競合企業も真似をする製品を作っているのか。あるいは成熟し、業界の主流となっているのか。図13を見れば、市場に関する情報と製品設計のポイント、人口動態のトレンドなどを組み合わせて、じょうご型の予測としてまとめる方法がわかる。トヨタが出しつつある結果はいまでは極めて明らかだが、一九九九年当時は、まだ推測の範囲を出ていなかった。

ハイブリッド車プリウスの発売

このじょうご型から生まれる戦略面での機敏さにより、トヨタは今日の経営環境——政府の要求や社会の意識、そしてそれらが形成する市場のトレンドなどによって動かされる——における競争力を手に入れた。その最も新しい例として、一九九七年に日本市場で発売された五人乗りのプリウスが挙げられる。世界で初めて大量生産された、電気とガソリンのハイブリッド車だ。この車がアメリカ市場で発売されたのは二〇〇〇年だ（日本向けよりも馬力が大きく、荷物を積むスペースも広かった。アメリカの消費者についてトヨタが学んだことが、直接的に反映されていた）。アメリカでの発売は、トヨタの別の三車種、ＲＡＶ４の電気自動車、エコ、天然ガスで走るカムリなどが二〇〇〇年に成功裏に市場投入された後だった。これらはすべて環境にやさしい車であるとされている。しかし当然のことながら、社会的な責任に対応した上で利益を生み出すよう設計されている。

より優れた車を追求するトヨタの取り組みは、注目し研究する価値がある。なぜなら、このグローバル企業の中に、新しいタイプの企業の誕生と、環境やエネルギーや他の社会的問題に対する企業としての新たな対応が見て取れるからだ。プリウスは、二〇世紀を締めくくる考え抜かれたメッセージとなり、今後どの自動車メーカーが主流となるかを示した。そしてトヨタの首脳陣は、いま断然有利な立場にいる。二〇一〇年代のはじめまでに、アメリカでの自動車販売の四分の一がハイブリッド車になるだろうと言われているからだ。二一世紀を通じて一般的になるであろうハイブリッド車の中で、プリウスは明らかにその先頭を走ることになるだろう。

図14　ハイブリッド・システムを異なる車種に展開

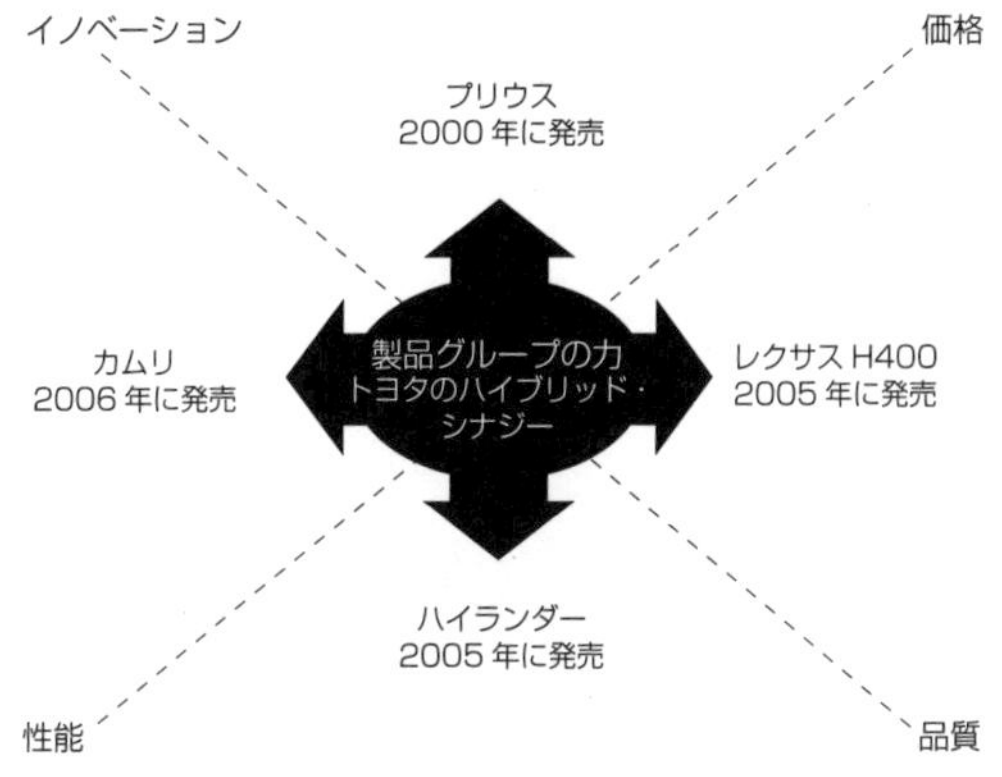

事情通の消費者たちは、すでにこうした革新的な車にお金を投じている。ハイブリッド車は自動車市場全体の三％を超えるまでになった。新しい技術に興味を持つ人の数としては大きな数字だ。購入待ちの人もおり、ブラックマーケットではプリウスに五〇〇〇ドルものプレミアムがついている。これは、人々の環境志向が強まり、クリーンであること、そしてガソリンを節約することが、突然に格好の良いこととなったのを示している。ハイブリッドは単なるエコ・カーを超えるものだ。二〇〇五年五月、トヨタはカムリのハイブリッド版を二〇〇六年に発売すると発表した[1]。同年のアメリカ向けのカムリの生産のうち、ハイブリッド車が占める割合は一一％、四万八〇〇〇台になると同社は予測している。二〇〇五年の八月には、ここ数年のうちに、ピックアップ・トラック

（1）"Toyota To Make Hybrid in US," *New York Times*, May 18, 2005.

からハイランダーSUVまで、一〇車種でハイブリッド・システムを搭載すると発表した。トヨタはすでに、二〇〇五年時点に目標としていた数字を上回った。現在四〇万台のプリウスが道路を走っているのである。五年以内に、アメリカ国内でのハイブリッド車の販売は、年間一〇〇万台になるだろうと同社は予測している。図14が示すのは、ハイブリッド・パワートレーンという一つの革新的な製品が四つの異なる車種に応用されている様子である。

なぜこうした社会対応の製品が、今後の自動車業界を変えるのだろうか。そしてそれは、内燃エンジンの成功により生き延び、また滅びていった、数多くのサプライヤーをも変えてしまうのだろうか。覚えていてほしい。トヨタのハイブリッド戦略は、世界の自動車市場の一五%を獲得するという、より大きな戦略の一環だったのだ。それにより、トヨタはGMを追い抜き、世界第一位の自動車メーカーとなる。もしトヨタが第一位になったならば、ムダのな

ハイブリッド車事業にリスクはあるか?

トヨタがハイブリッド車の力を利用して、世界第一位の自動車メーカーになることに関して、何か隠れたリスクはないだろうか? リスクはあり、しかも顕在化していると考える人もいる。たとえば、ニッケル水素電池が、プリウスのようなハイブリッド車には使われている。大量のニッケル水素電池が、リサイクルや廃棄物処理の問題を引き起こし、一〇年ほどのうちに大きな問題となるのではないかとの懸念がある。これは、トヨタが取り組むべき新たな課題のようだ。アメリカ環境保護庁の推計によると、一般的な車で使用されている鉛酸バッテリーは、その九〇%が地域の小売業者や修理工場により回収されている(ほとんどの州法で義務付けられているため)。一

い生産方式や製品の差別化に関する同社のノウハウが同社のサプライチェーン全体にさらに広がり、そこに存在する企業の業績や社会的な位置付けが向上する。また、社会対応のメッセージを自動車業界全体に広めることになる。

社会的なイノベーションから得られるもの

自動車業界でも他の業界でも、業績不振の企業を支えるために、合併や他の手っ取り早い手段を取り、それにかえって手間をかけている企業がある。しかし、トヨタは合併などでエネルギーを無駄にしない。同社が取り組んでいるのは、「社会的イノベーション」というただ一点だ。

トヨタの、よりクリーンで効率がよく、望ましい車を作ろうという努力は、いったいどこを目指すのだろうか。売上では確実に二位の座を占め、利益では一位のGMに近づきつつあり、やがてビッグ・

方、ニッケル水素電池からは、ニッケルとコバルトが回収できるので、ニッケル水素電池のリサイクルは、特に今後その量が増えれば大きなビジネスチャンスとなる。

社会対応型企業と、より良い製品とより良い世界を求めるステークホルダーとの間の緊張関係は、簡単には緩和しないかもしれない。エネルギーやクリーンな水、気候変動、土地の改善などの問題が世界で広がる中で、緊張関係は緩和する前に高まりそうだ。しかし、トヨタのような社会対応のリーダーにとって重要なのは、規制による締め付けや市場のプレッシャーを物ともせずに前に進むこと。そしてステークホルダーにとって重要なのは、プロセスを監視し、改善の余地がありそうな場合には提案をすることである。

スリー（GM、フォード、ダイムラー・クライスラー）すべてを追い越しそうだ。二〇〇三年、プリウスが現在の人気を獲得するかなり前に、トヨタの成功は次の記事のようにまとめられた。このとき、トヨタは自動車メーカー第二位となったのである。

「今年の第3四半期、トヨタは世界でフォードよりも多くの車を販売し、GMに続く世界第二位の自動車メーカーとなった。ロイターによると、第3四半期のトヨタの販売台数はフォードを一六万六〇〇〇台上回り、世界全体で約一五七万台となった。GMの販売台数は六四〇万台でトヨタには大きく差をつけているが、GMはトヨタを第一の競合であると見なしている。自動車業界に詳しい人の話では、トヨタは広範なリサーチ、セールス、効率的な生産を行っており、資金的な余裕もあるので、本当に第一位のGMを脅かす可能性があるという[2]」

同様の記事はフィナンシャルタイムズをはじめとして、至るところで掲載された。そして、トヨタのハイブリッドでの成功がどんな楽観的な予測をも上回ったことにより、こうした記事が本当であることも証明された。また、トヨタが長期にわたるトレンドを形成しつつあるということも、明らかになってきた。

「GMは近年になってようやく、トヨタのムダのない生産方式を真似しはじめた。GMにとって大きな足かせとなっているのは、高い人件費、退職者用健康保険、年金基金の財源不足などだ。何人かの意見では、トヨタは二〇〇三年の上半期に七〇億ドルの営業利益を計上しており、収益性の面ではすでにナンバー一ではないかという。トヨタの株式時価総額は一一一〇億ドルで、フォードとGM、ダイムラー・クライスラーの三社の時価総額を合計した額よりも大きくなっている。ビッグ3がアメリカ市場の六〇%を握っているのに対し、日本の自動車メーカーはわずか二八%を占めているだけだが、アメリカのメーカーが利益を出していないのに、日本のメーカーは最高益を達成している(3)」

トヨタとハイブリッド車のプリウスにより始められた革命を、止めることはできない。ハイブリッド車は、トヨタの長期にわたる社会戦略の第一歩となる。その戦略が政府の方針や消費者の選択としっかりと結びついたとき、トヨタは北アメリカや世界の他の地域に、エネルギー効率のよい自動車の一群を普及させることができるだろう。ハイブリッド車の中にはディーラーや消費者にはまだ知られていないものがあるが、私の会社が一九九九年から北アメリカのトヨタと一緒に仕事をしていたときには、その最初の日から一〇車種戦略は明らかになっていた。しかし、トヨタのような統制のとれた先進的な社会対応型資本主義の会社は、自動車発売を発表するタイミングを計るのだ。消費者の好みや石油価格、政策や優遇税制などを見極めた上で決めるのである。

(2) Jeremy Grant, November 11, 2003, "Toyota Nudges Ford Motor Out of Second Slot," *Financial Times of London*, P.22.
(3) David Ibison, November 6, 2003, "Toyota Races to a Record First-half Profit," *Financial Times of London*, p.15.

このトヨタのケーススタディからも感じられることと思うが、ある製品を社会に関する厳密な分析や予測と照らし合わせることは簡単ではない。また、利益を出し市場シェアを高めるという最終目標を達成しながら、社会的責任の企業戦略に正面から取り組むことも簡単なことではない。トヨタはその戦略の中で、規制や環境的な要因が、車の生産に将来影響してくるだろうと見込んでいた。そこで同社は、購入に関わるすべての変数について検討するよう、世界のスタッフに指示した。それにより、単に政府の規制に従った場合よりも、顧客の志向や社会のニーズがより良く満たされるようにしたのだ。こうした社会のニーズに対する取り組みが、同社の戦略を強さと勝利へとつながるものにした。

たとえばプリウスⅡは、他のハイブリッド車や法的な基準と比較して、窓を多くし、最小回転半径を小さく、そして重量を軽くした。トヨタの製造プロセスでは、必要なパーツや製品のみを作り、顧客が好むパーツや製品のみを作る。どの世代のプリウスも、前の世代のものより効率の良い、顧客にやさしい製品になっているのだ。

この確実で統制のとれたトヨタの戦略を、GMと比較してみよう。現在GMのCEOであるリック・ワゴナーは、二〇〇〇年六月、最初のプリウスがアメリカで発売された直後にCEOに就任した。そのとき、GMの株価は六八ドルだった。五年後、株価は半値以下に下がり、同社は二〇〇五年度には赤字を計上すると予測されていた(4)。

ワゴナーは労働組合とも対立していた。組合は、今後三年間で二万五〇〇〇人を削減するという、ワゴナーの提案に反対していたのだ。「必要なのは、アメリカの市場に集中し、市場シェアを回復することだ。そのためには、世界レベルのデザインと品質を備えた、的確な製品群を提供する必要がある」。自動車労働組合の役員であるデック・シューメーカーは、ワゴナーの人員削減案に対してこう反論した。社会対応型の製品は、従業員に対しての対応も優れているのだろうか。答えはイエスだ。ただし、その製品が会社を強くし、それにより雇用がより多く確保されるという理由においてである。「私はこの一〇年間、五つの工場で働いた。それでも、まだ何とかやっている」と、自分を「ＧＭジプシー」と呼ぶジェーン・アトウェルは、二〇〇五年六月にニューヨークタイムスに語った。最新の人員削減案では、従業員の約二〇%が削減される予定だが、彼女はそれもあまり気にしていないようだ。「私は逆境を切り抜けてきた。自分の信仰に基づいて生きていると、神が助けてくれる」

国際自動車製造者協会（Association of International Automobile Manufacturers）によると、アメリカでは海外の自動車メーカーが、五万五〇〇〇人の雇用を作り出している。トヨタ、ＢＭＷ、ホンダ、日産などの企業は、アラバマやカリフォルニア、インディアナ、ケンタッキー、ミシシッピ、オハイオ、テネシーなどに工場を持っている。海外メーカーの自動車のおよそ半数がアメリカで購入され、今ではアメリカで製造されている。(5) 有名な環境ライターであるグレッグ・イースターブルックは、ＧＭと労働者の問題について次のように書いている。

（4）"GM Chief Wagoner Turns on Car Unions," *Financial Times*, June 8, 2005, p.23.
（5）Gregg Easterbrook, "What's Bad for G.M. Is…," *New York Times*, June 12, 2005.

ＧＭの売上も市場シェアも従業員数も、長い間下がりつづけている。同社の車の品質は向上しつづけているのに、である。なぜだろうか？　それは、同業他社の製品はＧＭ以上に良くなっているからだ。頑丈で装備もよく価格も手ごろな車が、多くのメーカーからこれまでにないほど数多く発売されており、購入者はその中から選ぶことができる。

トーマス・フリードマンの『フラット化する世界』を、この二年間、本書の原稿を書きながら何度も読み返している間、私は次の質問を自分に問いかけていた。「今世紀、グローバル化と国際市場での激しい競争が進む中で、自社の従業員と顧客が求める社会的ニーズに対して、自動車メーカーはどうすれば最善の方法で応えられるだろうか」。トヨタがとっている方法は、真に前進的な動きだ。同社の社会的製品という選択は示唆に富み、大変に優れたものだ。

トヨタとその投資家、そして顧客だけが、世の中の変化の恩恵を受けていると言ったら、それは単純すぎるし危険だろう。また反対に、トヨタが単独でこれを成し遂げたと言ったら、それも単純すぎるし危険だ。多くの人のそれぞれの選択の結果、ハイブリッド技術が動いているのだ。他の主要な多国籍企業やそれより小規模な企業も、厳しい市場で将来的に生き残り、グローバル・エクイティ文化のスピードと変化に対処するために、トヨタから学べるし、学ぶべきだ。企業はイノベーターになる必要があるし、競合からも学ばなければならない。そして、社会のトレンドや消費者が求めているものにも、よく注意を払う必要がある。次にあなたがトヨタの「前へ」という広告を見たら、このことを思い出してほしい。車やコンピュータをどう買い、どう使うか。

近所の人に、それをどう話すか。Sフロンティアはわれわれ全員に関係するのだ。

GM、フォード、ホンダなどの動き

今日、世界の市場はこれまでにないほど広がっており、すべての自動車会社が、多様な製品をこの世界市場に対して提供しようとしている。トヨタはいつもこうしたイノベーションの先頭を走っているが、重要な製品の発売を秘密にしておくべき場合も心得ている。

しかし、社会や環境問題に関する長期的な戦略を話す場合、トヨタは正直だった。アメリカのトヨタ・モーター・セールスのCOO（最高執行責任者）であるジム・プレスが、二〇〇〇年の二月にラスベガスで開かれた「JDパワー・インターナショナル・オートモーティブ・ラウンドテーブル」で話したときがそうだった。彼の二〇〇〇年の発言は、二〇〇七年ではより意味のある言葉となった。プリウスⅡが発売されており、トヨタ以外のメーカーもハイブリッド車を出すと発表していたからだ。

「私たちは業界の外の、三つの巨大勢力により攻撃されています。それにより、私たちの常識は根本から覆されています」と、プレスは言った。この三つの勢力とは、社会における懸念の拡大、経済面での現実に対処すること、そして消費者の力が増大していることだと彼は述べた。この三つのうち、プレスが最初に強調していたのは「社会における懸念」だった。

「他の業界で、製品に対する世間からの懸念に耳を傾けなかった企業が苦境に陥った様子は、みなさんも目にしているでしょう。幸いなことに、アメリカ人は昔も今も、自動車を愛してくれています。ですが、もし私たちが、地球上のすべての人に深刻な影響を与える問題に対処しはじめなければ、私たちと世間との関係は、すぐに不安定になってしまいます。手始めに、大気汚染や交通渋滞から生じる、健康や安全、生活の質などの問題に取り組む必要があります」

プレスは続けた。「自動車はかつて、それが生み出す自由や、昔懐かしい日曜日のドライブなどのイメージがありました。しかし今では、批評家や弁護士は自動車を、スモッグを撒き散らし交通渋滞を引き起こす有害なものとして見ています。世間は、私たちが行動を起こさないことに対して、すでに警告を発しています。将来、排出ガスを出すには高い料金を払わなければならないかもしれません。炭化水素のエネルギー（石油や天然ガスなど）を使う自動車を買う場合には、許可が必要になるかもしれません」

人々の考え方の変化は明らかで、それはこのCOOの発言や、アメリカでのプリウスの発売だけでなく、他の「環境に

明日の基準をつくる

ご存知かと思うが、ハイブリッド・エンジンは炭酸ガスの排出量を減らし、走行に必要な天然ガスの量も少ない。ハイブリッド・エンジンはトヨタの社会対応型製品開発の核となっている。そしてこのしっかりとした基盤があるから、時間をかけて、消費者の期待にどう応えるかを決めることができる。消費者の期待には、性能、安全、そして環境が含まれる。環境とは具体的には、燃費や排出ガス、資源効率、代替燃料が使える可能性などだ。四ドア五人乗りのプリウスは、燃費が一ガロン五〇マイ

良い」車に関する評判にも現れていた。フォードでは、二人乗りの電気自動車「TH!NKシティ」が、製造が追いつかないほどの速さで売れているという。これ以外の例もある。

●日産の「セントラCA（クリーン・エア）」は、ガソリン車としては唯一、カリフォルニア大気資源局から、排気量が格段に低い車として認定を受けた。

●ボルボは最近、「S80」を発売した。同社は一〇年ほど前に、製造や設計の効率を改善することを焦点とした、自主的な環境活動を始めていた。

●ホンダのハイブリッド・クーペ「インサイト」は、給油することなしに七〇〇マイルもの距離を走れる。おおよそ、シカゴからアトランタまでの距離だ。インサイトは、シエラクラブの環境技術優秀賞を、自動車では初めて受賞した。

ルで、規制により最低限必要な二五マイルの倍以上を走れる。

　トヨタは優れた新車をこうして発売することにより、業界のルールを変え、業界の水準を引き上げて、競合他社がそれを目指して競うことになった。大きな社会の側面を最初に見ることにより、持続可能になる何かを獲得したのだ。五年もかからずに、トヨタは水準を引き上げ、すべてのメーカーが明日作る車のグレードを引き上げた。おそらくこれが、「今日、明日。トヨタ★」というフレーズが本当に意味しているところなのだろう。

★ TODAY TOMORROW TOYOTA　トヨタがヨーロッパなどで使っているキャッチフレーズ。同社は日本では技術開発の理念として「Today for Tomorrow」というフレーズを用いている。

気候変動などの大きな課題に対して解決方法を提供するという、自動車業界の特別な役割について、アメリカの自動車メーカーの中で十分に認識していたのはGMだった。

GMは電気自動車開発の先頭に立っていた。電気自動車はかつて、環境面での優位性を自動車業界で確立するための最善の技術だと言われていた。電気自動車は、走行距離や燃料補給、快適さの面で消費者の期待に応えられなかったが、GMは後悔していない。

「自動車は、環境に直接的な影響を与える。その開発・製造者として、私たちは排出ガスを減らしつづけるという特別な責任があると考える。私たちは排出ガスの削減に、文字どおり何十億ドルというお金を使ってきた。そしてこれからも、もっと革新的な技術を探していくつもりだ。ハイブリッド技術はその一つだ」。GMの副会長であるハリー・ピアスはこう言った。

「GMがEV1★に関してとったリスク――財務的なリスクとマーケティングのリスク――を考えてみてほしい。その頃、誰も私たちにそんなことを求めていなかったのに、私たちは実行したのだ。そのプロジェクトに五億ドルものお金を投資した。正直に言うと、その投資に対しては十分なリターンは得られなかった。だが、私たちは、すべてのハイブリッド車の基礎となる推進システムに投資していたのだ。今日、業界関係者はみな、それが世界クラスの電気推進システムだと認めている。このシステムがあるため、将来のハイテク自動車において、私たちは非常に良いポジションにいると言える」

フォードは長年、秘密主義で古い体質の企業だと消費者に思われてきた。製品やプロセスを見直すことなどしないと考えられてきた。そのフォードでさえも、方針を変えつつある。会長であるウィリアム・クレイ・フォード・ジュニアが、世界的な気候変動の脅威を信じない企業の集まりである、世界気候連盟（Global Climate Coalition）を離れたおかげだ。フォードはガソリンを大量に消費する同社のSUVの販売が、世界的な気候変動に影響していること、より小さな車の安全を脅かしていることを認めた。驚くべき告白だ。そして実際に、ミシガン州ルージュ川の汚染を引き起こしていたルージュ工場を刷新して持続可能な工場のモデルとし、そこで製造する車は、廃車後に完全に分解してリサイクルができるようにしようとしている。これをフォード・ジュニアが最優先事項の一つとして進めている。世界的に有名な環境建築家のウィリアム・マクドナーは言う。「彼の曽祖父は、組み立てラインを作った。ビル（ウィリアム）・フォードは分解ラインを作ろうとしている」

しかし、自動車業界の重役たちのすべてが、激しい変化がすぐ近くまで迫っていると考えているわけではない。

「その手の車を一台発売すればイメージがよくなることに、自動車メーカーは気づいたのだ。たとえ、その車があまり現実的なものではなかったとしても」。マツダの製品コミュニケーション・マネジャーであるフレッド・アイキンスは言う。「われわれは内燃エンジンを一世紀以上も使ってきた。それが一夜にして消えてしまうことなどない」。アイキンスは続ける。「たとえ大手の自動車メーカーが代替燃料の技術を今日発表したとしても、それにシフトするまでには四半世紀

★ GMが一九九六年に発売した電気自動車。

かかるだろう。そのためのインフラにも何十億ドルか投資しなければならない」

ホンダでさえも、まったく異なる未来に賭けるのには抵抗があるようだ。「今後一〇年間、大きなデザイン変更はない」。ホンダの広報マネジャーであるアート・ガーナーは、はっきりと言った。ホンダは、環境に関してはナンバー1だと言っている会社だ。ガーナーは自らの主張を次の事実を挙げて裏付けた。ホンダは排出ガスが非常に少ない車や、ニッケル水素バッテリーを早期に導入し、ハイブリッド車のインサイトをアメリカ市場で発売した。「環境においてリーダーになろうとわれわれが決意したのは、お客様に求められたからではなかったし、今日でもそうではない。未来の車はよりクリーンなものになる。だがクリーンな車も、ガソリンを燃やす内燃エンジンで走るだろう」

GMの燃料電池車開発

GMの研究開発部門のトップであるラリー・バーンズは、「水素エコノミー」の提唱者であり、そこにどうやって到達するか、はっきりとした考えを持っている。実はGMは、他の大手自動車メーカーが「石油の後」を考えはじめるはるか以前の一九六六年に、燃料電池車(水素を燃料として動く)を開発した。しかし、一九七〇年台と一九八〇年代には、燃料電池の研究を行わなかった。燃料電池技術が、自動車に応用できる段階に達していなかったからだ。一九九〇年代にジェフリー・バラード★が燃料電池の出力密度と耐久性で革新を起こしたとき、「われわれは再び燃料電池のプログラムを拡大し、独自の知的資産を築きはじめた」と、バーンズは言う。

バーンズによると、GMは大手自動車メーカーとしては初めて、発展途上国で自動車市場を拡大する必要性を、本当の意味で認識したという。「世界でわずか一二％の人しか自動車を所有していない」と、バーンズは指摘する。「発展途上国での成長を促進するには、価格が手ごろで、安全で、魅力的で、エネルギーと環境の観点から持続可能な自動車を作ることだ。GMは、燃料電池車が自動車業界を再活性化させるカギであり、同時に顧客に高い価値をもたらすと信じている。加えて、GMには高い利益率をもたらす」

GMは今日、燃料電池車の開発に巨額の研究開発費をあてている。二〇一〇年までに、市場で売り出せる燃料電池車を開発するのが目標だ。そして、自動車メーカーのトップを切って、一〇〇万台の燃料電池車を販売しようとしている。

バーンズは次のようにまとめた。「われわれは自動車を完全に作り直したい。そうすることによって自動車産業を作り直したい。燃料電池車が重要な位置を占められるかどうかは、その販売量にかかっている。自動車業界全体では年間六〇〇〇万台の車を販売しており、今日、世界中には七億台の車がある。したがって、石油消費量の削減と環境問題の解決で明らかな変化を起こすには、非常に多くの販売数量を確保しなくてはならない」

トヨタの生産方式

アメリカの自動車メーカーが人員削減を進めている中、トヨタが目覚しい成功を遂げている理由の

★ Geoffrey Ballard. カナダ人の科学者。バラード・パワー・システムの創業者で、燃料電池の権威。

一つとして、「トヨタ生産方式」が挙げられる。トヨタの哲学は、「顧客のニーズと欲求を見出し——顧客自身がそれに気づいて、はっきりと説明する前に——、正しいタイミングで正しい製品を提供する」というものだ。この考え方は、前章で説明したテーマ、「顧客が欲しがるものだけでなく、顧客が必要とするものを提供する」とも一致する。

トヨタ生産方式で優れている点の一つに、生産プロセスにおける異常を感知する能力がある。品質管理が生産ラインの中に組み込まれており、生産ラインの従業員（少人数の品質管理の専門家ではなく）が、必要に応じてラインを止め、品質を確認して欠陥を防ぐ。このアプローチは「総合的品質管理（TQC）」としても知られている。すべての従業員が権限を持っており、欠陥をただちに見つけ、製品がその後のプロセスに進む前に問題を解決する。こうすることで、製品の欠陥やムダを防ぐのである。これは製品を中心においた問題解決方法だが、人間的な面でも利点がある。すべての従業員が巻き込まれ、最終製品の品質に関わっているので、従業員は仕事から大きな満足感を得られるのである。

トヨタでも水素燃料利用は進むか？

トヨタも、水素燃料車の市場の一部を獲得しようとしている。ハイブリッド技術は、初期の電気自動車から分化して作られたものだが、その技術は水素エコノミーへと徐々に移っていくための道となる。いまは電気とガソリンで動いているが、ガソリンを水素に置き換えればいいのだ。水素エコノミーに移行するための技術のアップグレードの多くはすでに完了しており、水素への移行は比較的スムーズに進むと思われる。

トヨタがリスクを取れた理由

ハイブリッド車への展開が真に優れたものであることは、次のことを認識するとよくわかるだろう。すなわち、何億台もの車がその非効率さで地面を汚し、環境にダメージを与えており、それがいかに不適切で時代遅れであるかということだ。自動車メーカーの基盤となる部分には、ガソリンを大量消費するSUVから事業用のトラック、ヨーロッパの最新のモデルまで、いまだに一〇〇年前の内燃エンジンで走る車が詰まっている。

こうした伝統的な市場にまったく新しいタイプの自動車を投入することは、トヨタにとって非常にリスクのある動きだったはずだ。トヨタの営業とマーケティングおよび政府関係の責任者である、シニア・バイスプレジデントのジム・オルソンに、私はこう尋ねた。「新しい技術を開発しながら、どうやって価格と技術性能の両面で競争力を保てたのか」。積極果敢なオルソンはこう答えた。「ハイブリッドのパワートレインを出したのは、キルケゴール的な信念の飛躍だった。それはわれわれの内側から生まれたプロセスだ。われわれが伝統的にムダを嫌いムダのない生産を志向してきたことと、社会がこれまでとは違う効率のよい車を求めているという気づきが合わさったのだ」

トヨタが北アメリカでプリウスを発売したのは、SUV（トヨタ全体でも大きなシェアを占める）の販売が非常に好調だったときだと指摘すると、彼は言った。「トヨタのリーダーたちのおかげだ。

彼らは、異なる時間軸で開発することを認めたのだ」。つまり、トヨタは新しいハイブリッドのプリウスを開発している間、消費者にSUVや有名なカムリ、Ravなどの車を売ることができたのだ。

トヨタによるプリウスなどのハイブリッド車の展開は、環境保護のポーズをとっている（環境的にはまったく良くないことに関して、社会に良いイメージを与えようとすること）だけなのだろうか。この問いに「イエス」と答えることになりそうな統計もあるが、トヨタは依然として、他のどの自動車メーカーよりも、燃料効率を良くする技術を開発し市場に出しつづけている。先に触れた統計とは、二〇〇二年一年間だけで、トヨタの炭酸ガス放出量が前年比七二％増加したというものだ。業界全体での同数値は、三三％の増加だった。トヨタの成長に勢いがついたためこの数字となったが、大型車が好まれる市場のトレンドにトヨタが従い、SUVや他の大型の車を生産したという事実も否定できない。

トヨタはハイブリッド車で、社会に非現実的な期待を抱かせてしまったかもしれない。現在では、単に「ハイブリッド」の表示がついているだけで、消費者はその車が環境にやさしい車だと信じてしまう。しかし、最近のスポーツタイプのハイブリッド車は、必ずしもガソリンを大幅に節約するわけではない。代わりに、加速を良くするなど、伝統的な性能を向上させただけだ。「新しい（ハイブリッド）車は、いまだに〝力〟を求める人々に使われている」[6]。こう文句を言ったのはカテリ・キャラハン、非営利団体であるアライアンス・セイブ・エナジーの代表だ。たとえば、ホンダのアコード・ハイブリッドの燃費は、一般的な四気筒のモデルと変わらない。

しかしトヨタ・モーター・セールスCOOのジム・プレスによると、最近のハイブリッドに関する議論の変化は一時的なものだという。彼によると、ハイブリッド・ドライブトレーンを搭載したトヨタ・レクサスRX400hは、ハイブリッドでないレクサスと比較すると、あまり大きなガソリンの節約にはならないそうだ。「ほとんどが、ソフトウエアの問題だ」とプレスは言う。「いずれ、燃費か性能かを選ぶためのボタンがつけられるだろう。ドライバーがシステムを管理するのだ」。言い換えると、トヨタはいずれ、澄んだ大気か速い車かを消費者に選ばせるようになるのだ。スバルはすでにいくつかのモデルにこのオプションを装備し、ボタンを押すだけで効率の程度を選べるようにしたようだ。

いずれにせよトヨタは、一〇の重要なモデルにハイブリッド・システムを導入するという、他の自動車メーカーと比べて大胆なスタンスをとった。われわれはこれを、トヨタのリーダーたちの「社会対応」を反映したものだと考える。すなわち、社会の変化や新しい市場に対する感度、あるいは新しい市場の開発につながるかもしれない新たな考え方についての感度である。これらが、われわれの知る内燃エンジンの未来に、どのような意味を持つのだろうか?

GMの元最高環境責任者（二〇〇二年以降は、AHCグループの重要なシニア・アソシエイトでもある）のデニス・ミナーノのような、業界事情に詳しい人は知っている。ガソリンを大量消費する車は死期が近く、新しい技術に道を譲るだろうということを。

（6）Matthew Wald, "Hybrid Cars Burning Gas in the Drive for Power," *New York Times*, July 17, 2005.

「五年前、水素エコノミーは遠い未来の夢物語のようだった。今日では、燃料電池が進化し、エネルギーの節約や環境面で、非常に大きな可能性が出てきている。突如、水素エコノミーは三〇年か五〇年先には実現しそうに見えてきた。この予測を支える確かな数字もある。燃料電池技術は自動車の進化におけるとても重要な要素になると、すべての自動車メーカーが信じている。各メーカーは燃料電池について話す際には慎重だが、開発には真剣に取り組んでいる」

また、この新技術の台頭について議論する際に、考慮すべきことがある。それは、発展途上国における自動車のニーズが拡大しつづけていることだ。ホンダやマツダの代表者は、発展途上国における技術的なイノベーションの機会をあまり重視していないが、ミナーノはそうではない。

彼は、世界の発展途上国は新技術の導入に関してよい状況にあると言う。「たとえば中国では、無鉛の燃料を導入した。先進技術ではないが、この一つのステップ（および接触コンバーター〔排出ガスを制御する装置〕）だけでも、環境的に大きなメリットが生み出せる」。中国はすでに石炭や他の産業が生み出す深刻な公害問題を抱えているが、炭酸ガスを排出する車すべてが、さらに問題を悪化させている。だからすべてのドライバーは、大気汚染の拡大を抑える方法に大きな関心を抱いている。しかしこれは、ドライバー個々人というより自動車業界の企業が検討すべき問題だ。中国には一〇億以上の人間がいるのだ。非常に多くの潜在顧客だ。

プリウスやインサイト――およびハイランダーやカムリ、レクサスなど――のハイブリッド車は、ハイブリッド技術が即時に幅広く応用できる魅力的な技術であることを示している。これらの車は、今世紀の社会対応の企業のマニフェストとなる。なぜなら、来るべき未来に対してバランスのとれたアプローチをとっているからだ。つまり、これまでのインフラを最大限に活用しながら、代替燃料に関しても道を作っている。この「社会対応」の戦略は、株主にも利益をもたらしているだろうか？　現時点では、こう答えるしかないだろう。「将来はそうなる」と。

トヨタは二一世紀における良い車や、良い自動車メーカーについての期待のレベルを高めたが、同社は他社よりも良い車を作っているため良いポジションに位置している。つまり、優れた車を作る競争において他社がトヨタに打ち勝つには、排出ガスをゼロに近づけるという戦略を持つとともに、車の所有者には性能と快適さを提供しなければならない。もちろん、ある程度の幸運と忍耐も必要だ――次の章で描かれるように。

第4章のポイント

1　アメリカ人は自動車が生まれたときから、その気品と力と、スピードと軽快さ、そして壮麗さに魅了されてきた。自動車は二〇世紀の究極の製品である。しかし、現代という厳しい天候と気候変動、石油価格の上昇の時代、自動車は変わりつつある。

エレクトロニクスやエンタテインメントの分野ではイノベーションのスピードは速いが、一〇〇年の歴史を持つ内燃エンジンではスピードは遅い。自動車の優れたプラットフォームを見つけるというレースにおいては、トヨタがGMやフォードの動きを非常に遅く見せている。

2　トヨタのハイブリッド技術への進出では、最初から主要一〇車種に展開することが計画されていた。私は一九九九年から二〇〇二年まで、この新世紀の戦略をサポートした。

このハイブリッド技術は、化石燃料という過去と、非常に高い効率と再生エネルギーという近未来のニーズの間にある。社会対応の資本主義には、価格と品質と社会のニーズに基づいた競争までに、こうした備えが必要だ。

3 近未来に生き残りたいのであれば、企業はこの戦略と社会へのアプローチを真似しなければならない。そうしなければ、価格の崩壊と利益の減少の犠牲となる。

4 社会のニーズに熱心に耳を傾けることにより、トヨタは今後数十年間世の中に貢献する主力企業となるだろう。市場の素早さと厳しさに対応するには、トヨタのようなスピードと規律が必要だ。

5 情報の素早さ、市場の厳しさと気候変動、社会対応――この新たな状況を、われわれはSフロンティアと呼ぶ。Sフロンティアでは、上昇軌道にある企業もいるが、多くの企業は下降していく。

6 トヨタの影響で、すべての自動車メーカーが、ハイブリッド車などの環境によい車を提供するようになった。これにより、世界最大の製造業による環境への影響を減らそうとしている。しかし同時に、真似をすることにより、低い利益率という代償を払わなければならない。

7 ハイブリッドが目覚しい成功を遂げたにもかかわらず、トヨタは環境への影響を批評家たちに詳しく調べられている。逆に言えば、同社が大きく成功し、現在世界市場第二位であるため、調べられることが増えているのだ。しかし、ガソリン価格の上昇という圧倒的な要因により、トヨタは少なくとも二〇三〇年までは、おそらく二〇五〇年まで、業界のリーダーでありつづけるだろう。

5

隠れた企業価値を探せ

――屋敷の構造を解き明かす

ここまでで読者の多くには、社会対応型資本主義では繰り返しメリットを得られることが分かってもらえただろう。それはまるで、銀行における複利のようだ。もし早期に、適切に始めれば、規制当局からも事業の関係者からも地域社会からも、多くの支持が得られる。また時間が経つうちに、利益は何倍にも増えていく。

しかし、この改革を伴う考え方を自社に取り入れるにはどうしたらよいのだろうか。どうすればこうした変化を実現させ、ワールドインク・モードの中で、より良く事業を運営していくことができるだろうか。一つは、世界的な競争のルールを理解することだ。ルールとは具体的には、情報開示の早さや、事業における状況や課題の厳しさなどである。しかし、社会対応の考え方を自社に適用し、実際に機能させるためにはどうすればいいのか。社会対応型資本主義の現実的な側面を見るためには、企業の建物の中にまで入ってみなければならない。

現代の多国籍企業が直面する課題と機会をイメージするには、特に社会対応型の企業への移行を検討する場合、巨大企業を「屋敷」として考えてみるとよい。企業の活動地域が地球全体に広がっていることを考えると、GEやGMやHPなどがそれぞれ一軒の家にいると考えるのはおかしなことと思えるかもしれない。だが、この屋敷を企業の本部、あるいは企業が創設された場所の比喩として考えてみよう。企業が成長すると、家の壁は押し広げられ、加えて多くの家や敷地を手に入れる。しかし、企業のナレッジやコア・コンピタンスは、常に最初の建物に残っている。たとえば、いまやHPは一八〇カ国に展開しているが、HPの本部はカリフォルニア州パロアルトにある。企業が成長し拡大すると、その企業や事業のアイディアが誕生した場所は神聖な場所となるものだ。ヒューレット氏とパッカード氏が独自の技術を開発したガレージがいかに大切にされているか、見てみるとよい。そこはカリフォルニア州の歴史的建造物として登録されており、パロアルト市認定の歴史的建造物でもある。このことを頭に入れて、**図15**に示し

図15　社会対応型企業のモデル

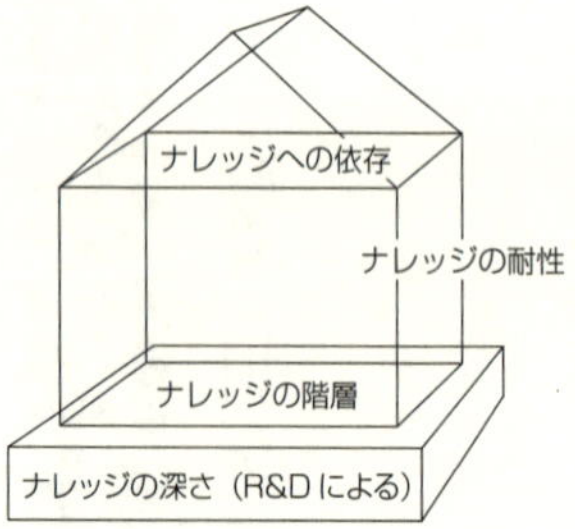

社会対応型製品開発
- 業績の拡大
- コストの削減
- 投資に対するリターンの拡大
- 外部からの投資
- ステークホルダーのマネジメント／関わり
- 負債のマネジメント
- 戦略的提携
- 競争優位

社会対応型製品開発は変革を促し、
同時に変革から恩恵も受ける

た企業屋敷の基盤部分を見てみよう。

社会対応型企業の屋敷のモデルは、ちょうど家の構造のように、四つの面から作られている。

- ナレッジの深さ――企業の基盤の部分（ナレッジが垂直に積みあがっていく場所）は、成長しよく育つ（研究開発）。
- ナレッジの階層――企業のナレッジと組織のピラミッドの高さ。一階から天井まで続く。
- ナレッジの耐性――企業のナレッジの壁。水平方向に拡大する。企業屋敷に影響を与える外部的なプレッシャーに最も近い位置にある。ナレッジの耐性は、企業の製品が時間の経過に耐え、変化する市場に対応しつづけられるかを測るものである。
- ナレッジへの依存――他の企業のモデルとなる製品やサービス。これはその企業で最も価値があるもので、企業のメッセージを世界に伝える。その製品により、それを生み出した企業はすべての人にとって不可欠な（依存するような）企業となる。

社会対応型資本主義は、今日の多国籍企業の**ナレッジの階層**を高くしようとする。過去においては、社会のニーズに対応した製品は、企業屋敷の中ではかなり低い階にあった。しかし、二一世紀には社会全体に価値を生み出すような製品は、屋根に近いくらいの階にある。時には、トップ・エグゼクティブ何人かだけの力で作り出されることもある。また時には、幸運な技術のブレークスルーが一つあれば済むこともある。もっとよく見られるのは、あるマネジャーが三〇年ほどかけて、ある部門で小さな事柄を深く追求し、驚くべきイノベーションを見つけるというパターンだ。しかし、長期にわたって価値を維持するのは**ナレッジの深さ**、つまり基盤の部分である。

社会のニーズに合った製品を一つ開発し成功させることは、必ずしも良い社会対応型資本主義の姿であるとはいえない。市場は変化しつづけ、ニーズも移り変わる。したがって企業も、こうした変化を予測し対応するようなシステムを備えていなければならない。企業の壁、つまり**ナレッジの耐性**は、水平方向に拡大し領土を広げていく間、常に補強されつづける必要がある。

どの多国籍企業も、究極的な成功は人々の目に明らかになり、屋敷の屋根に乗せられる。これが**ナレッジへの依存**だ。今日の市場における成功とはつまり、ある製品やプロセスや構造的なイノベーションが、事業の根本的なルールを変えることだ。競合企業があなたの会社の屋根の上にある製品と同じものを作ろうとしていたら、あなたの会社は成功しているということが分かるだろう。

企業屋敷には多くの住人がいる。屋敷は有機的で、無限の急速な成長もするし、崩壊もする。よい方に変化し価値も高まるが、これはある階から別の階にナレッジが自由に流れ、生まれたナレッジが保存されて継承され、さらなるナレッジの追求が積極的に奨励されることが条件だ。屋敷の所有者には、投資家や重役たち、社員などがいる。それ以外の近隣住民たちが屋敷をどう見るかによって、その価値が決まる。屋敷の眺望、修繕の状況、市場における価値などが考慮される。

かつて私は、ナレッジの階層の一番下やナレッジの深さをよく見ていた。実際、環境やエネルギーに関する本や専門家の多くは、自らの視点をこうした屋敷の一番下の部分に限定していた。このような限られた視点を持つと、屋敷の水平方向や垂直方向への拡大の可能性は見落とされる。

間違いを起こさないことや、法律遵守だけに企業が集中すると、その企業やリーダーは必要な変化を遂げない。優れた製品開発を追求せず、正しい（そして利益の出る）ことをするようにはならないのである。こうした製品は屋敷の地下で生まれ、階層を徐々に上り、壁を押し広げ、屋敷の屋根に現れる。

競争力を生み出す新製品の創造に関する情報は、屋敷の最上階では非常に高く評価され、その情報が同業他社に影響を与え、威圧する。こうした製品のアイディアや情報を生み出し開発を支えた人は、見返りを得る。社会対応の製品開発のリーダーとなる人は、屋敷の一階や地下から階段を上って最上階まで到達するような人だ。逆に言えば、最上階にいる人は階段を下りてきて、下のほうで何が開発されつつあるのかを理解する必要がある。

ナレッジの深さ

多くのマネジャーは自身の製品に非常に深く関わっており、非常に多くを求めようとする。しかし今日では、事業のマネジメントはとても複雑になっている。その理由は、いまや企業価値の四分の三が知的資本にあるからだ。このことは、ほとんどすべての企業において真実で、社会対応型製品開発に取り組む企業に限ったことではない。

先進的な企業において、ナレッジはどれほど重要なのだろうか。

「目に見える《タンジブル》ナレッジ」と「目に見えない《インタンジブル》ナレッジ」の両方が、企業の内部と外部で成長を支える。

株主は、この両方のナレッジに興味を持たなければならない。目に見えるナレッジの例としては、特許や技術、負債や資産などがある。目に見えないナレッジの例としては、ビジョナリー・リーダーシップや競争力、イノベーションと創造力、能力の高さなどがある。目に見えないナレッジは、目に見える利益に少しずつ変わり、積み重なっていく。ビジネスは単に特許や技術や会計だけではないのである。製品を製造し流通させ、販売するための専門性は常に増えつづけているが、その増加のスピードと有効性を生み出すのは、前四半期の業績よりも、リーダーシップや文化などの、目に見えないナレッジである。

こうした目に見えるナレッジと目に見えないナレッジが、企業屋敷における「ナレッジの深さ」を形成する。そして、これらのナレッジを基盤にして、企業のすべての戦略的意思決定が行われる。この深さを測るため、過去の研究開発費を比較しようとする人がいる。しかし、それはあまりにも狭い、単純な見方だ。それだけでなく、開発の成果と、それがどれだけ効率的に適用されたか、利益を出したかも見るべきである。企業は優位性を極めることによって、企業の基盤を強固にしようとしている。そして、最も優れた企業では、リーダーたちが自分自身の能力を極めようとしている。

ナレッジの階層

数十年前、自動車メーカーは大幅にコストを削減する方法を思いついた。それは、一台の車に研究開発を集中させ、そこでの発見を他の車に応用することである。このアイディアの発展形が製品プラットフォームで、それは今日の自動車製造システムの核となっている。製品プラットフォームは研究の成果と資産を集めたもので、それをいくつもの製品が分け合う。

製品プラットフォームの強さにより、企業が今日から将来にかけて、どの程度競っていけるかが決まる。企業屋敷の本質的な強固さも、プラットフォームの健全性と、主要な製品や製品ラインに市場がどれだけ反応するかによって決まる。私はプラットフォームの考え方を、企業の屋敷の「ナレッジの階層」と結びつけたいと思う。

トヨタやHPは、知的資産、技術資産、法的資産などの資産を、新製品のグループに集中させるのが非常にうまい。それらの新製品が屋敷の床面積を広げていく。プラットフォームをつくるとき、エグゼクティブたちは製品のさまざまな側面を体系化する。製品の原材料から、設計、製造、性能まですべて、製品によってどう変わってくるかをまとめる。この作業には、企業のさまざまな部署からの情報やアイディアを取り入れる。プラットフォームを支えるのは、原材料の構成や、資源の消費、製造スケジュール、必要な機械、供給業者などに関する、何千もの意思決定だ。こうした決定が、それぞれの製品のゴールに対する理解につながる。また、決定のために集めた情報がその企業のナレッジとなって、消費者からの期待や社会のニーズにすばやく応えられるようになる。

プラットフォームが完成に近づくと、そこに含まれている選択肢が各製品に生かされる。製造や製品のプラットフォームは、短期間で力を発揮するものになる必要があるし、長期的に使えるものでなければならない。プラットフォームは屋敷にしっかりと腰をすえ、同時に機動力と柔軟性をあわせ持ち、絶え間ない市場の変化に応じて、新たな耐久性と安定性を得て革新される必要がある。

社会対応型製品開発の理論では、ナレッジの階層はプラットフォームを永久に維持するためのベースとなる。

ナレッジの階層は、企業がナレッジを獲得し利用するための行動を規制し、同時にサポートする。一見絶望的なゴールを達成するという任務に、エグゼクティブがどう取り組むかを決める。ナレッジの階層とはつまり企業の思考「方法」で、従業員がそれぞれのアイディアの基盤とする。例として自動車業界を見てみよう。同業界では、ハイブリッドのプラットフォームが、消費者が求める資源効率と性能を同時に提供した。また、新世紀の自動車業界の競争に関する、業界全体のナレッジのレベルを高くした。近未来での成功の決め手となるのは、目に見えないものの価値を把握し、製品に含まれた知を利益に結びつけていくこととなるだろう。

ナレッジの耐性

企業にとって最もイライラさせられることは、企業の内外でナレッジの変化が常に起こっていることだ。市場が常に変化し、企業も市場の変化を理解していると、企業は不安定になりがちだ。市場の変化が企業の外側から強い影響を及ぼすので、「ナレッジの耐性」は常に強化される必要があり、企業屋敷の壁を内側から押し広げる必要が出てくる。エンロンのように、企業によっては、手っ取り早くて安く済む方法でお金を手にしようとするところもある。だが、そのような企業は長続きしない。地下で良い製品を開発するには、壁で守ってもらい、市場の変化を生き抜くことが必要だ。つまり、「ナレッジの深さ」は、製品を守るための「ナレッジの耐性」を必要とするのだ。よいアイディアは、それが持続可能であるとき初めて利益をもたらす。

ＡＨＣグループは、企業が対応すべき外部からのプレッシャーとして、次の六つを挙げている。競合からのプレッシャー、規制、規制緩和、投資のプレッシャー、消費者からの要求、世界的な気候変動だ。もちろん現実の世界では、何百もの小さな外部からのプレッシャーが製品への反応という形で現れ、何百万ドルもの影響を及ぼす。

ビジネスが持ちこたえるには、企業屋敷を安定させる耐久力が必要だ。この耐久力を築くには、株主価値とステークホルダーの価値の両者をバランスさせていることを、常に示しておかなければならない。ナレッジの耐性とは、ビジネスモデルや製品を、その生涯にわたって持続可能にすることだ。

しかし、ここに耐性に関するジレンマがある。すなわち、ナレッジ、特に技術的なナレッジは、その市場価値をすぐに失ってしまう傾向があることだ。したがって屋敷の壁は、新しいアイディアや発明や特許や改良を守るために、広がりつづけなければならない。たとえば、日本のような飽和状態にある市場では、家電製品の予測寿命は三カ月以下にもなるという。マイケル・アイズナーがディズニーを率いていたときに、彼はディズニーがビデオやＴシャツやＣＤなどの新製品を、「五分ごとに」出していると言った。企業行動の研究者は、こうした製品グループや製品ラインの衰退があらかじめ見込まれているという状況が、どんどん激しくなっているのを嘆いている。しかし、最も重要なのは、その裏返しともいうべきことだ。つまり、企業がそのナレッジを利用して、いかに市場に追いつき、長年にわたって優れた製品を生産し、改善しつづけていくかということである。

ナレッジへの依存

誰も読まない専門書のように、ナレッジもそれだけでは何の意味も持たない。企業が長年のナレッジを現実に利用して初めて、その情報は行動のツールとなり、新たな利益を確かに生み出す源泉となる。そして、市場がある製品への依存度を高めたとき、初めてそのナレッジとそれを応用した製品は成功する。その具体例は、わずかな企業が市場を独占するようになった業界で見られる。

たとえば、インテルのコンピュータ・チップだ。「Intel Inside」の表示は多くのコンピュータに付いている。コンピュータ・チップの市場で、近いうちにインテルの競合となりそうな企業は見当たらない。なぜなら、業界がインテルの技術に大きく依存するようになったからだ。トヨタとホンダはハイブリッド車で非常に成功した。アメリカの自動車メーカーは、「代替の」自動車に対する需要があるとは予測しなかった。そこで彼らは「フレキシブルな燃料の」自動車を、ハ

図16　ハイブリッド車発売の歴史

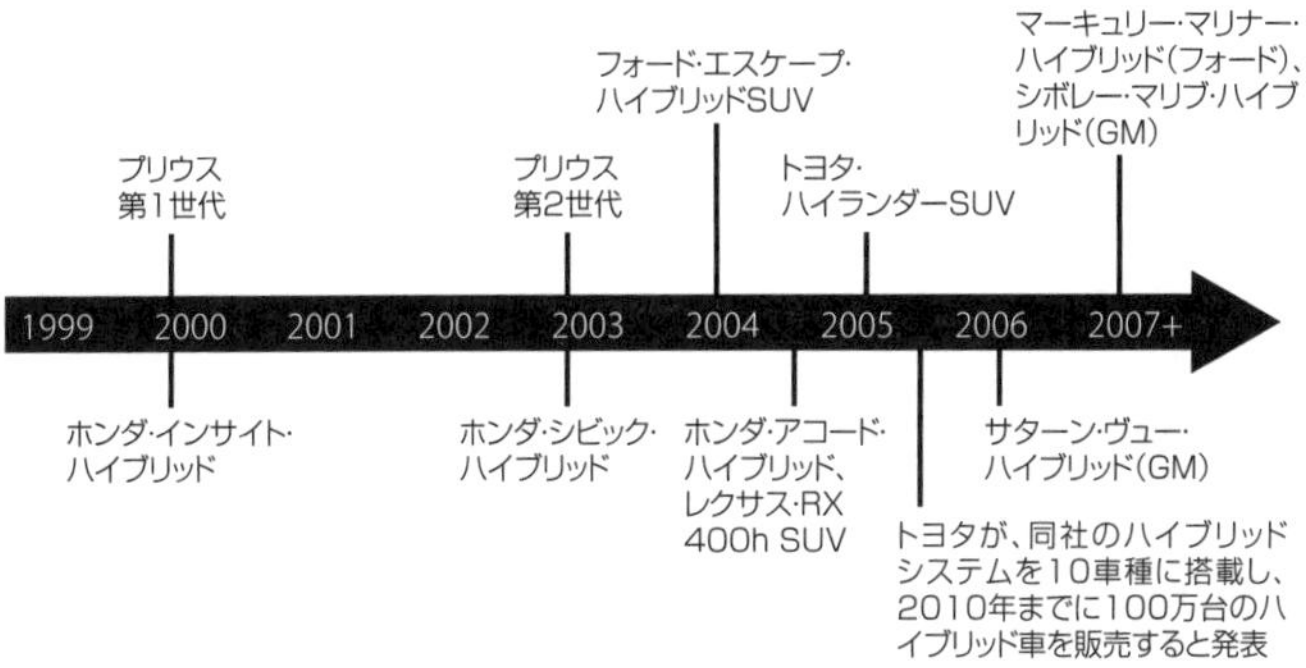

イブリッド車への答えとして設計し、製造した。消費者がトヨタとホンダをハイブリッド車メーカーのリーダーであり専門家であると見なしたので、GMとフォードは、同様の社会的・経済的価値を持つ製品を作らなければならなかったのだ。ハイブリッド車はトヨタとホンダの屋敷の「屋根」に載っている。世界がガソリンに頼らないことを学んでいくにつれ、世界はこれらの代替自動車に、より依存することになるだろう。

　多くの人は、ナレッジへの依存の拡大を時系列で考える。機関投資家や主な個人投資家は、企業の過去六年から一〇年を見る。ハイブリッド車の場合、実際にそのくらいの期間でナレッジへの依存が拡大していった。このようなイノベーションを可能にし、突如強力なものにしたナレッジへの依存は、一夜にして起こったのではない。**図16**は、巨大かつ強力な多国籍企業であるトヨタの、信じがたいほどのタイミングのよさと忍耐強さを描いている。また、プリウスがどのようにして業界を変えたかをも描いている。

私はナレッジへの依存を古代ローマのようなものだと考える。つまり多くの古代都市が、ローマや近隣の偉大な都市を参考に、自分たちの街をデザインしたのだ。同様に多くの優れた企業は、ナレッジへの依存とナレッジの耐性を基盤にして屋敷を建てるはずだ。ナレッジへの依存は、現代企業の中で成し遂げられたならば、すばらしい金銭的リターンを何四半期に渡ってもたらすような資金源となるだろう。

つまり、利益を生み出す上で重要なことは、ナレッジへの依存をその企業がどれだけ作り出し、市場に浸透させるかである。これは流通チャネルや広告、口コミなどを通じて成し遂げられるかもしれない。しかし、効果的な広告よりも重要なことは、企業の顧客と製品の間に相互依存性を育むことである。

第5章のまとめ

企業の潜在的な価値は、屋敷のすべての側面を測ってみるまで分からない。具体的には、その構造の耐性、どれだけ人々が依存しているか、借金や規制や供給業者としての義務が存在する階層、目標やゴールである天井、新製品の始点であるプラットフォームの頑丈さなどだ。エンロンがそうであったように、短期的な利益を求める企業も、ナレッジのいくつかの側面を真似ることができる。しかし、エンロンの価値は持続可能ではなかった。

耐久力があり依存される製品を持つ企業のみが、企業の価値を持続可能な未来へと運ぶことができる。それは持続可能な製品グループをつくり、自社のナレッジに対する投資のリターンを何度も得られるようにすることである。

そのためには、あなたの会社のナレッジの深さと耐性の中から、新たな価値とアイディアを見つけるためのカギが必要だ。加えて、企業屋敷のあらゆる場所にアクセスするためのカギも必要だ。こうしたアクセスがあって初めて、あなたの会社のイノベーションは耐久性を持ち、競合他社がなかなか真似できないものになる。つまり、ナレッジの階層を高くするのである。

コラム「トヨタ・プリウスの第二世代の特徴」は、プリウスの改良において見られた、企業戦略におけるナレッジの変遷について検討したものだ。

こうした屋敷の内側に入ると、リーダーたちは気品と力の両方を携えて、成功への階段を上っていく。次の章では、Sフロンティアにおいてリーダーに求められる、特別な要件について検討する。今世紀、企業の運命が急速かつ厳しく変化していることを考えると、こうしたスキルは生き残るためのものであると同時に、あなた自身とあなたの企業の成長を可能にすることも分かるだろう。


二〇〇六年八月、ケンタッキー州アーリンガーにて

トヨタ・プリウスの第二世代の特徴――製品への依存を引き起こした、二一世紀の完璧な事例

- 初代プリウスよりも車内のスペースを広げ、ホイールベース（前後の車軸間の距離）を六インチ広げた。それにより、小型車から中型車のモデルになった。
- スロットルとシフト・コントロールの電動化。これにより、従来は床やハンドルの奥に設置されていたシフトレバーが、ダッシュボード上の小さなジョイ・スティックに代わった。
- 「スマート・エントリー」と「スマート・スタート」のオプションにより、カギを使わずに車に乗り、エンジンをかけることが可能になった。ドライバーがドアのハンドルに近づくと、ポケットの中にあるカギからの信号をセンサーが認識して、ドアのカギを開ける。車内に入れたことで、ドライバーのセキュリティ・チェックは済んでいるので、カギをポケットに入れたままダッシュボードにあるスタートボタンを押せば、走り出すことができる。
- 標準装備されたものとしては、ABSブレーキ、パワー・ウインドウ、ドア・ロック、ミラー、そしてユニークな電気のインバーター・エアコンがある。新しいインバーター・エアコンはファンベルトで動くのではなく、完全に電気で動く。これにより燃費が良くなり、快適さも向上した。ガソリンエンジンが動いておらず、車が電気のモーターだけで走っているときでも、エアコンが動くからだ。
- 個性的で特徴のある空気力学的なスタイル。三角の流れるような形状となり、最初のプリウスからは大きく変わった。抵抗係数〇・二六という驚くべき数字を達成し、それが車内の騒音低減に大きく貢献、燃費も大幅に向上した。

ナレッジへの依存と製品の耐性をさらに伸ばす

●第二世代のプリウスは「ハイブリッド・シナジー・ドライブ（ＴＨＳⅡ）」というパワートレインを搭載している。★初代プリウスに搭載されたトヨタ・ハイブリッド・システム（ＴＨＳ）と似ているが、第二世代のハイブリッド・システムは、「フル・ハイブリッド・システム」と定義される。このフル・ハイブリッド・システムは、ガソリン・モードでも電気モードでも走るが、ガソリンエンジンと電気モーターを同時に動かすこともできる。市場に出ているハイブリッド・システムでは、現在のところ同等の能力を持つシステムはない。

●ハイブリッド・シナジー・ドライブは、最大五〇〇ボルトの電圧が供給される五〇キロワットのドライブ・モーターを備えている。初代よりも五〇％パワーが増えた。第二世代プリウスの発電機は回転数が大幅に増加し、都市での走行や高速道路のノロノロ運転における電気モードの走行を増やした。電力の出力が五〇％以上増えたことなどにより、加速が非常に良くなった。

●第二世代のプリウスは、初代よりも一五％燃費が向上した。その結果、新しいプリウスはガソリン一ガロンで五〇マイル台半ばの距離を走る。初代は四〇マイル台の低いほうだった。プリウスはアメリカで売られている中型車の中で、最も燃費の良い車となる。競合車の中で最も燃費の良いものと

★ 日本では「ハイブリッド・シナジー・ドライブ」は新型プリウスの開発コンセプトとされている。ＴＨＳに続く新しいハイブリッド・システムは「ＴＨＳⅡ」と呼ばれる。

比べても、その約二倍だ。さらに、アメリカで売られている小型車と比べても、燃費は最も良い。

●ハイブリッド・シナジー・ドライブにより加速がよくなり、時速〇マイルから六〇マイルへの加速を一〇秒から十二秒で行えるようになった。

●ハイブリッド・シナジー・ドライブにより、第二世代のプリウスは、初代に比べて三〇％近く排出ガスが少なくなった。一般的な内燃エンジンの車と比較すると、排気管からの汚染は九〇％近く少ない。

6 信頼できるリーダーを育てる
——10のレッスン

私は何年も前にコーネル大学で博士号を取ったが、それ以来のモットーがある。それは「俳優は想像上のことを、あたかも現実であるかのように話す。学者は現実のことを、あたかも想像であるかのように話す」というものだ。私は最近、コンサルティングや、クライアントの行動や計画について考える際に、このモットーをより厳格に適用するようになった。

企業のリーダーシップの世界は単純ではない。選ぶべき選択肢が大きければ大きいほど、成長への道筋はより複雑になる。企業の意思決定は、最初にビジネススクールで習うような、まっすぐで明快なものではない。

成功する人は、フットボールの作戦のような明快な道筋はとらないものだ。最高のリーダーたちは、現在の世界に存在しながら、今後の世界にも同時に存在している。片足をこちらに置いていま決断を下し、もう片方の足をあちらに置いて、製品が市場に出たときに消費者と自社の両方に明らかなメリットがあることを想像するのである。

私は何十年もの間、リーダーシップに関して考え、経験を積んできたが、まずは次の提案から始めたい。「リーダーには、傷つけてリードする人もいれば、癒してリードする人もいる」。ここで意味しているのは、ニューエイジ的（超自然的・精神的）なことではない。企業の中には、「利益さえ出していれば、誰を傷つけようとも構わない」というリーダーがトップを務めている企業もある。その対極には、差し迫る社会的なニーズに応えることで、癒しを与えるリーダーもいる。われわれは後者のような企業を信頼する。そのうちいくつかは、社会対応型製品開発のプロセスで、重要な社会的貢献をしている。人間は、リーダーになるとはどういうことなのか、何度も何度も繰り返し学ばなければならない。リーダーについての何らかの見解を持つ前に、最善のリーダーと最悪のリーダーについて知っておく必要がある。過去もそうだったかもしれないが、今日の厳しい諸問題と情報の速さを考えると、リーダーシップにおける社会対応の必要性は、より大きくなっている。

シェークスピアの『テンペスト』では、王はともに遭難した人々に、自分に従うように言う。リーダーであれば、そのようにして人々が従うことなどあり得ないと分かっているだろう。美しい漂流者は言う。「はい、従います」。しかし、のちに裏切る。有名なキャリバン（半分が獣で、半分が人間）は、なぜ「奇妙な仲間と組む者に、災いはやってくる」のかを示す。登場人物の中には、欠点がなく恐れを知らない者もいるが、シェークスピアの文章は、論理や科学というよりも、一筋縄ではいかないマネジメント・コンサルティングに近い。私は、「現実の」リーダーシップは、ＭＢ

Aの講座でのシミュレーションよりも、シェークスピアの劇のようだと考える。こうした現実を謙虚に受け止めると、本書の真ん中にあたるここでいったん足をとめ、リーダーシップについて考えるのが必要不可欠だと思う。

以下で述べるのは、リーダーシップについてのパラドックスや、リーダーの愚かさや力についての話である。いずれも、より良い製品を作り、社会のニーズに対応する方法に力点を置いている。

レッスン①市場の制約の中から優れた製品を作り出す

成功への選択肢には限りがあると、リーダーはわれわれに教える。選択肢は百万ほどもあるのに、そのうち成功につながるのは、多くても片手で数えられるほどだ。年間二二%の成長を成し遂げたいと思うかもしれないが、長期間それだけの成長を続けられる業界はない。現在の社会のニーズに合った最高の製品を設計したいと考えても、開発の途中でニーズは変化し、市場は生まれずに終わる。まだ知られていない、あるいはまだ求められていない未来のソリューションを提供しようとして、完全に失敗する。経験豊かなリーダーなら、こうしたありとあらゆる例を知っているだろう。

しかし同時に、経験豊かなリーダーであれば、社会のニーズや変化する市場について、自社の反応をコントロールすることを知っている。そして、チームを動かして成長への道筋をたどらせ、製品や社会の改善につなげることができる。これを成し遂げるためにリーダーたちは、リーダー自身とスタッフが、どれだけ現在の市場から制約を受けているかを調べる。つまり、境界条件を調査する――現在の市場で何がうまくいっていて、何がうまくいっていないか、同じ価格を維持しながら改善できる点はあるか――。そして、避けられない点や制約条件の中から、すでに市場にあるものよりも良い、魅力的な何かを作り出す。これはリーダーの創造力だ。

これまでに、優れた製品を開発するのがどれだけ難しいかを学んできたが、真の問題は、どれだけ多くの企業が、優れた製品を提供してくれるかである。適切な社会的リーダーがいれば、数多くの社会的な問題を解決するという重要な役割を、巨大多国籍企業は担うことができる。気候変動から鳥インフルエンザ、水資源や土地の急速な崩壊などの問題を解決する役割だ。われわれの希望の光はここにある。確かに、われわれは市場の制約から逃れられない。しかし、われわれは優れた製品を通じて確実により良い世界へと進むことができる。消費者も、それを求めている。

レッスン②バランスをとり、ヘッジをする

今日、ビジネススクールでは、どんなタイプのリーダーを育成すべきだろうか。荒々しい力で支配する人だろうか、あるいは気品と知恵でコントロールする人だろうか。社会のニーズを前にして謙虚になれる人だろうか、あるいは気品と力と強い魅力を併せ持つ稀有な人だろうか。価格と品質に関してさまざまな課題がある資本主義市場に相対しながら、水や大気や公衆衛生などの社会的ニーズに応えるには、何が必要だろうか。本書では、トヨタとＨＰがそれを成し遂げる上

での灯台であり、目標とすべき明るい光であると主張する。

本章を書いているとき、私は著書の『環境の卓越性を求めて』★に書いた、最後の結論を思い出した。重要なのは、個人が追求しつづけることであり、企業がその大小にかかわらず高い目標を設けることである。単に法律や機械の変更などで実現されるのではない。振り返ってみると、この本が一八年間生き延びたのは、こうしたリーダーシップの必要性がいまでも続いており、実現可能だからだろう。

信頼できる社会対応型リーダーの定義とは、「製品に社会的な価値を、戦略的にかつ一貫して埋め込める人」であると私は考える（本章では、そのような行動を促進する態度や感性について検討する）。トヨタでは、一つの社会的製品（プリウス）が他のハイブリッド車につながり、相互に補強し合うようになり、やがてトヨタ製品全体を高めるような、すばらしい製品プラットフォームになった。トヨタは、すべての自動車メーカーに与えられた狭い選択肢の中から、賢い選択をした。トヨタのハイブリッド車の開発は、同社の業績においても重要なポイントを占めるようになった。

では、トヨタのリーダーは信頼できるということだろうか？　彼らは、ガソリンの枯渇と価格の高騰という現実世界の問題に対して「社会対応」を行った。われわれの社会では、石油の供給が減少しているのに、移動へのニーズは増大している。ここから、トヨタの行動はバランスをとることでもあり、聡明なヘッジであるとも言える。つまり、彼らは社会的リーダーシップの基本

★ Bruce Piasecki, *In Search of Environmental Excellence: Moving Beyond Blame* (Simon & Schuster, 1990).

に立ち返ったのである。信頼できるリーダーは、このような驚くべき結果を残す。トヨタの新製品は、効率的で安全で便利で手ごろであるという軸から、決してぶれはしない。

レッスン③リーダーシップとは社会におけるあり方のことである

信頼が得られ、増幅される。信頼はその製品の価値を世の中に広く解き放つ。それゆえに、バランスをとること、ヘッジすること、柔軟であることが重要になる。

信頼できるリーダーは通常、並外れた人生を送っている。彼らの姿かたちはそれぞれ違うが、たいてい山盛りの責務に挑んでいる。驚くほど謙虚だったり、非の打ちどころがないほど正直だったりし、華やかさや暮らしぶりは控えめだ。これまでさまざまなエグゼクティブに会ったが、そのリーダーシップには共通するパターンが見られた。誤解しないでほしいのだが、私はさまざまに異なるアプローチや、性格やスタイルの違いから生まれる混沌も好ましいと思う。ただ、彼らのテクニックや経験則を見ると、彼らの会社が生き延びるか、あるいは会社の価値が失われるかが見えてくるのだ。それはまるで、演劇の最初の何シーンかを見ただけで、最後のシーンが予想できるようなものである。生き延びる人々はSフロンティアの上昇する部分におり、価値を失っていく人々は下降する部分にいる。

以下に、私が考えるリーダーシップの三つの重要なテーマを示す。これらは、動きの早い今日のSフロンティアにおいて成功するかどうかを決める条件でもある。

●社会対応型リーダーは、不快な情報に対処する力に優れ、常に学びつづけることができる。こうした特性により、価格の引き下げ、品質の向上、社会のニーズへの対応という、三つの重要事項のバランスを取ることができる。彼らは、社会のニーズが近い将来どのように変化するか感じ取ることができ、すばやく企業戦略を修正して、市場を変革するような新製品を開発する。

●社会対応型リーダーは、「現実的な常識」を通じて力を得る。彼らは自社のスタッフや証券市場から発せられる不安の信号を、無視するべき時を知っている。私は過去の著書で、この説明し難い能力を「ルールに従ってプレーする時を知り、ルール自体を変えてしまうべき時を知る」と表現した。また、パニックと信念の組み合わせであるとも表現した。「現実的な常識」に沿う行動とは、さまざまに広がる情報源から情報を得ながらも、自社の企業戦略について鳴り響くサイレンを無視できるほど賢明で、正しいと信じることを実行することである。

●社会対応型リーダーは、彼らの新しいビジネスモデルと社会的なゴールが、広く知れ渡るべきだと認識している。知ってほしいという彼らの思いは、伝道師のような熱意を帯びる。伝説の野球選手、ヨギ・ベラは言った。「見ていれば、多くのものが見られる★」。生き残ろうと

★ ヨギ・ベラ（Yogi Berra）は数々の珍妙な（同時に意義深くもある）発言をしたことで知られ、そうした発言は「ヨギイズム」と呼ばれる。ここで取り上げられているのも、その一つ。

して多くの種を撒き散らす植物のように、社会対応型のリーダーは、成長のための新しい道筋について話を広める。彼らは業績の数字を超えた新たな社会的な目的を自社に染み込ませる。そして彼らは、当然のことのように、すべての人にそれを知ってもらおうとするのである。

最善の企業戦略とは、このようなものである。リーダーは複雑さと困難の中で何かすばらしいものを見つけ、市場や社会のニーズに適合するべき変化を認識して、その意味と価値を分かりやすい方法で他者と分かち合う。そして、その新たに見つけた価値を、整然と厳格に会社全体に適用する。本書の後段でHPについて見るとき、以上で述べたことが再び登場する。また最後の二章で、グローバル化した世界でお金がどのような働きをするのかを見るときにも登場する。彼らは「テコの支点」を利用するのである。

レッスン④リーダーは説明する力がある
——トゥーグッドの著作から学ぶ

リーダーシップについては多くの本が書かれており、私の本棚にもたくさんある。そのうちの多くは、読者に過去のリーダーの心理を体験させることにより、リーダーのスキルを示そうとし、リーダーの行動に関する逸話を示すことで、読者に新たなスキルを獲得してもらおうとする。

私は以前、グランビル・トゥーグッドの『表現のうまいエグゼクティブ』★を読んだ。ちょうど娘が生まれたばかりの頃だったので、よく覚えている。私は、二一世紀を生きるこの娘に、彼の主張はどのように当てはまるのか考えたものだ。トゥーグッドは、人々がどのようにして社会的なリーダーに育つのかを検証した。彼は、「ある企業における最高の社会対応型の製品は、企業のリーダーその人であり、その企業が製造するものではない場合が多い」という趣旨のことを述べた。トゥーグッドはフォーチュン一〇〇社のCEO四〇人以上にアドバイスをしてきた人だが、彼が言うには、リーダーシップの基本は、話し方やビジョンの説明の仕方をマスターし、言語能力と明快さと信頼感をもって良いコミュニケーションを行うことだという。

彼によると、リーダーシップとは「認識をコントロールすること」だという。すなわち、他の人々が自分たちをどう思うかを、自身のコミュニケーション能力を用いてコントロールする。これがビジネスにおける必須の要素であるという。こうした彼の信念のベースにあるのが、「すべての企業のリーダーは、その行動と責任においては社会的である」というトゥーグッドの考え方だ。リーダーシップに対するこうした見方は有用だ。特に、どうすれば製品にブランド力を持たせられるかを考えるとき、また、自社が社会的な価値や投資価値を長く保っていられるかを考えるときに有用である。これらはすべて、リーダーが消費者に、自社の製品をどう見てもらうかということなのだ。

私は企業を屋敷にたとえたが、トゥーグッドはコンサルティングを次のように表現している。

★ Granville N. Toogood, *The Articulate Executive: Learn to Look, Act, and Sound Like a Leader* (Mcgraw-Hill, 1995). 補遺Bも参照のこと。

私に電話がかかってくるとき、それはたいてい、どう話せばいいのか教えてほしいというものだ。だが実際はそれだけでなく、どう考えるかも教えることになる。ある意味で、家全体を設計し建築し、家具を入れて飾り付けるまでを手伝っているようなものだ。この「家」の建て方によって、他者が私たちをどう見るか、その大部分が決まる。口を開いたその瞬間に、家とその中身をすべて見せることになる。この家は私たちが行く先々どこにでも必ず付いてくるが、皮肉なのは多くの人がそれに気づかないことだ。その天真爛漫さに多くの人が苦しむ。私たちが生きている間中、私たちは観察され評価されている。話すことを覚えた瞬間くらいから、その評価は始まる。だから、私たちはみな、家とそれに付随するものを見つけることに、非常に興味を持っているのだ。

私がすべてのクライアントに強く勧めているのは、近隣の人々や広い意味での地域社会や市民に対して、彼らの企業がどんな価値を与えているのかをきちんと説明することだ。私は、一九九六年にトゥーグッドの主張を見出したが、それ以前の一五年ほどの間、そのように言ってきた。あなたの会社が世界をよくするために何をしているのか、消費者に向けて話さなければならない。そうすることで消費者は、あなたのブランドを買うべき理由を見つけるのである。トゥーグッドがリーダーシップを家にたとえたのは、実に適切だ。このたとえは、リーダーシップが世の中から逃れられない性質のものであることを示している。トゥーグッドによると、説明能力に長けた社会的なエグゼクティブには、次のような特徴があるという。

1　ビジネスの仕方を心得ている。
2　社会との対話やビジネス上のやりとりの経験を積んでいる。
3　決定や結論を示すタイミングがよい。
4　公的に精査される行動において、間違いを犯さない。
5　実践と鍛錬を積んでいる。

私もこの五つの特徴には賛成だ。ＡＨＣグループの優れたクライアントやアフィリエートにも、こうした特徴が見られる。

しかし、社会対応型のリーダーであるためには、さらに求められるものがある。それは「目には見えないが、社会的に重要なこと」を理解するということだ。二一世紀の真に能力のある企業のリーダーは、未来への希望について述べることを恐れない。また、発展途上国のステークホルダーの期待に応じられなかったときには、彼らと直接会う。新技術や新興市場を活用するために企業を改革する。彼らは企業の顔となり、彼らが良くやっていることすべてと、良くしようとしていることすべてを、正確にかつ一貫性をもって伝えなければならない。

レッスン⑤社会的リーダーのモデル、リンカーン

信頼できるリーダーとして、私の大好きなモデルはエイブラハム・リンカーンだ。いまでは最も尊敬されている大統領の一人だが、一八六〇年の大統領選挙では、勝てる確率は低いと見られていた。それは、リンカーンが完全に受動的な人物だと見られていたからだ――この印象は彼が話を始めると変わった。作家のドナルド・T・フィリップスは、『リンカーン　逆境のリーダーシップ』[★1]の中で、どの国でもどの企業でも組織でも、リンカーンほどのリーダーシップ・スキルを習得している人はいないと書いた。『ライバルのチーム』[★2]は、二一世紀に書かれたリンカーンの伝記だが、ここでは、非常に優秀で選び抜かれた内閣をリンカーンがどのように運営したか、細部にわたって記されている。両書を読むと、私は行動をしているリーダー、少なくとも良い行動をしているリーダーを思い出す。彼らは意見の対立や曖昧さの中で戦い、社会の複雑さに耐えて、解決方法を見出す。

次の点について考えてみよう。リンカーンは共和党員としては初めて、大統領に選ばれた。また、一般投票では多数を得られなかったが、大統領に選ばれた。これもリンカーンが初めてだった。彼が就任して一〇日後に、南部連合が連邦から離脱した。この困難な状況をビジネスにたとえるとしたら、敵対的買収をしかけられ、資産の半分しか手元に残らなかったような状況だろう。そしてリンカーンは、国家の存亡をかけて厳しい戦いに挑んだ。彼は資源を活用し、幅広い才能をもつ人々を動かし、喜ばしい成果を生み出した。国家の再統一だ。

リンカーンの状況に対する柔軟な対応力について、現代の問題を考える上での参考にはならないと思うのであれば、ニュー・アメリカン・ライブラリー（New American Library）から出版されているリンカーンのスピーチを読むとよい。ここでリンカーンは、書くことは人間にとっての最高の発明であり、「すでに亡くなった人々と友だちになれる」方法であると、力強く書いている。

リーダーの時間はすぐに過ぎ去る。リーダーは、時間をムダにしてはいられない。彼らは、より良い世界を目指してより良い製品を作るために資源配分を決めるが、これは疲れる仕事だ。リンカーンがコミュニケーションと説得について何を語っているか、その知恵に耳を傾けてみよう。「訴訟を起こさせるな」と弁護士でもあるリンカーンは言う。「可能な限り、妥協してくれるよう説得しよう」。次の演説は、一八四二年にスプリングフィールド・ワシントン・テンペランス・ソサエティの前で行われたものである。

ある人に影響を与えようとして行動するのであれば、説得、それも親切で控えめな説得をするべきである。古い格言に『一ガロンの胆汁よりも、一滴の蜂蜜のほうに、多くのハエが集まる』というものがある。人間も同じだ。あなたの主張に誰かを同意させたいのであれば、まずは、あなたがその人の誠実な友人であると納得させること。それが一滴の蜂蜜になって

★1 Donald T. Phillips, *Lincoln on Leadership: Executive Strategies for Tough Times* (Warner, 1992). ドナルド・T・フィリップス著『部下と現場に出よ、生死を共にせよ』（鈴村靖爾訳、ダイヤモンド社、一九九二年）

★2 Doris Kearns Goodwin, *Team of Rivals: The Political Genius of Abraham Lincoln* (Simon & Schuster, 2005).

彼の心をとらえ、彼の理性へと続く太い道となる。そうなれば、あなたの主張が正しいと彼を説得するのは、そう難しいことではないだろう。もちろん、あなたの主張が真に正しいものであることが前提ではあるが。反対に、誰かに判断を強要したり、どうすべきか命令したり、軽蔑すべき人だと決めつけたりしたら、彼は自分の殻の中に閉じこもってしまい、彼の頭や心につながる道はすべて閉ざされてしまう。たとえあなたの主張が本当に真実だったとしても、彼と接触することはできなくなる。カメの硬い甲羅にライ麦を通そうとすることより難しくなる。これが人間というものだ。リーダーは人間を理解しなければならない。

リンカーンはパラドックスに対応する達人だった。そのスキルは今日においても重要である。不安定なエネルギー供給や、テロリスト組織ともつれ合う不安定な政府など、さまざまな問題により世界市場は混乱する。その市場に対応して、知識を修正したり、適用し直したりしなければならないからだ。地球規模の気候変動に加えて、絶え間ないコスト削減、天然資源の世界的な縮小など、社会のリーダーが今日直面する課題は「パラドックス」という言葉では足りないほどだ。利益を大幅に伸ばす一方で、われわれの行き過ぎた行動から地球を救えとは。パラドックスもいいところだ。

さらに、リンカーンは優れた副官を見つけるという、特別な能力も持っていた。このスキルも、今日の社会的な企業のリーダーに必要なものだ。時間はかかったものの、リンカーンはユリシーズ・S・グラントという右腕を得て、やがて彼を陸軍元帥に任命した。その理由の一つは、他の大将たちがあまりに慎重で、リスクを嫌ったからだという。グラントは、一八六二年にテネシー州で最初の大勝利を収めたときに酒に酔って非難されたが、リンカーンは彼をかばった。他の人たちが彼を辞めさせせろと求める中で、リンカーンはこう言った。「彼なしではやっていけない。彼はとにかく戦う！」。グラントは積極的に連合軍を攻めることでこれに応え、勝利に次ぐ勝利を重ねた。

リンカーンは今日の成功したビジネスリーダーのように、発想の転換ができる部下や、問題の根本に迫れる部下の大切さを理解していた。リンカーンのリーダーシップ・スタイルのこうしたポイントは、本章に続くHPとお金の章を読む上でも参考になるはずだ。

レッスン⑥リーダーは成長のための新しい道筋を見出す
——トムズ・オブ・メインの事例から学ぶ

かつて政府や宗教が担っていた役割を企業が担いはじめ、社会対応や社会的リーダーシップなどが企業のミッションを変えはじめている。特に、より良い世界を目指し、より良い製品を作ろうと心血を注ぐ企業ではそうなっている。こうしたことを言うと、いまだに多くの人を不快にさせることは分かっている。しかし、ここまでで見てきたように、リーダーが価値を基盤にして行動すると、より良い新たな選択肢が現れる。競合他社が境界線と見なすようなこと（市場の下降局面、新たなルール、政府や消費者の期待の変化など）も、革新的なリーダーの手にかかると、希望のある、利益を生むアイディアに変わる。

逆風ともとれる状況をより良い選択肢に変えるリーダーの行動とは、いったいどのようなものだろうか。そのよい例として、トムズ・オブ・メインのCEOであり創設者である、トム・チャペルを挙げよう。彼の会社は（二〇〇六年にコルゲート・パルモリブに買収されたとき）五億ドル以上と評価されたが、従業員はわずか一七九人だ。加えて彼らが作るのはいわば一般的な製品で、精神的とか社会的とかいう言葉には結びつきにくいものだ。彼らの製品とは、歯磨き粉である。チャペルは著書である『利益と公益のためのマネジメント』[★1]の中で、ありふれた消費財に社会的・道徳的価値を埋め込んでいくとき、経営者が直面する難しさを非常にうまく説明している。

チャペルは二〇〇六年に、われわれの会社がニューヨーク州のサラトガ・スプリングスで開いたセミナーで、ハビブ博士と同じ立場で話した。彼の静かで包容力のある態度は魅力的で、ビジネスの常識を注意深く否定する様子は、その話し方と大胆さにおいてエマソン風[★2]だった。参加した三〇歳以下の人はみな彼を賛美した。ハビブ博士に続いてこの変節者をキーノート・スピーカーとして選んだことに対して、参加者はわれわれのシニア・アソシエイトに喝采を送った。参加者は、チャペルのスピーチ「現代のリンカーンのように、堂々と立つ」に対しても、明らかに心を打たれていた。

大まかなストーリーは次のとおりだ。チャペルと妻が事業を始めたのは三六年ほど前。なぜ七〇〇〇万チューブもの歯磨き粉に、発ガン物質の化学薬品が含まれているのか、疑問に感じたのがきっかけだった。彼らは典型的な起業家で、すべてを自分たちの勘に賭けた。古典的なビジネス・トレーニングやビジネスモデルなどなしに、闇雲に前に進んだ。トム・チャペルは、アメリカのビジネスリーダーとして初めて、社会的な企業のミッションを定義した人の一人だ。「株主の利益を最大化することのみに集中すると、成長させるべきわれわれの一部分をなくしてしまうことになる」と、チャペルは挑発的かつうまく書かれた自著で述べている。「われわれの中の何かが、留保利益以上に生き延びたがっている。その何かとは、われわれの心だ」

トムズ・オブ・メインのストーリーから明らかになるのは、社会対応型リーダーとして成熟するまでの道のりは、突然の気づきや、人間の性質についての驚くべき発見などに満ちているということだ。一九八一年から一九八六年までの間、ナチュラルな製法の歯磨き粉の売上は年率二五%もの伸びを示し、五〇〇〇万ドルまでになった。しかし、彼の本に書かれているように、事業は成功したものの、チャペルと妻のケイトは数字を弾きつづけるのに疲れ、別れてしまった。チャペルはブランド力を築いたり、お金をもうけたりすることがイヤになってきた。一九八〇年代が終わろうとする頃、彼の人生や仕事には、まだ何かが欠けていた。

チャペルはハーバードの神学大学院で授業を受けるようになった。彼は神学について学ぶとともに、環境と健康を意識した自社の事業の基本コンセプトを再認識した。そのコンセプトはいま改めて、彼の事業に適用されている。彼の会社は、平凡でインスピレーションに欠ける会社になりかけていたが、大学院に来て、チャペルは社会的な視点を社内に行き渡らせる方法を思い出した。

★1 Tom Chappell, *The Soul of a Business: Managing for Profit and the Common Good* (Bantam Dell Pub Group, 1993).
★2 ラルフ・ワルドー・エマソン（Ralph Waldo Emerson）。詩人・思想家で、ニューイングランド超絶主義の提唱者。

チャペルはさまざまな哲学者から学んだ。その中にはニューイングランド出身のジョナサン・エドワードがいた。彼のことをチャペルは「アメリカ全体とは言わないまでも、ニューイングランドの歴史の中で、最も才能ある哲学者」と表現する。一言で言うならば、エドワードはチャペルに、「ビジネスとは人と人との関係だ」と教えた。

チャペルはさらに研究を重ね、マルティン・ブーバーという哲学者からも学びを得た。ブーバーは古典となっている『我と汝★』を書いた人だ。この本はチャペルがより確固とした社会対応型リーダーとして再出発するに当たって、最も大きな影響を与えた。ブーバーは人間の基本的な尊厳と、それを企業が利用することを対比する。ブーバーによると、われわれが十分に人間らしくなるためには、世界に対して頭脳と精神の両方からアプローチ

図 17　大手企業による社会対応の動き

2006

2006 年 2 月
世界最大の小売業であるウォルマートは、「北米市場向けの鮮魚や冷凍魚を、海洋管理協議会から認証を受けた漁業従事者からのみ購入することとする」と発表した。3～5年以内に実現する予定だ。

2006 年 1 月
ボーイングは航空機の燃料効率の面で、新たな一歩を踏み出した。同社は、既存の航空機よりも 700 ポンド軽い 737 型機を開発したと発表したのだ。加えてボーイングは、スチール製のものに代えて、カーボンでできたブレーキを投入した。

2006 年 1 月
ゴールドマン・サックスの「環境方針」によると、同社は「10 億ドルを再生エネルギーへの投資のために確保しておく」としている。

2005 年 11 月
サン・マイクロシステムズは、「クール・スレッド技術を搭載した、SPARC T1」を発表した。環境に配慮したプロセッサとして大きな進歩であり、画期的な製品だ。同製品は競合製品の二分の一しかエネルギーを消費せず、同時にスループット（処理量）を増加させた。
http://www.sun.com/processors/UltraSPARC-T1/index.xml

2005 年 10 月
レールパワー・テクノロジーは、同社のハイブリッド機関車 98 台を、ユニオン・パシフィック鉄道が購入したと発表した。
http://www.railpower.com/dl/news/news_2005_10_13.pdf

2005 年 5 月
GE の CEO であるジェフリー・R・イメルトは、GE が新たに「エコマジネーション」を開始すると発表した。エコマジネーションとは、技術とイノベーションで、重大な環境問題の解決を図ろうとする活動である。
http://ge.ecomagination.com

2005

する必要があるという。ビジネスを始めるにあたって、「利益を得るために他の人々を利用する」ことを考えるのは構わないが、その場合にも、「すべての人々の尊厳を保つ」ことを前提条件としなければならない。これがアメリカや世界でのビジネスについての、チャペルの考え方を変えた。彼の歯磨き粉と洗口液の会社は、コルゲート・パルモリブに売却され協業することとなったが、今後五年間で健康志向の製品を五〇ほど発売する予定だという。

社会対応のモデルの下で世界を前へと動かすには、「ビジネスの魂」を呼び起こすことが一番であるとチャペルは言う。彼はこう述べる。

直感が導くままに任せよう。実行の仕方は後から考えられる。想像力は尊いもので、失うべきではない。大切にし、育てよう。……大企業が小さな会社を買うのは、大企業がクリエイティブになれず、革新力も持てないからだ。彼らは理屈と分析に縛られすぎている。想像力をはばたかせよう。直感を信じよう。マネジャーたちがクリエイティブになれる機会を作り出そう。もうすでに、数字の計算は上手いのだから。

いくつかの大企業も、チャペルのような健康や環境に配慮した行動を起こしている。図17は、それを示したものだ。

★ Martin Buber, *I and Thou* (Free Press, 1970). マルティン・ブーバー著『我と汝』(田口義弘訳、みすず書房、一九七八年)

こうした動きをGEやボーイング、ゴールドマンサックス、サン・マイクロシステムズで起こそうとする場合、従業員や外部の調査会社などから、市場に関する情報を大量に仕入れる必要があるだろう。この点から、トム・チャペルのような中小企業が持つ特別な力が分かる。大企業よりもずっと迅速に、社会対応の動きを始められるのである。チャペルの会社は一番多いときで従業員は一七九人だったから、すばやい対応ができた。多くの従業員を抱える大企業ではそれほど速く動けない。したがって、彼らにとってよい方法は、最善のソリューションを求めて市場を常に調査し、その上ですばやく導入することだ。実際に過去一〇年でわれわれのアフィリエイト企業は、この方法を急速かつ確実に取り入れてきた。「ビジネスの魂」を呼び起こし、時には理屈や分析ではなく、革新力やクリエイティビティに道を譲ることだ。そうすれば、あなたの背後にいる勢力よりも、実質的に優位に立つことができるだろう。

レッスン⑦価値観を重視する
――ペインの著作から学ぶ

どんなリーダーでも、こうした社会的な価値観の変化を早期に起こすことができる。このような新しいタイプのリーダーを育てるという大きな任務のヒントとなるのが、リン・シャープ・ペインが書いた『バリューシフト――企業倫理の新時代』★という、親しみやすく知的な本だ。この本を読むと、リンカーンの行動やトム・チャペルが行った研究に圧倒されることなく、共感することができるようになるだろう。ペインが同書の基盤としたものは、すべての人々の手が届くところにあり、現在の市場やトレンドで実証することができる。

チャペルのような社会対応のCEOはまだ少数であり、彼のような発言にはほとんどのビジネスリーダーが困惑してしまう。この問題にペインは一九九〇年代初めに気づいた。大企業向けに、彼女の研究を発表しようと準備していたときだ。「みんなが困ってしまうから、プレゼンテーションでは〝倫理〟という言葉を使わない方がいい、と言われた」。ペインはまた、MBAのほとんどが、自分たちの会社を道徳とは無関係な組織として、効率的な機械のように運営することを教えられると述べた。まるで、無責任な製品が引き起こす結果からは、切り離されているかのように。

主要な企業のあいだで、社会的な価値にますます関心が集まるようになっている背景には、ビジネスが世界で直面する文化的な問題や、イノベーションのスピードと消費者の意識の変化などがある。しかしペインは、社会的な要因、特にメディアによる報道と法律改正も重要な役割を果たしているという。彼女の著書では、法律改正により社会の期待がどう具現化されたか、具体的には、より良い製品や政府の活動の透明性への期待、社会的なソリューションを企業が提供することへの期待などがどう具現化されたかを、非常にうまくまとめている。

彼女の本の核となっている実証的研究の中で、価値や倫理やモラルが企業の中にどうやって

★ Lynn Sharp Paine, *Value Shift: Why Companies Must Merge Social and Financial Imperatives to Achieve Superior Performance* (Mcgraw-Hill, 2002). リン・シャープ・ペイン著『バリューシフト――企業倫理の新時代』(鈴木主税・塩原通緒訳、毎日新聞社、二〇〇四年)

取り入れられたのかを、ペインはリスクマネジメント、マーケティングや企業市民としてのポジショニングなどの観点から解説している。だがペインによると、企業が社会的な価値観へ移行する決定的な要因となるのは、非常に面白いことに、「より良くしたい」という思いだという。第二次大戦後に品質改革に携わったデミングやジュランなどの人々は、継続的な改善が、ビジネスをより良くするための道筋だと常に言っていた。ペインによると、今日では「世界をより良くする」ことが、企業にとって欠かせない規範の一つとなっているという。

HPとBPはこの「世界をより良くする」ことを、「公的なブランド」と呼んでいる。私は以前BPの主要なエグゼクティブ一七人に、「公的なブランド」と「企業ブランド」の違いは何かと尋ねた。彼らが私を数日間ロンドンに招待してくれたときのことだ。躊躇なく、その場にいたほとんどの人が次のようなことを言った。「公的なブランドがあると、以前のソビエト連邦のような国や、他の新しい石油資源国に好かれる」。私は、この三〇〇〇億ドル企業では、「公的なブランド」について全員が同じ定義をしているのだろうと感じた。

ペインが書いたことの多くは、読者が両親や祖父母から聞いた、昔ながらの道徳的な話を思い起こさせるかもしれない。ゲーム理論に依拠して、彼女は相互協力――相互強制でなく――が、今日のビジネスリーダーにとって常に良い戦略であると論じている。相互協力と対比されるのは、手ごわい競争相手となり自分本位の態度をとるという、過去によく見られた戦略である。企業は人間と同じで、自分への扱いが不十分なときは復讐したり、あだ討ちをしたりするが、正当に扱われれば、相互に支え合ったり協力し合ったりする。企業は第三者と関わるにあたっては、それまでの精神的な貸借を繰り越す、とペインは論ずる。これは消費者にとっては、良いことでしかあり得ない。なぜなら、それにより製品が進化し、情報が業界内で共有されるからだ。彼女の調査によると、最も成功する戦略は正確な「目には目を」戦略だ。それは、進んで協力することから始まり、その後は相手の行動を真似て、背信には背信で、協力には協力で応じる。

企業のリーダーたちが現実に、より良い世界を目指して仕事に取り組んでいる、そのトレンドについてもう一度見てみよう。

- ホンダとトヨタのハイブリッド車の開発。ハイブリッド車のパワートレインは、一般的な内燃エンジンと、ブレーキをかけることによって充電されるバッテリーとから構成されている。
- BPとシェルの太陽光発電への投資と、両社の「石油の先に」のキャンペーン。エネルギーのシフトを提唱しているのは、BPだけではない。
- ワールプールとエレクトロラックスが発売している、エネルギー効率のよい数々の家電製品。GEの白物家電部門においてさえも、同様の傾向を見ることができる。
- HPとIBMによる液晶ディスプレイと、「オール・イン・ワン（すべてが一つに収まった）」の製品群。世界は小さく、動きが早くなっているので、両社も小さく動きの早い製品を作っている。

ペインの研究は、本書で述べた重要なトレンドである「類似したイノベーションを展開する」価値をそれほど重要視していない。しかし、このように競合企業間で類似したイノベーションを展開することは、投資家と消費者の両方にとって、大きな意味を持つ。価格競争や何らかのアップグレードを行うと、企業は孤立無援の危険な状態になってしまうことがある。しかし、大胆な製品戦略は、トヨタが行ったように、グループ内や主要な競合企業とともに多面的に実行されれば、それだけの効果を生む。イノベーションの多面展開は、失敗によるダメージを和らげる（なぜなら、大胆なイノベーションのマイナス面はリスクが増えることだからだ）。ホンダがトヨタと同時期にハイブリッド車を製造したことで、両社のリスクが減った。GMやフォードのリスクさえも減った。業界内すべてにおいて、こうしたアップグレードに必要なナレッジの耐性と依存を強化したからである。

シェルとBPは太陽光発電への投資と、温室効果ガスの排出権取引の方法を考案することにおいて競い合っている。このような展開の例を見ると、両社がこうしたことを行うのは、「社会対応が、よりうまく競争するための方法だ」と考えているからだと確信できる。これにより、両社以外の競合企業が超えなければならないハードルを高くすることができるからだ。

ペインの『バリューシフト』の最大の意義は、「今やすべてのステークホルダーが、価格と技術品質以外の事柄で企業の価値を評価するようになった」ということを、余すところなく記述したことだ。私はペインやパトリシア・アバディーン、ジム・コリンズのような人々と、企業において新たな「三位一体説」が生まれているのかどうかを議論してきた。彼らの多くはそれが生まれていると考えていた。たとえばペインは、それは公的な統計から裏付けられるという。コリンズは「レベル五」のリーダーは、すでにそのことを認識していると言う。アバディーンは、社会の購買行動にそのトレンドが見てとれると言う。

つまり、ペインが著書とその実証的研究であらわした要素が指し示すのは、「価値観の社会的な変化は、ビジネスにおけるプレートテクトニクス理論★のようなものである」ということだ。簡単に言うと、価値観の変化が現在のグローバル・エクイティの市場を形作っているのである。

レッスン⑧外の世界とその動きについて知る ——バージニア・メイソン病院の事例から学ぶ

世界は広い。たった一つの地域から、地球全体に向けて良い製品を提供することはできない。グローバルなリーダーシップには、他がどうなっているかを知り、想像力を働かせることが必要である。この場合、私の経験から言えば、自社と似ていない企業をベンチマークすることが大切だ。ベンチマークは技術者が同業他社を観察することから始まった（トヨタとフォード、コカコーラとペプシ、BPとシェルなどのように）。しかし、私の会社がサポートしたベンチマークの中で優れていたのは、まったく異なる業界の大手企業どうしを比較したものだった。

カナダの石油会社、サンコア・エナジーは、社会的リーダーシップを比較研究するために、異なるタイプの企業何社かと組ませてほしいと、AHCグループに依頼してきた。われわれは最初

★ 地球の表面が、何枚かの固い岩盤で構成されているという理論。

に、ワールプールのリーダーたちを紹介した。ワールプールがメイタグを買収する直前だった。サンコアの場合は買収や合併の話し合いではなく、ビジネスにおける社会的なトレンドを比較するための企画だった。また、大きく成長しようとしている小さな企業が、その嵐をすでに経験した企業のリーダーに質問をするチャンスでもあった。「ワールプールほどの規模になる際に、リーダーは何を予測すべきなのか。社会的な義務で、新たに加わったものはあったか」。ワールプールは自社以外を見たがっており、より良い企業になろうと懸命だった。サンコアはＨＰとも話し合いの場を持ち、企業の社会的責任やサプライチェーンの問題について議論した。われわれは同社をコノコ・フィリップスやシェルとも組ませたが、サンコアは大手石油企業とだけ、こうした大きな社会的問題を話し合うのを嫌った。他業界とも話をしたことにより、リーダーシップの幅が大いに広がった。

スピードが増し透明性が高まる今世紀においては、自社が競おうとする社会的カテゴリーにおいてトップにならなければならない。それも業界内でトップになるだけではダメである。この社会的ポジショニング（たとえば、「最も働きやすい企業」、「平均勤続年数が長い企業」、「公的なブランドが優れた企業」、「世界で最も尊敬されている企業」など）が、あなたの企業のリスク・プレミアムを決め、資本コストを決める。「社会対応変数」（すなわち先の二つの章で解説した目に見えないもの）が株価を上昇させる。また、新たな資本やパートナーや成長のきっかけを呼び寄せる。優れたリーダーは、自分の業界でよく売れる製品を作るだけでなく、多くのカテゴリーでリーダーになることにより、自分たちの会社を成長させつづけようとする。優れたリーダーは外の世界を知っており、想像力がある。

たとえば、いまでは「トヨタウェイ」として知られる考え方は、病院のガン患者治療にも影響を与えている。効率化と「ジャスト・イン・タイム」の生産方式に啓発されて、シアトルのバージニア・メイソン病院の化学療法部門は、トヨタの組み立てラインから学んだことを基に改革を進めた。かつて患者は、一日に一七時間も病院中を引き回されることがあった。さまざまな検査を受けたり、遅いエレベーターを待ったり、注射や他の治療のためにうるさい待合室で待たされたりしたのだ。トヨタに啓発された新しいやり方では、患者は通常一日一二フィート（三・七メートル）ほどしか動く必要がなく、担当医を呼べば声が聞こえる位置にいるようになった。あちこちに移動させられるストレスが減って患者の快適さが増し、同時に病院側のコストも減った。ベビーブーム世代が高齢化し、医療費が急上昇しつづける中で、自動車メーカーであるトヨタの徹底したムダの削減が、バージニア・メイソン病院の業績に貢献しているのだ。

GMやデルのようなメーカーが、トヨタの効率化の手法だけを真似したのに対し、この病院は社会対応のパッケージ全体を会得しようとした。これまでのところ、三五〇床のバージニア・メイソン病院は、「トヨタウェイ」を導入して以来、以下の成果を挙げている。

- 計画されていた設備投資のうち、六〇〇万ドルを節約した。
- 一万三〇〇〇平方フィート（一二〇八平方メートル）の面積が余分になった。
- 在庫費用を三六万ドル削減した。
- スタッフが歩いて移動する距離を、一日三四マイル（五四キロメートル）減らした。

●請求額を回収するまでの時間を短縮した。
●感染率が激減した。

最も重要なこととして、病院での患者の満足度が大きく高まった。この点から、効率の改善は、サービスの提供者だけでなく消費者にもメリットが生じる場合があることがわかる。同病院のガンセンターのディレクターであるアンドリュー・J・ジェイコブスは、「患者様（お客様）は神様です」という日本の概念に刺激されたと言う。「治療での最も一般的な副作用は疲労だ。そして、患者にとって最も貴重なのは時間なのだ。私たちは、すべてが患者に向かって流れていくようなガンセンターを作り上げた」。巨大病院の迷路の中を移動する時間を削減するため、診察室、分析室、スケジュールを調整する部屋などが、すべて検査室と治療室に隣接するように設けられた。薬局はこれらの施設の中心に位置するようになり、患者の時間を最高二時間節約した。稼動から五カ月で、バージニア・メイソン病院は化学療法のための準備時間を、三時間から一時間以下に短縮した。これは患者のためにもなったが、それだけでなく、治療できる患者の数も一週間あたり五〇人増えた。この売り上げ増加分で同病院は医師を一人採用し、研究活動を拡大する計画だ。

元アメリカ財務長官で、病院のマネジメントに詳しいポール・オニールは、バージニア・メイソン病院の成功について、次のように言う。「同病院は、患者の痛みと苦痛を軽減した。そして、患者が病院にいる時間を短縮することにより、大幅にお金を節約している。社会的な観点は言うまでもない」

私がこの事例から感じるのは、ビジネス上の課題に対するクリエイティブな解決方法を見出すには、外を見るとよいということだ。優秀な社会的リーダーは、優れた製品やプロセスを求めて、業界の外へ飛び出していく必要がある。今日の世界はインターネットなどの技術により、より小さく平らになり、相互のつながりが強くなっている。このような世界では、リーダーは企業の中にいながら、まったく同時に外部にも存在することができる。優秀なリーダーは、イエスマンや隠し部屋などに囲まれた、快適な企業の屋敷の中に安住してはいけないと知っている。リーダーは一般的でない場所から優れたアイディアを探し、それを活用できるかどうか、検討する必要がある。

レッスン⑨憧れの企業から発想を得る
――GEのエコマジネーションから学ぶ

ときに、インスピレーションは自身の内側から、単純な空想によって生まれることがあるが、なかなかそうはならない。そこで、あなたが憧れる企業から学ぶとよい。社会対応型製品開発が主流に向かいつつある事例として多くが学べるのは、GEの「エコマジネーション」戦略だ（GEのエコマジネーションの努力と手法について詳しくは、補遺Aを参照のこと）。GEが何年にもわたり、アメリカや他国で多くの公害を出してきたこと（ハドソン川やフーサトニック川など）を考えると、やや皮肉で刺激的でさえもあるが、同社は環境によい技術の価値を発見した。将来を鮮明に感じ取ったGEのキャッチフレーズは、もはや「暮らしに良いものを（We Bring Good Things to Life.）」ではない。この巨大コングロマリットは、ペインや他の経営学者が検証した価値観の変化に従った。GEは今や同社の製品は、「想像をカタチにするチカラ（Imagination at Work）」を表しているという。

一八七九年に創業したGEは、時価総額では世界最大の企業だ。したがって、同社がエコマジネーションで取り組んでいることは、間違いなく資本主義の未来にいろいろな形で影響してくる。たとえば、ビジネス書としては最も良く売れた本であるジム・コリンズの『ビジョナリー・カンパニー2』★の販売部数は、約二〇〇万部だ。これに対して、GEが株主に向けて発行するアニュアル・レポートの発行部数は、四〇〇万部である！　こうしたGEの規模と影響力、そして他の大手三〇〇社のグローバル企業の規模と影響力は、われわれの想像を超える。環境に関しても、それ以外でも。

GEの企業戦略の焦点が変化した要因は、簡単に言えばトップが交代したこと。そしてトップが新たな経営陣を任命したことだ。何年もの間GEを規定してきたジャック・ウェルチは、集中的にかつ堂々と利益に焦点を当てる文化を作り出した。社会的な力に関しては防衛的な戦略をとり、すべてのコストの削減を重ねることで、競争力をつけた。現在のCEOであるジェフリー・イメルトは、ビジネスの新たな三種の神器である、価格・品質・社会対応に焦点を当てることで、他社と競おうとしている。イメルトはGEにおける報奨と部門ごとの計画を、コストではなく成長への道筋を基盤として見直した。それまでGEは、各部門をムダなく細らせることにより利益を搾り出すことに熱狂的に取り組んできたが、新しいGEでは社会対応型の企業となった証がいくつか見えはじめている。それは業績にも反映されているし、イメルトの公的な発言や株式市場に向けての発言のほとんどに表れている。イメルトが社会対応型資本主義が現実であり、それが拡大していると見ていることが分かるだろう。GEは社会のニーズをベースに競い合うという、大きな動きを開始したのである。

イメルトが信頼できるリーダーの一人である証は、若手の視点を反映させた、三人のバイス・プレジデントの任命にも表れている。イメルトはGEを、「社会を導くリーダーが注目する企業」にしたいとし、マネジャーたちには「ハイテク企業」としての印象を与えたいと語る（ここ二年ほどの間、私は十数人のGEのリーダーたちから、まったく同じフレーズを聞いた）。第二次世界大戦後は、保守的なメーカーそのものだったことからすると、大きな変化である（それ以前は、HPのような「発明」会社だった）。イメルトはGEの新しいリーダーとしてあちこちを訪問しているが、その様子は公表され、マスコミが熱心に取り上げている。こうした行動は、GEの核となる定義が変わっていることを示し、世間の人々がGEをそのように見てくれることを願って行われている。GEは、以前は大手化学会社やメーカーなどを参考にしていたが、最近では、ボーイングやロッキード・マーチン、HPなどを参考にしているという。

ただ、誤解しないでほしい。GEは常に利益を求めている。だからこそ、今後に向けてエコマジネーションを研究することが非常に重要なのだ。ウォルマートが金融紙に対して、「環境を

★ James Collins, *Good to Great: Why Some Companies Make the Leap... and Others Don't* (Harperbusiness, 2001). ジェームス・C・コリンズ著『ビジョナリー・カンパニー2』（山岡洋一訳、日経BP社、二〇〇一年）

大切にする」と発言しているのも同様である。GEの場合、戦略面での大きな変化は、風力発電などのいわゆる環境技術が進歩し、手に入れやすくなったことが背景にある。なお、風力発電は、世界で最も伸びている電力供給源だ。ウォルマートには、社会的なプレッシャーがあった。その規模の巨大さと、供給業者に対し厳しいという評判から来るプレッシャーだ。もしGEとウォルマートが社会的に責任のある製品やプロセスを作り出すことができたなら、両社は数多くの会社のモデルとなることだろう。いまや新旧の産業の行方は、Sフロンティアの規模と成り行きにかかっている。

グリーン・オーダーやインターブランドなどのコンサルタントと協働する中でGEは、社会的なソリューションを提供するという成長市場は、ビジネスとして優れていると判断した。GEは決して、エコマジネーションを自己満足のために始めたのではない。彼らは大きなビジネスチャンスを見ると、それと分かるのだ。現時点において、GEの計画には四つの礎石があると言える。

1 現在から二〇一〇年までの環境的ソリューションへの投資額を倍増し、一五億ドルとする。
2 このプロジェクトからの年間売上を、一〇〇億ドルから二〇〇億ドルへ倍増させる。
3 事業の成長が続く中で、温室効果ガスを一%削減する。
4 二〇一〇年までに、エネルギーの消費量を約三〇%削減する。

現在までのところ、エコマジネーションの一環として、一七の製品が選ばれている。各製品は集中的な監査を受けており、環境製品として本物であるかが調べられている。さらにこれらの製品は、再度認可のプロセスを経る。こうした展開に関して研究者や記者が留意すべきなのは、バランスのとれた視点だ。つまり、この一七の製品が、GEの製品ポートフォリオにおける他の一万七〇〇〇の製品に対してどれだけの重要性を持つか、を考えることだ。

レッスン⑩企業文化が勝者を決める。その逆ではない

前述したように、社会対応型資本主義が上昇基調を保ちつづけると考えるのは危険である。実際、この本で私が書いたことすべてが示しているのは、このグローバル・エクイティ市場における新世紀の革命は、弱まったり、強まったり、また弱まったりするということだ。永続するすべての偉大な革命には、このような潮の満ち干のような状況が起こると私は考える。

上昇しつづけると考えるのは、非論理的でもある。実際、最初に起こるのは下降だろう。それはすべての企業が、Sフロンティアの下向きの流れに引き寄せられる可能性があるからだ。本当のところ、下る方が簡単なのである。企業のグループの前でこの本の内容を話したところ、私が検証したHPやトヨタの事例に関して、どんな小さな点でも突つこうとする傾向が見られた。突つくということは、よく言えば人間のさがである。しかし、私はかなり以前に、リーダーは交代するが企業文化はそこにとどまり、良くなっていくということを学んだ。重要なポイントは、懸命に学ぶことにより企業文化を理解し、製品の社会的な方向性をとらえることだ。崇拝や尊大さ

を身につけるだけではダメである。エンロンを見てみるとよい。

社会対応の資本主義を追求する中で、いくつかの企業は派手に失敗し、いくつかの企業は大きく成功した。そうした事例をもとに私は、以下に示すリーダーのチェック・ポイントを作り上げた。それぞれのポイントは、リーダーの公式な発言や、主要な製品や製品グループの業績に対する発言の信頼性に関連したものだ。これらのポイントを確認することで、リーダーのポーズを見破り、その会社が本当に正しい方向に進みつつあるのかを判断することができる。

1 リーダーは有言実行する人物か。リーダーの発言は、単に広報的なものなのか、あるいはパトリシア・アバディーンが書いたように、市場や製品に埋め込まれた、新たな社会的価値を体現するものなのか。

2 企業内の他の人々――CFO（最高財務責任者）、CIO（最高情報責任者）、製品マネジャーなど――も、社会対応のスキルを身につけ、実践しているか。

3 その企業はどのようにして優れた製品を発売しているか。独立した個々の新製品として発売しているか、あるいは公的なブランドをつけた、製品グループとして発売しているのか。

4 その（製品開発や発売の）タイミングは規制の動向だけによって決められているか、あるいは真に重要な社会の動きや市場のニーズを反映したものか。言い換えれば、帆に受ける風に注意を払っているか。

5 業界内の競合他社に関して、リーダーは正しい動きをし、アップグレードの際に同胞（競合企業）を支えているか。あるいは排他的に動き、競争のハードルを上げているか。われわれの経験によると、この重要な点がまったく異なる成長への道筋につながる。一つは、市場の包括性、もう一つは故意の排他性である。

6　最後に、リーダーは自社の文化を、社会対応型資本主義や製品開発を実践する文化にできるか。われわれの経験によると、トヨタやＨＰなどのように気品と市場の力をもってこれを行えるのは、一〇〇社に一社ほどである。

言いつづけることと抑制すること

私は「社会対応」という表現を長い間使ってきたが、過去一〇年間で少なくとも十数人のＣＥＯが、この表現を使うのはためらわれると言った。何人かは「その領域」に踏み込むのは危険だと言った。社会のニーズを「知っていると思われたくない」と言う人もいた。そのニーズの推定に、強く異議を唱える人が出るからだ。また、「数字に専念していたほうが賢いし、世間からの誤解も受けにくいのではないか。社会との調整は政府に任せればいい」との意見もあった。多くの成功したリーダーがこのように感じるのではないだろうか。

こうした状況は、リンカーンが一八六〇年代に直面したような、大きな課題を作り出す。社会の意図に対して企業が沈黙を決め込むことは、役員室から企業戦略まで、ビジネスのすべてに影響を与え、歪ませてしまう。私は、いまだに大学で学んだこと（次に記す）に立ち返り、「社会対応」

という表現を使いつづける。「ガラスの天井」という表現を作り出した人も、同様に感じているに違いない。われわれはみな、私が意味するところを、日々の取り組みの中で目にしている。だが、そのことを表立っては話せないのである。荷が重過ぎるし、意味合いも多すぎる。社会の役目と社会のニーズは優れた企業の戸棚の中にしまわれたままだ。だが、私の耳には、大学で学んだことがまだ残っている。

三〇年前、コーネル大学の学部生だったころ、私はある文章と出会った。明日の重要なビジネスリーダーを探す中で出会い、触発されたのだ。その文章は、バウハウスの陶芸家[★1]、マルグリット・ウィルデンハインによる『インビジブル・コア』[★2]という本の中に書かれたもので、いまでも私はそれを机のそばに置き、何度も読み返す。出会ってから三〇年近く経ったいまでも、道徳的な責任感をもって語りかけてくる。この文章は、自分自身でいることがどれだけ大切かを思い出させてくれる。また、天気の悪い朝や夜明け前には、なぜそれに固執してしまうのかも思い出させてくれる。

職人の道には、数えきれないほどの誘惑がある。ものごとを悪く行おうとしたり、責任や努力を避けようとしたり、ふざけて人生を見ようとしたりする。そして、そうした誘惑に、十分すぎるほど負けてしまう。成熟した職人にとって、日々仕事に完全に打ち込むということは、道徳であると同時に、最も大きな関心事であり、不断の喜びである。芸術的、倫理的プレッシャーは、仕事中であれ休暇中であれ、嬉しいときであれ悲しいときであれ、職人の人生全体に染み渡っており、その職人の作品に確かな人間性を与える。そうして作品は、技巧の域を脱して芸術となる。クリエイティブな芸術家は、こうした道をたどるのだ。

このような明確さと説得力をもって、文章を書くのは難しい。この文章はやや重々しすぎるとは思う。だが、EQ（心の知能指数）の中心にある、熱意や情熱、コミットメントや自制といったものを際立たせている。私がこの文章を思い浮かべるのは、たとえば、だれかが本当に昇給に値するかどうかを考えるときだ。仕事の成果に関係するのは、その人自身の内なる基準であって、私の基準ではない。

ウィルデンハイムが作った壺を見て、その驚くほどの機能美に見とれたことがある人であれば、彼女がこの文章に書かれたような、仕事に打ち込んだ人生を送ったことが分かるだろう。彼女の作品は機能的で、ひときわ優れており、非常に美しい。彼女の作品は、美しいペンや、よく仕立てられたヒッキー・フリーマン[★3]のスーツのようだ。これらは、優れた製品である。多くの作家や芸術家はこのように感じるだろう。

作品の数を増やすように、との大きなプレッシャーを市場から受けていたにもかかわらず、ウィルデンハインはそれを拒んだ。個々の壺の「インビジブル・コア（見えない核）」をとらえようと

★1　第二次世界大戦以前にドイツに存在した美術・建築学校。また、その流れを汲む人々。
★2　Marguerite Wildenhain, *The Invisible Core: A Potter's Life and Thoughts* (Pacific Book Pub, 1973).
★3　アメリカの高級紳士服のブランド。

努力していたためだ。空間が減り、資源が少なくなっている世界では、この種の品質や感覚を大事にする時が来ているのではないか。特に、自動車やコンピュータ、家電製品や住宅など、われわれが消費する製品の核となるものにおいて。工業デザインの世界では突然、抑制という新たな要素が現れてきている。たとえば、より狭くなった世界に向けた、GEの次世代の鉄道やジェット・エンジンなどだ。

中には、こうしたアプローチは「選ばれた金持ち」のためだけにあって、ウォルマートの影響力のほうが強いし、速いだろうと言う人もいるだろう。

しかし、私は、消費者の満足が支配する現代の世界では、文化的な抑制はとても重要であると考える。もしわれわれが賢い選択ができないのなら、また、どうすれば賢くなれるかを日々考えないのなら、世の中にあふれる見当違いの行動や選択肢に捕らえられ、動けなくなってしまうだろう。私は三〇年ほど前に、このように感じはじめた。このようなタイトな世界で、企業があちこちに手を伸ばしている世界で、次の世代がどう感じるか、想像してみよう。リーダーシップとは、「NO」と言うことを学ぶことでもある。起こりうるムダを回避し、同時にクリエイティブでありつづけることでもある。

こうした抑制なくしては、十分に効果のある世界的な製品改革は成し遂げられないと、われわれは心の奥では知っている。「より多く」ではなく、「より良く」なのだ。さらに、より信頼性のあるエネルギーや、より優れた車やコンピュータ、そしてより良い世界を探求するには、リーダーの幅広い人間的なトレーニングが必要だ。より優れた製品の探求は、美しさと機能性が分かる芸術家がいてこそ可能になる。昔ながらの、大量生産や安定した売上にしか関心のない、攻撃的なリーダーは必要ない。

もちろん、ここで多くの現実的な人々は、「消費者の満足を追求する世界で、抑制をきかせることなどできるのか」と問うことだろう（この複雑な質問に関しては、次章で詳しく解説する）。変化は力のあるビジネスリーダーが起こさなければならない。信頼感のある話し方で、抑制が持つ力について説くのだ。これにより、蔓延する非論理的な消費者中心主義に対して優位に立てるだろう。そして、リーダーがそうするとき、われわれはそのリーダーを信じるのである。

第6章のまとめ

世界のためにあなたが良いことをしていると分かったならば、困難な選択、たとえば「社会のニーズや職人的なこだわりと、利益をあげることの間でバランスをとること」など、もはやトレードオフの問題とはならないはずだ。あなたの人生において、次のような「特別なとき」を思い浮かべてみよう。世界は小さく、市場は大きくなっており、シェアを拡大しようと躍起になる必要はなく、ただ賢くなればよいと誰かが教えてくれたときのことを。このようなとき、本章で述べた一〇のレッスンが確かなものであり、現実のものであると気づく。われわれはパラドックスの向こう側を掘り進み、永続する意味合いを見出す（私は本章で挙げた一〇のポイントについて、読者の意見を聞きたいと思う。Bruce@ahcgroup.com にEメールを送ってほしい）。

最後にもう一点。最近私が気づいたのは、リーダーの中に「より多く」ではなく「十分に」達成する能力を尊ぶ人がいることだ。ビル・マッキベンが著書の『十分』[★1]の中で、このことを説きはじめた。他にも、環境の歴史を論拠として、事業の拡張を制限すべきだと主張する人々に会った。たとえば、ジョン・オーピーやジョセフ・ペチュラ、[★2]およびその後継者などだ。

サウスウエスト航空は、こうした自己抑制的な労働観を持つ企業として、よい事例となる。同社の社員は、高価な航空燃料を節約する方法を探究しながら、自分たちがよい仕事をし、楽しんでいることを分かっているようだ。もちろん、彼らも成長を願っている。だが、彼らの探求はそれに限ったものではない。それはまるで、浪費をやめて倹約し、代わりに「十分だ！　もう十分だ。これまでに稼いだ分を楽しみ、いま手にしているものの喜びを味わうのだ」と言っているようだ。このような人々には、たとえばインテルのようなハイテク企業では、めったに会うことがない。サウスウエストは、同社の成果とステータスから生まれるプライドと心地よさ、および環境効率の探求を、成長し利益を出すこととバランスをとっている。自らの言葉と自らの時間軸を用いて。

こうした成功の感覚は「抑制の知恵」であると、私は信じる。ビジネスのモチベーションについて講演する人々がよく言うような、絶え間ない努力を呼び起こすための、途切れることのないアドレナリンとは、正反対に位置するものだ。第二次世界大戦が最も激しいときの、ウィンストン・チャーチルによる「血と汗と涙」のコメントや、リンカーンのゲティスバーグ演説を思い出してみよう。抑制は、戦争の意思決定から資源の配分まで、過剰の世の中において特別な社会的価値を持つ。

これは、どの時代においても真実である。古代のローマやシシリアの時代から、現代のミラノやマンハッタンの時代まで、より多くの人々が、本書の冒頭で述べた自らの「テコの支点」を探している。選択を通じて、より良い世界に向けての影響力を示せる支点である。

これはパトリシア・アバディーンンが著書の『メガトレンド』の中や、本書に寄せてくれた「まえがき」の中で記したことでもある。境界条件とリーダーシップ・スキルが十分なとき、信頼できる社会的リーダーが生まれる。成長と抑制は、手をたずさえて進まなければならない。

ほとんどわれわれのスローガンとなっている公式がある。すなわち、**良いリーダー＋良い製品＝良い社会**である。だが、すべての人々がこうした探求に参加できるのだろうか。上の公式の一部となれるのだろうか。私はこの問題について多くを考え、それに関連して以下に示す文化的格差についても多くを考える。

われわれのジレンマはこうだ。われわれに良い製品が必要なのは、エリートのためだけでなく、簡単にはそれを手に入れられない人のためでもある。そして、そのような人々も、同様にこの変化の一部であるべきで、彼らの影響力と選択は、他の人々と同様に効果のあるものでなければならない（より良い製品を手に入れられる人とそうでない人の格差は、ウィリアム・ジェームスが『宗教的経験の諸相』[★3]の中

★1　Bill Mckibben, *Enough: Staying Human in an Engineered Age* (Times Books, 2003).

★2　John Opie, Joseph Petulla.　両名とも、アメリカの大学で環境の歴史やマネジメントなどについて教える研究者。ともに環境問題に関する著書がある。

★3　William James, *Variety of Religious Experiences: A Study in Human Nature* (Modern Library, 1902).

で述べた「病んだ心」と「健全な心」についての考察よりも複雑だろう。この大きな格差とパラドックスに関して熟考するには、同書を参考にしてほしい）。

続く三つの章では、製品革命や社会的効率、技術的イノベーションから、すべての人々が恩恵をこうむるにはどうすべきかを読者に問う。消費者中心主義やグローバル化が盛んな現代では、こうした革命はすべての人に及ぶのだろうか。

この包括的な難しい質問に答えるため、アメリカン・ルネサンスの小説家、ナサニエル・ホーソーンの忘れられがちな小説から話を始めたい。マサチューセッツ州セーラム出身のこの才能ある小説家は、『緋文字』や『七破風の館』などの作品で知られる。しかし同様に重要なのは、『地球の大燔祭』★1などの短編小説だ。この三〇ページにも満たない小説でホーソーンは、まさにわれわれが取り組んでいる問題、「より良い世界を作るために、リーダーはどれだけのことができるか」を示している。

この話は大掛かりな焚き火を中心に進む。大地は平坦かつ広大で、この焚き火だけが際立っている。時は真夜中近くで、何が人生において最も大切かについて、人々の思いを煽っていく。★2この小説は、緩やかな社会的つながりを感じさせるものだ。火は人間の注意を集め、すべての登場人物は焚き火の方を向いている。ホーソーンは非常に静かに、読者の興味をそそりながら、一人ひとりの顔を描写していく。会話は速く、ウィットに富んでいる。やがて何人かが、タバコやアルコールを燃料として焚き火に入れる。そのうち、一人の売春婦が火の中に押しやられ、ホーソーンの初期の清教徒的な小説を思い出させる。最後から一ページのこの時点で、暗い影が現れ、火の端を舞う。ホーソーンが示唆するのは、各人の「心そのもの」が「火の中にはいる道筋を見つけるまでは」、この焚き火が社会のすべての悪を解決することはないということだ。

この小説の結末は、われわれに次のことを思い出させる。われわれは、リーダーシップを信じることを学ばなければならない。だが、どんな形であれ、信じすぎてはいけない。また、良い製品を得る権利は誰もが持っているのだと学ぶ必要もある。限られた人ではない。

二〇〇六年一一月、ドイツのフランクフルトにて

★1　Nathaniel Hawthorne, *The Earth's Holocaust.*　ナサニエル・ホーソーン著『地球の大燔祭』。日本語訳は『バベルの図書館　第三巻』（国書刊行会、一九九七年）に収録。

★2　この小説では、人々が不要なものをどんどん火の中に投げ込んでいく。

PART THREE

PEOPLE INC.
THE FUTURE OF CAPITALISM

第3部

ピープルインク
——資本主義の未来

7 ヒューレット・パッカードの世界観

——すべては「あなた」次第だ

ここまでで、「社会対応」とは何かを見てきた。また、選ばれたビジネスリーダーたちがその風をとらえて、行動を変えるのを見てきた。さらに、トヨタという歴史ある企業の改革を通じて、その具体例を学んだ。それでは、「社会対応」という力は、近い将来ビジネスの現場をどう変えるのだろうか。世界中のビジネスの現場にいる人々をどう変えるのだろうか。「利益と従業員」の二者は、どうしたら最もうまく結び付けられるだろうか。これらの問題を考えるため、新たな経済社会のリーダーであるＨＰ（ヒューレット・パッカード）について、詳しく見てみよう。まず、次の発言を見てほしい。

今日の市場が究極的に示すのは、今世紀に勝者となる企業は、利益を増やし高い水準を維持するだけの企業ではなく、同時に社会的な価値も増大させる企業だということだ。株主や

顧客、関係企業や従業員も、事業を通じて社会の変化を推し進める企業をますます評価するようになるだろう。(1)

――元HP会長兼CEO　カーリー・フィオリーナ

企業関係者にプレゼンテーションを行うとき、HPについて触れると聴衆の目が一斉に輝く。まるで、自分たちの親戚についての話を聞いているかのようだ。興味の持ち方が、他の大企業とまったく違うのだ。みなHPに関心をもっており、HPが社会的なニーズに対してどんな革命的なことを行ったか、またどれだけ成功し利益を上げているかも知っている。本章では、HP製品の社会的な意味について検証していく。

先に紹介したカーリー・フィオリーナのコメントから、HPは社会に変化を起こそうとしていることが分かる。彼らの企業や製品についての文章を見ると、そのほとんどが世界を良くすることについて書かれたものだ。その理由の一つは、世界経済にとって良いことは、同社がプリンタやコンピュータ・サービス、オフィス向け各種電子機器を提供するにあたっても良いことだからだ。しかしHPには、単純な私欲を超えた魅力が存在する。おそらくその魅力は、「大企業は社会の価値を利用したり使い果たしたりするのではなく（これまで大企業は、そうすることで有名だった）、社会の価値を増大させるものだ」という考え方の中にある。デイブ・パッカードとビル・ヒューレット

(1)　二〇〇二年一一月二六日、イギリスのマンチェスターで行われた、産業連盟（Confederation of British Industries）でのスピーチ「Good Corporate Governance」より。

という、やや異なるタイプのエンジニア二人は、一九三九年にカリフォルニアのとあるガレージで電子技術の実験を始めた。今日では、世界の約二〇〇カ国のうち、一九一カ国にＨＰのユーザーがいる。同社の製品については読者もご存知だろうが、本当の意味で特別であり近未来への手がかりとなるのは、同社の文化である。

ＨＰは、本書が提示している新たな産業文化を具現化している。今日、人々は友人の写真を撮って、電話やパソコンで数分のうちに世界中の別の友人に送ることができる。われわれの考えや笑顔をすべて、ＨＰはとらえ、保存し、分かち合い、われわれが楽しいときを過ごせるようにと願っている。いまでは当たり前のことになってしまったが、これがどれほど特別なことなのか、一歩下がって考える必要がある。同様に特別なのは、ＨＰがこの技術の提供に情熱を注いでいるだけでなく、世界で幸せを分かち合うことを勧めていることだ。

ＨＰは大胆にも企業のモットーを「Be Yourself（自分らしく）」とした。タイム誌やニューズウィーク誌に掲載された広告には、（非常に高価な）フルカラー四ページのものがある。その広告は、アジア系の丸い顔から始まる。次の二ページは白人の顔と、中央に「YOU」の文字。最後のページには新たな民族集団と、「Be Yourself」の言葉。広告はＨＰについて簡潔に触れて終わる。この広告は多くの言葉を使うことなく、「われわれは地球という一つの大きな家族である」ということを示している。また、世界の文化を理解することを奨励するだけでなく、ＨＰがグローバル企業であることも示している。

ＨＰの人々は会話をテンポ良く進める。彼らの話は有益で、説得力があり、まるで怪傑ゾロのようだ。彼らはあなたが気づかないうちに背中にZの文字を貼り、去っていく。パロアルトにあるハイテク化された敷地の中はアメリカでも特別な場所で、高学歴で高収入なプロフェッショナルたちが、片手にカプチーノを持ち片手にPDAを持って集まっている。彼らは共通のゴールに向かって進んでいる。そのゴールとは、革新的で優れた製品で社会のニーズに応え、利益を生み出すというものだ。

その企業規模と地球上の展開地域を考えると、HPの本社は小さなものだ。この小さくて清潔な建物の中に、新しいCEO（マーク・ハード）、投資家広報の責任者（ブライアン・ハンフリーズ）、そのほか三ダースほどのシニア・バイス・プレジデントや重要なリーダーらがいる。カーリー・フィオリーナは六年間トップにいたあと、二〇〇五年にこのエグゼクティブが集まったオフィスから追い出された。私はHPを訪れるたびに、彼女のことを思い出す。六年の間、フィオリーナはCEOとして猛烈に働いた。その余韻は、シリコンバレーでもスタンフォードでもサンノゼでも感じられる。

HP本社の雰囲気

スタンフォード大学の端から一〇分ほどのところにあるHP本社は、カリフォルニアの不動産の中でも高級な物件だ。ここに近づくといつも創造性や発明の雰囲気が感じられる。HPは消費者の満足の追求に焦点を当てて世界的なマーケティングを展開するが、一方では、クリエイティブで技術的な才能のある人々を常に世界中で探している。彼らは長時間働いて、イノベーションを必死で追い求める。こうしたクリエイティブな人々の前に立ちはだかる課題を、トレイシー・キダーは「逆さまに飛ぶのを覚えること」と表現する。二〇〇六年にトムズ・オブ・メインのCEOが、われわれのアフィリエートとクライアント約八〇人の前で話したときは「逆さまになってマネジメントする」と表現した。何かを最初に発明したり、最初に機能させたりすることの純粋な喜びを表現しているのだろう。

HPの屋敷の中がどうなっているかを想像するには、同社の喜びに満ちた会社の風景を載せた一ページ広告を思い浮かべるとよい。また、言葉を使う代わりにクリックしていたり、文章で述べる代わりに微笑んでいたり考えていたりする人々を思い浮かべるとよい。彼らは通勤する代わりにコンピュータを使っている。彼らは行動的だ。賢い。完全装備だ。すばやい。「売れ、売れ、売れ」ではなく、「買え、買え、買え」だ。もっと動きの遅い、GMやフォードや石油会社などの規律的な会社との違いは、意図されたものであり、明らかでもある。

コノコ・フィリップスの本社を訪問すると、五〇〇〇ポンド（約二・三トン）の黒の花崗岩でできた地球儀にさわることができる。世界の国々が刻まれている地球儀は、ヒューストンにある本社の泉の上を回っている。この機械仕掛けの泉は、ドイツ語でボールを表す「クーゲル」と呼ばれており、地球上でもっとも魅力的な二つのもの——水と石——を結びつけるという意味を持つ。地下から汲み上げた非常に低い水圧（二一・四ポンド／一平方インチ）の上に地球儀は浮いており、地軸を中心にして回転している。この仕掛けでは、何トンもの石を片手と昔ながらの物理学で動かすことができるのだ。これに対してHPは、カリフォルニアの本社で働く人々の写真で社屋を飾る。石油大手企業とは反対に、HPの人々は顔を出したがる。ただし、一回クリックした先に、である。彼らは俊敏だ。すぐに行動を起こす。

HPでは、従業員は創業者について、特にヒューレットについてよく話す。まるで、創業者がまだ現役のスタンフォードの教授であるかのように。そして、勤務時間中に、彼らがコーヒーでも飲みに立ち寄るかのように。一回クリックすれば、である。HPでは、年季の入った一九七〇年代の創業者のオフィスを、手付かずで残している。まるで先進工業国の神社のように、簡素なオフィスは世界中の技術系エグゼクティブに公開されており、そこを訪れた人は机の上に自国のコインを置いていく。二〇〇六年現在、コインの山は高く、エキゾチックだ。何年もの間、山は高くなりつづけている。この本社は、HPの活動範囲とイノベーションと迅速さを驚くほどよく表している。

本章では、社会を変えるというHPのビジョンについて検討する。このビジョンは、二人の創業者が事業を始めた時点から表現されており、フィオリーナらによって強化された。HPは、グローバル企業が社会対応の資本主義を、どのようにして次の段階まで持っていくのかを示す事例である。パロアルトから、この世界すべての高地まで。また、パロアルトから、谷底や低地まで。

経営陣の交代と維持されたビジョン

HPは今世紀にどのように対応していくのか、ポイントはたくさんある。同社の以前の展開からは、個人の可動性やコンピュータ能力を高めたり、ビジネス全般を強化したりする方法が見えてきた。同社が無視したことからは、同社の顧客企業の多くでムダになっていることが見えてきた。HPなしでは、他の三〇〇の大企業が成長を続けていけるのか、人々が不安になるほどだ。HPはこれらの大企業群や、それ以外の人々の未来における自らの位置付けについて、謙虚になったりしない。

年間売上八六〇億ドル（二〇〇三年から一三〇億ドル増加した）のHPは、現在のところ世界最大の消費者向けIT企業だ。また、中小企業向けのIT企業としても世界最大で、企業や官公庁向けのITでも、大手の一角を占める。HPは、同社以外の二九九社の大手多国籍企業について、おそらくGEよりも多くのことを知っている。われわれはここ何年か、HPを「大きな変化のバロメーター」として見ている。そして、世界がエレクトロニクスやITの方向に進んでいくにつれ、同社の力も増していると見ている。

HPは世界がどんどん小さく、フラットになっていることを認識している。その認識をもとに、同社がすべての製品グループや世界中の事業部門において、最大かつ最良の企業になるべきだと、堂々と声高に表明している。他の大手二九九社では、こうした姿勢はほとんど見られない。たとえばトヨタでは表立ってはそのようなことは言わない。同社は十分に第二位になれるだけの

図18　HPの業績（2003～2005年）

出典：Hoovers Online, www.hoovers.com

マーケットを確保している。トヨタは同社の力強い歴史において、初めて時価総額が二〇〇〇億ドルを超え、GMとフォードの時価総額を合わせた額よりも大きくなった。トヨタは、直近の集計で三〇〇億ドルという、あふれるほどのキャッシュを持っている。つまり、トヨタは静かにナンバー一になることができるのだ。それとは対照的にHPは、フィオリーナが辞任して以来、四つの事業部門において世界の巨大企業の一つとして見られるよう、自らを保っている。HPの規模と専門性は同社が誇るアイデンティティであり、はっきりと自ら示している。

株式市場においては、フィオリーナが解任された後、経営陣は四つの主要事業のうち一つかそれ以上を売却するのではないかとの噂があった。経営権を握った後、直ちに企業価値を増大させるためだ。それから約三年が経った。新CEOのハードは、かつてNCRにおいて業績の悪い部門を売却したことで有名になった人で、コスト削減に重きを置くCEOとの評判があった。しかし彼はHPではそのような変化は起こさなかった。HPはその巨大な四つの事業部門を、一〇年以上変わらずに維持している。ここから私が考えるのは、HPの内部では、社会に対するビジョンが非常にしっかりと確立しているに違いないということだ。株式市場や、社外のもっともらしい意見に耳を貸さなかったのだから。HPは事業を協力し合って維持したいと願い、より良い社会に向けてのビジョンの下でまとまっている。

HPは非常に長い間、業界を超えて指標となるような企業だった。ここで、HPの世界的な展開のどこがそれほど特別で意味があることなのか、考えてみよう。トヨタもまた、中国やインドのハイブリッド関連の特許など、最先端の技術に投資している。それでも、同社はただ一つの事業に多くの力を注いでいるだけだ（トヨタは二〇一〇年までに一五%の市場シェアを獲得することを目指し、トップに向けて走っており、そのために一日あたり二二〇〇万ドルもの額を、研究や設備の改善、今後の製品のポジショニングなどに使っている）。これに対してHPは、世界に巨大な四つの影響力を及ぼしている。「イメージング・プリンティング（プリンタ、複合機など）」、「パーソナル・システム（個人用のパソコンなど）」、「ソフトウェア」、「エンタープライズ・ストレージとサーバー」の四つだ。

HPの展開に関しては、もう一つ指摘すべき点がある。少し見ただけでは、見逃しがちなポイントだ。フィオリーナが解任されてから、多くの人がHPを自ら離れたり、退職を勧告されたりした。HPエグゼクティブの巨大なグループは崩壊した。二〇〇五年と二〇〇六年は、エリートたちは待遇面で厳しい妥協を強いられた。おそらくこの二年は、HPの歴史において、最も困難な時期だっただろう。事実、私の会社でガバナンス・イノベーション分野とワークショップのリーダーを務めていたウォルト・ローゼンバーグは、元HPのシニア・エグゼクティブだったが、フィオリーナの辞任後すぐにHPを離れた。彼は、個人情報保護とサプライチェーン、企業の社会的責任に詳しかった。私はコロラド州のエスティーズ・パークに近い彼の牧場に急ぎ、私の会社で働くよう話をした。彼の他に、フィオリーナの辞任後HPを離れた人の中には、「e-inclusion（デジタル・デバイドの解消）」戦略を主導したデブラ・ダンや、ローゼンバーグの後任に就いた後デルに移ったデイブ・リアなどがいる（e-inclusion 戦略については、後ほど説明する）。どの人も他の場所で、それぞれのキャリアにおける頂点を極めている。

リーダーたちには大きな変動があったが、新CEOのハードは、規模や世界展開、絶え間ない発明、即時性に関する創業者のビジョンを揺るがすことはなかった。このビジョンはHPの企業文化の根幹にあり、もうしばらくはこのまま留まりそうだ。HPにはカリフォルニア的なストーリーが数多くある。HPとは規模であり、スタイルであり、ライフスタイルであり、厳しく発明が求められることである。だが同時にHPはグローバル・エクイティ文化についても、多くを語ってくれる。

持たざる人に向けてのビジネス

簡単に言うと、こういう話だ。「あなたの会社の製品を買えるのは、世界の人口のうち一〇%

以下である」。この事実には大きなリスクがあると同時に、計り知れないチャンスもある。つまり、ＨＰが一九〇以上の国々で製品を販売しているとしても、その国の人口の九〇％は他人がＨＰ製品を使っているのを、憧れて眺めているしかない。そこでＨＰはその人々に新しい製品を、新しい方法で提示するのだ。こうした、豊かな人と持たざる人の間のデバイドを越えて製品を提示する大胆な試みを、ＨＰは「e-inclusion 戦略」と呼んでいる。

e-inclusion 戦略は、新世紀に向けての社会とビジネスにおけるビジョンとして、二〇〇〇年頃始まった。その戦略が示すのは、今後のＨＰ製品の潜在的なユーザー四〇億人は、デジタル・デバイドの向こう側の、不便を強いられている側にいるかもしれないということだ。ＨＰは可処分所得が少ない国々や企業に対して、自らを「限られた資金で手に入る最高の物を提供する企業」として位置付けている。ＨＰは、同社の優れた製品があれば、事業の規模感は急速に変化していくだろうと説いている。ＨＰは「貧乏人が金持ちに」の話を作り出そうと、地球上のあちこちでチャンスを探している。これが同社の四つの事業部門の成長を、さらに加速させるだろうと感じながら。ＨＰの製品で小さな事業が大きくなり、フィオリーナの言葉を借りれば、社会の変化を加速させるだろう。ＨＰが「株主、顧客、パートナー、従業員」と、一息で言うことが多くなったのも、ここに理由がある。彼らはこれを大きな社会の変化ととらえており、世界をより良くしながら企業を成長させる方法だと考えている。

今世紀における社会とビジネスの真の変革は、準備が始まったばかりだ。それは地球上の豊かとは言えない四〇億人を巻き込むものだ。その人たちは、ＨＰ製品のようなものに、まだ接したことがない。今世紀の残る九三年が終わったとき、この革命がどのような姿になっているか、誰も想像できない。四〇億の人々はトヨタを持っているだろうか。HPのソフトウェアやハードウェア、オフィスや工場向けの新製品を使っているだろうか。新たなマイクロソフトのような企業が誕生しているだろうか。

私が言いたいのは、むしろ簡単なことで、「HPはこの無血革命を、製品の流通で始めた」ということだ。インテルがCPUを作った。マイクロソフトがソフトウェアとオペレーティング・システムを作った。HPは、「より公平な世界市場」という、新しい世界の姿を示したのだ。HPについて本書で検討していくとき、Sフロンティアを思い浮かべてほしい。そこでは、HPやデルやIBMが可能にした情報伝達の迅速さが、気候と環境の変動や市場の厳しさを打ち負かし、優れた企業がより開かれた社会対応型資本主義を取り入れるのを可能にする。読者が自分自身でSフロンティアの状況をどのように解釈するかによって、成長への準備を始めるか、顔に受ける風を無視するかが決まる。続くHPのケーススタディを読むと、どちらを選ぶかがより明確になるかもしれない。

HPの社会におけるリーダーシップとイノベーションの歴史

HPは長年にわたり、社会対応について考えてきた。一九三九年に設立された同社は、地域奉仕活動のための有給休暇を初めて従業員に与えた企業だ。HPはこれを第二次世界大戦前と大戦中に実施し、その後もずっと継続している。またHPは、製品の主要部分のリサイクルを最初に始めた企業のうちの一社でもある。早くも一九五七年には、グローバル・シチズンシップ（地球市民としての取り組み）における企業目標を明確にした。「われわれは、われわれが事業を行う国と社会において、その経済的、知的、社会的資産となることによって、社会における責任を果たす」

HPはより良い製品とイノベーションについて、すでに二五〜三〇年も説きつづけている。ここに、ごく初期の形の社会対応型資本主義が表れている。

社会に対する目標の達成も、地球上のほぼすべての国で事業を行うようになると、まったく新しい意味を持つようになる。私はこの点について考えるため、国連の公式地図を見てみた。地球上の主権国家約二〇〇のうち、HPは直近で一九一の国にオフィスを持ち、製品を提供している。一五万人の従業員が世界を動き回り（過去三六カ月で一万人の増加である）、さまざまな国に一五万人の株主がいる。顧客は世界中に何億人もいる。こうしたことから、HPはその世界展開の意味について理解するようになった。つまり、同社の社会的、環境的、経済的な影響力は、世界最大の国家を除く、すべての国の政府の影響力より大きいのである。「世界展開（global reach）」は、HPではよく使われる言葉だ。

二〇〇三年も終わりに近いある日、私はヒューストンで非常に驚かされたことをよく覚えている。HPの代表者何人かが、HPの世界の見方を初めて私に説明してくれたときのことだ。数カ月後、私の依頼に応じて、そのうちの一人が同じ内容——世界的な責任を伴う世界展開について——をわが社で四〇人の企業アフィリエートに説明し、大喝采を受けた。それは非常に示唆に富

図19　HPのグローバル・シチズンシップのフレームワーク

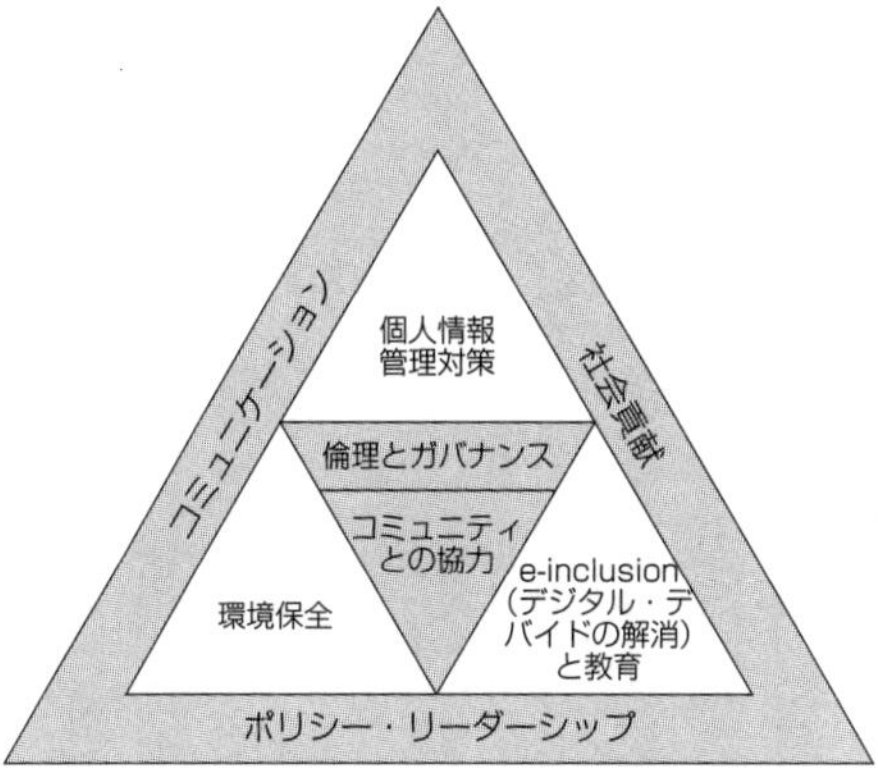

んだ内容であり、同時に、トヨタが一九九九年にハイブリッド技術について手を貸してほしいと頼みに来たときのことを思い出させるものだった。ちょうどＨＰとフィオリーナの力が頂点に達していた頃で、コンパックとも合併したばかりだった。

ＨＰは、大規模な多国籍企業としては初めて、社会に対する新しいビジョンを私に説明してくれた。社内のプレゼンテーションに招かれて分かったのは、ＨＰは、同社ほどの規模の企業は「社会におけるレバレッジを活用する」べきだと考えているということだった（「社会におけるレバレッジを活用する」というフレーズは、そのときは不思議な感じがしたが、今では少し理解が進んだと思う）。同時に彼らは、そのレバレッジを社会の善のために使う責任があるということも認識していた。**図19**はこのミーティングの結果であり、その翌年の同社の「グローバル・シチズンシップ・レポート」に掲載された。

HPにおけるベンチマーキング

HPでは、四つの事業部門と直接・間接の競争関係にある四七の企業を、非常に詳細にベンチマークしている。競合企業が何を必要とし、大口顧客が何を欲しているかに関して、科学的とも言える調査をしている。これはHPの企業戦略と成功における非常に重要な部分だ。こうすることにより、他の企業が何をしているかに関して、状況をよく把握することができる。また、より良く、より社会的な責任を果たしうる方法で、動き出すことができる。

コミュニケーションと社会貢献とポリシー・リーダーシップが、グローバル・シチズンシップを構成する。この大きな世界の中に、e-inclusionと教育だけでなく、環境保全と個人情報の管理が含まれる。個人情報の管理はHPや競合企業にとって、大きな社会的、戦略的テーマとなっている。たとえば、電源を抜かれ、廃棄されたコンピュータには、企業秘密や優れたアイディアなどが残されていることがある。二一世紀を迎えたHPにとって、社会の大きな三角形に囲まれた四つの三角形は、明らかに大きな意味を持っていた。

何年か早送りしてみよう。私の娘が四歳から一〇歳になる間に、HPの売上は二〇〇億ドル以上増えていた。二〇〇六年の七月には、HPは同社のウェブサイトにバナーを設け、まるで電報のような緊急性を感じさせるアナウンスをした。「一九八四年以来の累計で、HPのレーザージェット・プリンタの出荷台数が一億台に！」。これには大きな意味がある。

今回も私のポイントは簡単なことなので、少し考えてみてほしい。

ＨＰは、レーザー・プリンタの市場シェアでは、世界第一位だ。しかし、フォーチュン誌やフォーブス誌、ワイアード誌、ファースト・カンパニー誌などで、このシェアについて書かれてはいても、ほとんど触れられない点がある。それは歴史上初めてと言える、展開範囲の広さである。世界には何億台もの車があるが、それらの車は一社が二〇年間で売ったのではない。ＨＰが成し遂げたのは革命である。ちょっとした変化などではない。ＨＰが「社会に変化を起こしたい」と言うとき、同社はこうしたことを意味しているのだ。

発展途上国を、安価な労働力と天然資源の供給地としてしか見ない業界もあるが、ＨＰはその創業以来、事業を行う地域には、社会的な価値を返してきた。その点は、ほかのグローバル企業が、新たに参入した国で創造した雇用者数を誇ったり、各地で学校やプログラムを新設する資金を出したりするのに似ている。しかし、ＨＰほど、その地域の将来のために自社の製品を売り込もうとする企業はないだろう。ＨＰは、その地域が世界の他の国々に追いつくために必要な技術を提供することで、社会的な価値をもたらそうとしているのだ。

たとえば、電気通信機器を用いることで長距離間のコミュニケーションが可能になったら、どのくらいの価値が生まれるだろうか。ワシントンポスト紙は二〇〇六年に、アジアやアフリカでＩＴ機器が生活をどのように変えているか、記事を何本か掲載した。ある記事はコンゴの少年についてのものだった。彼は決められた仕事が終わったあと母親の元を訪れるのに、三日間命を危険にさらさなければならなかった。いまでは彼はＨＰの携帯電話を使って、毎日母親と話ができる。

もちろん、発展途上国の人々がＩＴ機器に詳しくなればなるほど、今日のグローバル市場での成功の確率は高くなる。世界をフラットにするというよりも、非常に個人的なレベルで世界をより良く、より豊かにするのである。

ＨＰのすべての製品ラインは、エネルギーの節減や手に入れやすさ、個人情報の保護などの社会的な懸念点を反映したものになりつつある。私の経験から言うと、ＩＢＭやデルはこうした課題を、ＨＰのように「ウィンーウィン（双方に有利な）」ではなく、トレードオフだと見ているようだ。ＨＰの世界展開、製品群、社会における目的に関する最新情報については、以下のＨＰのウェブページを参照してほしい。このウェブページは、社会対応のサイトとしては、最もよくできたものの一つだ。

http://www.hp.com/hpinfo/globalcitizenship/gcreport/intro/globalcitizen.html

ＨＰの競争上の課題

ＨＰでも、すべてがバラ色というわけではない。グローバル・シチズンシップにより、競争から開放されるわけでもない。ＨＰの事業上の目標――世界におけるＩＴのリーディング・カンパニーになること――は、社会的な挑戦以外の部分でも十分に野心的だ。ＨＰはＩＴ業界の中でも、最も広い領域で事業を行っている。インクと紙から、パソコン、携帯機器、プリンタ、サーバー、ソフトウェア、サービスまで、さまざまなものを扱っている。ＨＰの競合企業を見てみると、低価格のパソコンメーカーであるデルやゲートウェイ、高価格のサーバー・ブランドであるIBMやサン、カメラメーカーのポラロイドやニコンやオリンパス、イメージングのゼロックスやフィリップスなどがいる。また最近IT業界に進出してきた企業としては、携帯用機器のソニー、デジタル・パブリッシングのハイデルベルグなどがある。これだけを見ても、HPの戦略担当者がどんな頭痛を抱えているか、分かることだろう。

プリンタ事業においてさえも、キヤノンやレックスマークとの競争は厳しさを増している（フィオリーナの時代に、HPはこの核となる事業でシェアを落としている）。このようにHPは、多数の企業との競争の中に身をおいている。しかも彼らは、価格・品質・技術・社会のイノベーションのうち、どれか一つで差別化を図ろうとはしない。この四つすべてを最適化することで、他社と差別化しようとしているのである。この章の残りの部分は、HPの意思決定プロセスを可能な限り内側から紹介しようと思うが、そうする理由もここにある。**図20**は、こうした差別化の結果、現時点でHPがどのような状況にあるかを示したものだ。

二〇〇六年の終わり頃、HPはフォーチュン五〇〇で一一位にランクされた。大手石油会社やGE、ウォルマートといった企業にあと一歩、というところまできた。さまざまな競合企業が存在することや、価格・技術品質・社会対応のすべてで競争するということを考えると、これは非常にすばらしい成果だ。またHPは、ゼロックスやレックスマーク、デルなどの企業の先を行くことで、それらの企業をビジネスの新たな行動規範へと導いている。具体的には、サプライチェーン、品質保証、個人情報保護、また難しい領域であるセキュリティなどの問題で、他社をリードしている。
だが、他の競合企業もＨＰにおける社会的リーダーシップなどのテーマを検討しはじめている。つまるところ、コンピュータがコモディティになりつつあるといった噂を、信じてはいけないということだ。コンピュータ事業とは、セキュリティや社会におけるポジショニング、ブランド、顧客のロイヤリティなどに取り組むことである。**図20**から、コンピュータ事業は文化であり、社会的なビジョンであり、規模だけではないことも見えてくる。

ＨＰは四つの事業部門の多くのセグメントで、トップの位置を保ちつづけている。

二〇〇六年の時点で、ＨＰが一位を占めているものとしては、以下のようなものがある。(2)

●インクジェット・プリンタ、オールイン

図 20　2005 年の HP と競合企業の売上高および従業員数

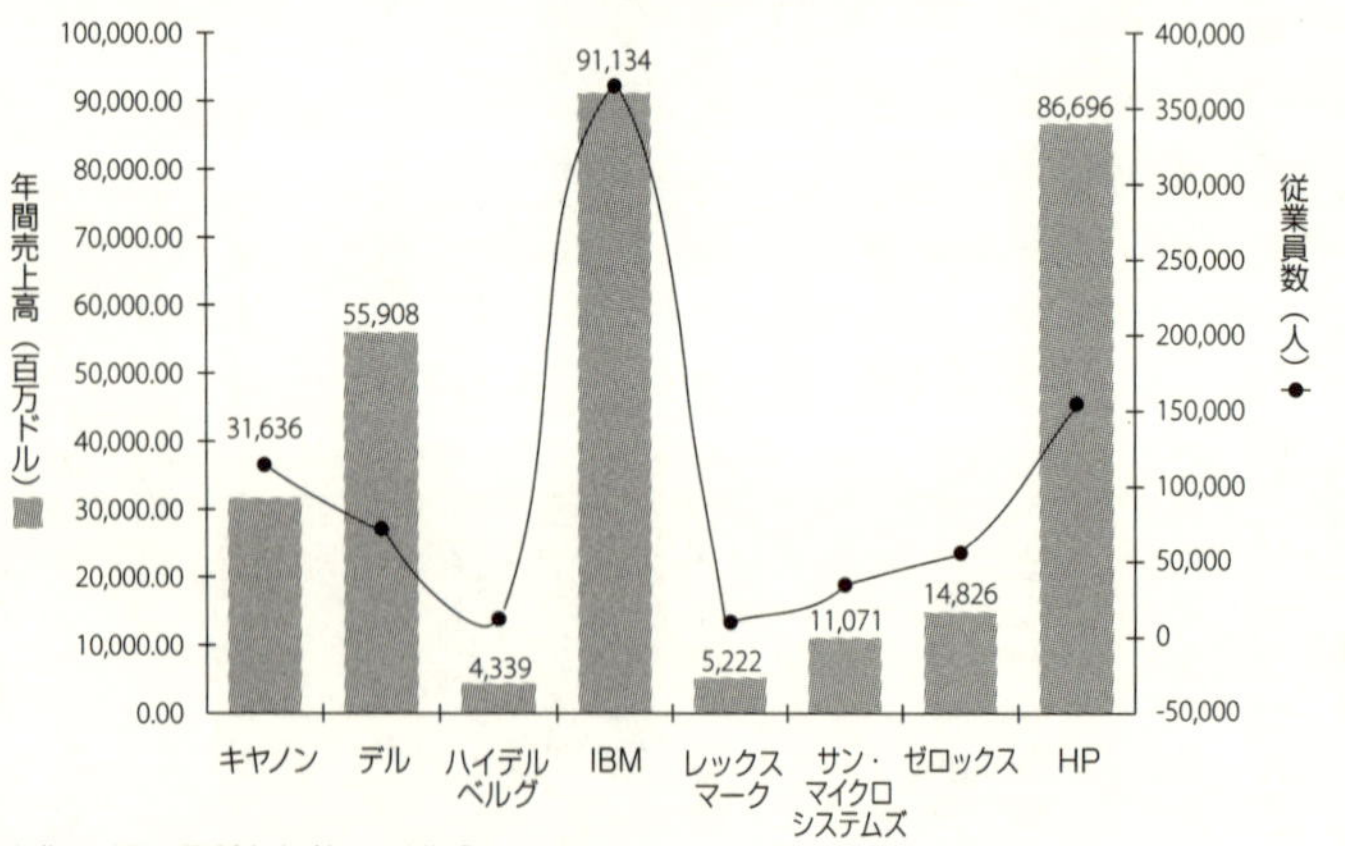

出典：以下の資料を参考にして作成。
Hoovers Online、Wall Street stock reports、各社ウェブページ

ワン・プリンタ、単機能プリンタ、単色とカラーのレーザー・プリンタ、大判プリンタ、スキャナー、プリント・サーバー、インクおよびレーザーの備品。以上の製品において、すべて世界で第一位。

- x86、ウィンドウズ、リナックス、UNIXのサーバーにおいて、世界で第一位。
- ディスクとストレージのシステムで第一位。
- プロライアント・サーバーの、サーバー・ブランド・ロイヤリティで第一位。
- イノベイティブ・ストラテジック・バリュー・アドバイザーによる、「無形価値分析レポート（intangible value analysis report）」において、コンピュータおよび周辺機器の業界で第一位。同レポートは、ガバナンス、人材、新興市場問題などについて分析したもの。イノベイティブ・ストラテジック・バリュー・アドバイザーは、SRI（社会的責任投資）分野では、有力な独立調査会社である。HPは環境レポート（environmental report）では五位に入った。
- エコノミスト誌による「社会へのインパクト調査（Social Impact Rating）」で、アメリカの環境部門で第一位。

上記の数々の第一位に加えて、HPは以下の業績も達成したとしている。(3)

（2）HP Fast Facts, Newsroom, http://www.hp.com/hpinfo/newsroom/facts.html
（3）HP Fast Facts, Newsroom, http://www.hp.com/hpinfo/newsroom/facts.html

● ノートパソコン、ポケット・パソコン、ワークステーション、ブレード・サーバーで第二位。
● 二〇〇五年一一月、JDパワーにより「消費者に対する優れた顧客サービス」で表彰される。
● FTSEの「4グッド・インデックス・リスト」で、アメリカ、世界、イギリス、ヨーロッパのすべてのリストに掲載される。このリストは、企業の社会的責任に関して、世界的に認められた基準を満たしているかどうかによりランク付けが行われるもの。
● コア・レーティングにより、投資リスクのマネジメントにおいて、A+の評価を受ける。おもに、原材料、環境、社会、雇用、倫理から生じるリスクを評価したもの。
● 「世界の最大手一〇〇社が、社会と環境に対するインパクトをどれだけうまく説明しているか」を評価した「アカウンタビリティ・レーティング」で第八位となる。同レーティングは、アカウントアビリティ・アンド・csrネットワーク（AccountAbility and csr network）が開発したもので、この内容としては初めての世界的インデックス。HPはアメリカ企業として唯一、トップ一〇に入った。

こうした独占状態にはどれだけのリスクが含まれているか、よく考えてほしい。また、以下のような製品を含む、製品群の幅広さについても考えてもらいたい。

● ノートパソコン
● ポケット・パソコン

●PDA
●インクジェット・プリンタ
●レーザー・プリンタ
●スキャナー
●プリント・サーバー

HPが毎年三六億ドル近くをも投資し、世界の特許ポートフォリオを毎年拡大しつづけているのも不思議はない。二〇〇五年には、一日平均で一三件の新しい特許が加わり、保有している特許の数は三万を超えた。

おそらく今世紀は、こうした製品が非常に幅広く行き渡り、スターバックスや地域の教会よりも、われわれの社会的な空間を定めるのだろう。これらの空間のすべてを一度に変革するのは、とてつもなく難しいことに違いない。特に、四七社の直接の競合企業が、四つの事業分野と製品領域で同社にぴったりと張り付いている中では困難なはずだ。だが一方で、こうした製品の世界展開からは、多くのメリットを確保できる。事業展開の幅広さにより、多様でバランスのとれたポートフォリオができ、一つの製品ラインだけの場合に直面してしまうようなリスクをヘッジできる。たとえば、サービス事業とイメージング・プリンティング事業から安定した利益が得られたから、一〇年にわたるパソコンの価格戦争を生き延びて来られた。また、いまだに利益の出ないソフトウェア事業に投資を続けられた。

HPにとってのビジネス上の重要な課題は、これだけ多様な競争の激しい市場で売上と市場シェアを拡大させながら、社会的なリーダーシップを維持していくことだ。HPの戦略の一つめの要素は、技術的な先進性を維持することだ。投資家は、市場価値を左右するものとして企業のイノベーションに注目するが、イノベーションは研究開発費や特許の数で評価される。その点で、HPは世界の投資家からポイントを稼げる。ゴールドマン・サックスにいる私の友人が指摘するように、「HPという母鳥は、いつも新しいエサを探している」

HPの戦略における二つめの要素は、技術的な先端性をどこに求めるかを慎重に選び、同社独自の貢献ができるものにだけ、研究開発費を投資することだ。この行動には大変な規律が求められる。HPほどの企業規模になると、それを維持するのは簡単ではないはずだ。デルやゲートウェイのように価格と利便性で競おうとする企業が多数存在する中で、HPは研究開発の結果、製品やサービスに社会的な価値が加わるような分野に研究開発を集中させる。それにより、市場でプレミアム価格をつけることができる。

HPは企業価値増大という路線を進んでいるようだ。現時点では、同社のR&Dは四つの戦略的成長分野にフォーカスされている。マネジメント・ソフトウェア、リッチ・デジタル・メディア、携帯機器・端末、セキュリティの四分野だ(4)。このうちセキュリティでは、HPはエンタープライズ・ストレージとサーバーの代表的メーカーとなった。この製品・サービス分野は、いまでは同社の年間売上の一九%を占めている(二〇〇五年の売上高八六七億ドルのうち、一六七億ドル)。情報化時代の到来により、世界では情報、マルチメディア、デジタルのストレージがどんどん重要になり、数も増えている。もちろん、こうしたストレージのすべてが同様に作られているのではなく、企業のリスク・マネジャーやＣＩＯ（最高情報責任者）は、何をおいてもセキュリティを重視する。ＨＰは、顧客の情報やデータのマネジメントに関するニーズに対応することで成長してきたが、同時に「デジタル・バンク」として顧客のデータを保存し、必要なセキュリティを提供する場所にもなっている。世界最大手三〇〇社のほとんどが、ＨＰのデジタル・バンクの使い方を知っている。彼らはＨＰの顧客なのだ。

要約すると、ＨＰはＩＴ分野のさまざまな成長市場で製品やサービスを提供しているが、それでもその市場には世界の人口の一〇％だけしか含まれていないということだ。この根本的な事実は、ＨＰの経営陣が交代しても変化していない。さらに、有能な競合企業が多数存在することで、同社の成長力は制限されてしまう。コストで競う企業もあるし、品質や先端技術で競う企業もある。そのため、ＨＰが実施している競合四七社のベンチマーキングが、戦略や計画の立案に非常に重要な材料となってくる。すべての競合企業が、日々ＨＰの市場シェアに挑んでくる。市場では製品ライフサイクルは非常に短くなることもあるし、イノベーションが一晩で市場機会を作り出したり、壊したりする。いつＨＰが価格戦争をしかけ、その品質で競合企業を葬り去るのか、あるいは社会への対応を通じてヘッジするのか、予測するのは非常に難しい。そうして人々に予測させつづけることが、投資家へのアピールにもなっていると、私は考えている。

（４）HP Global Citizenship Report, http://www.hp.com/hpinfo/globalcitizenship/gcreport/globalcitizen.html

HPは保守的な経営学者に、過小評価されがちなグローバル化について教えてきた。さらに指摘しておくべきなのは、社会対応戦略は並外れて強力な女性CEOの気まぐれなどではなかった、ということだ。そうではなくて、グローバル・シチズンシップの位置付けと同社の製品グループ構成は、未来志向の同社の人々が形作ったと思われる。彼らは、社会のために取り組むことを必然的な目的として考えている。社会対応が企業文化の中に深く浸透しているのでなければ、経営陣が大きく変わったあとで、生き延びては来られなかっただろう。

社会対応がHPのポジションを守る

HPのグローバル・シチズンシップには、次の三つの柱がある。

- 環境とエネルギーに対して製品が及ぼす影響を減らす。
- 世界のサプライチェーンで、流通と安全の基準を高める。
- 社会を良くするため、情報技術へのアクセスを高める。

こうした大胆な三つのゴールをもつHPは、動きの速い世界市場で事業を展開する、まさに新世紀の企業である。例として、もう一度HPの「YOU」キャンペーンを見てみよう。このキャンペーンは、平均的なアメリカ国民がITを使って、自分が誰でどういう人間なのかを表現し、それを家族や友人や同僚と共有するよう促すものだった。この試みは、ＨＰの使いやすい技術があるからこそ可能になるものだ。したがって、これは一見、単純であからさまなマーケティング・キャンペーンのように見える。しかし、成長するＨＰの世界市場――デジタル写真や音楽への需要、絵や音楽や文章を利用すること――がどれだけ大きいか考慮すると、この「ＹＯＵ」キャンペーンがもっと深くの人間的、感情的な面に作用することが分かるだろう。同じ技術は別の企業も持っているが、「あなた」自身に直接マーケティングしているのはＨＰだけだ。

アップルコンピュータは、ｉＰＯＤの発売により、この成長市場に加わった。かつては一部のアナリストに「衰退しつつある会社」と見られていた同社だが、二一世紀のはじめの数年間、ｉＰＯＤにより大きな利益と株価の上昇がもたらされた。彼らは本当の意味での新製品を発売したわけではなかった。アップルは、既存の技術が新たに覚醒しつつある消費者にどう使われるのか定義しなおし、彼らが単にほしがっているものだけではなく、彼らが必要としているものを与えたのだ。

ＨＰのリーダーたちが信じているのは、彼らがコミュニケーションの障壁をなくし、技術を進歩させ、社会を発展させることで、世界を良くしているということだ。ＨＰでは、リーダーがこのような大きな思いを牽引している。この点についてフィオリーナがどう表現したか、二〇〇三年終わり頃の彼女の発言を見てみよう。

私たちはこれまでに、車輪の発明からシルクロード、自動車や航空機そしてインターネットに至るまで、数々の偉大な進歩を成し遂げてきた。ここからも分かるように、各自が自分の責任を果たせば、技術により、すべての人々が共に前進することができる。私たちはいま、こうした歴史の転換点にあると考える。……社会や経済の進歩をもたらす、この業界の莫大な可能性。それは先の一〇年では、率直に言うと誇張に過ぎなかった。しかし、現在では誇張ではなくなり、手の届くところまで来ている。技術的な障害や言い訳は消えてなくなった。現在のこの業界の真の課題は、技術的なものではない。リーダーシップの問題だ。この業界や経済が共に前進していけるように、私たちは各自の責任を果たしているだろうか。一〇年後、私たちは次のどちらかの道をたどっていると思う。エンパワーメントとチャンスについて、輝かしいエピソードを語ることができるか、あるいは失ってしまったチャンスを悔やみ、何が起こりえたかを話し合うかである。エピソードの中身を決めるのは、究極的には次の二者だと私は考える。政府による的を絞った投資と、民間による集中的なイノベーションである。両者が実現しなければ、私たちは「何が起こりえたか」を話し合う羽目になる。両者が実現すれば、私たちは私たちの可能性を引き出せるはずだ。

――二〇〇三年一〇月二三日、ジェノバで行われた、カーリー・フィオリーナによる基調講演。社会対応型資本主義とその展開についての彼女の発言としては、最高かつ最後に行われたものの一つ。

フィオリーナは、エンパワーメントやパートナーシップ、イノベーションについてよく話した。それぞれに説得力のあるこの三つのコンセプトには、非常に大きな社会的要素が組み込まれている。これらの社会的な要素は創業当初からＨＰの一部であり、今日でもＨＰの成功における防御壁として存在している。ＩＴ業界のトップを目指すレースで、ＨＰは先頭を走っている。

ここから、ＨＰにとって四つの事業部門でトップになることがどれほど重要か、という点に話は戻ってくる。**図21**、**図22**で、各カテゴリーにおけるＨＰとデルの規模と展開を比較している。ＨＰのようなナンバーワンにこだわる企業にとって、デルがＰＣでトップになっていることは、非常に受け入れがたいことに違いない。

図 21　世界のサーバー市場シェア
（ベンダー別推計、2006 年第 1 四半期）

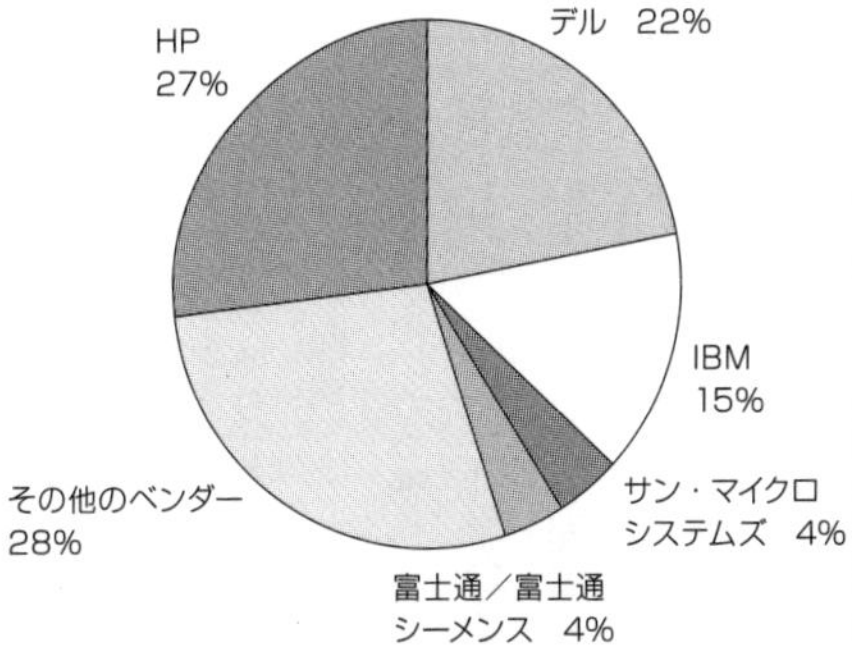

出典：Gartner Dataquest (May 2006),
http://gartner.com/press_releases/asset_152705_11.htm

図 22　世界のパソコン市場シェア
（ベンダー別推計、2006 年第 2 四半期）

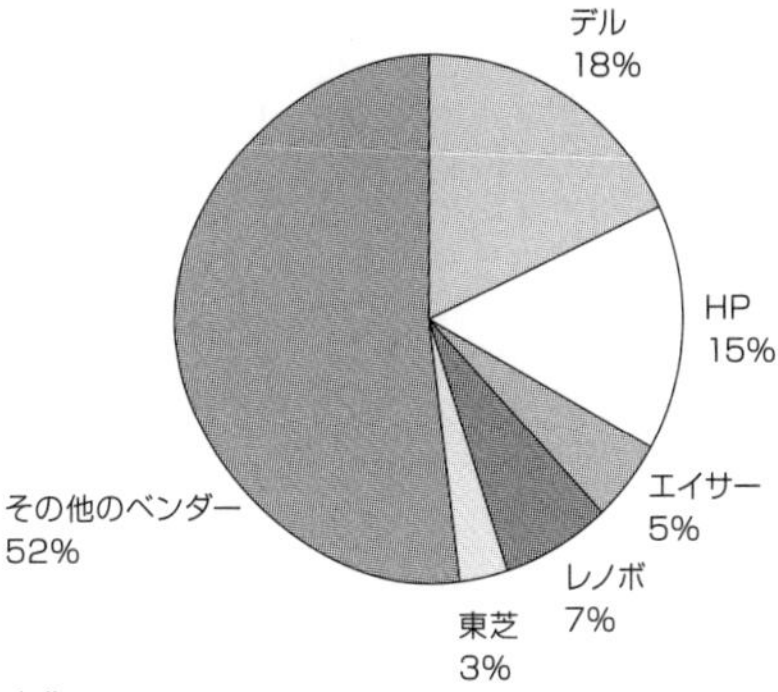

出典：Gartner Dataquest (July 2006),
http://gartner.com/it/page.jsp?id=494199

何でもできる

ＨＰの広告キャンペーン「何でもできる（Anything Is Possible）」には、すでに飽き飽きしている人もいるだろう。テレビや新聞や雑誌で、毎日のように目にしている。彼らはまるでスーパーボールでのビールの宣伝のように、この広告テーマを浴びせかけていると、私も実は感じている。それにもかかわらず、再度このフレーズを聞いたら違う感じを受けそうだ。

ＨＰのキャンペーンは「何かが可能かどうか」尋ねるのではなく、その代わりに「何でも可能である」という概念を染み込ませている。心理学の研究も、この違いによる効果を示しているはずだ。「自分の力以上のことを成し遂げられる」というイメージは、マーケティングの強力なメッセージとなる。大企業でも小企業でも、民間でも公的機関でも、それは変わらない。宗教や政府が人を集めようとするときも、そのキャンペーンはこうした主張から成り立っている。

デルに許している三％の市場シェアの差――大部分が低価格によって勝ち取られたもの――が、ＨＰの核にある社会対応という防御壁を打ち砕くことができるかは、時が経たないと分からない。この先を読むと、ＨＰがどのようにしてこの価格戦争において、社会的な価値を防御壁として使ったかが十分に理解できるはずだ。表面的な価格競争以上の多くのことが、こうした戦いには存在しているものだ。

「ボトム・オブ・ザ・ピラミッド（BOP）」に見出す事業機会

C・K・プラハラードとスチュアート・ハートによる著書に感化され、HPの元CEOであるフィオリーナは、競争を度外視するという普通ではあり得ない行動をとった。多国籍企業に、世界の富のピラミッドの底辺でチャンスを探すよう呼びかけたのだ。プラハラードとハートは、アメリカドル換算で年間二〇〇〇ドル以下の購買力しかない人々、約四〇億人の中から、新たな市場が誕生してきていることを指摘した。このグループは「ボトム・オブ・ザ・ピラミッド（ピラミッドの底辺、BOP）」と呼ばれ、今日の世界経済からは除外されている。最低限の生活しかできない人が四〇億人、あるいはコンピュータを買うほどのお金はない人が五〇億人以上——これは世界の人口の大きな部分を占める。そして、HPのような企業にとっては、巨大な未開拓の市場ともなる。ただし、そのニーズを満たす方法を発見すれば、であるが。

プラハラードによる『ネクスト・マーケット』★が描いているのは新たな開発の仕方で、多国籍企業が世界の貧しい人々にまったく新しい方法でアプローチするというものだ。植民地主義の時代が終わって数十年の間、慈善団体や発展途上国の政府は、貧困を分配の問題としてとらえる傾向があった。海外援助や政府のプログラムが取り組んだのは、巨大なインフラ・プロジェクトや、教育や健康に関する公的支出、社会福祉のプログラムなどで、富を再分配することを目的とした

★ C. K. Prahalad, *The Fortune at the Bottom of the Pyramid: Eradicating Poverty Through Profits* (Wharton School Publishing, 2005). C・K・プラハラード著『ネクスト・マーケット』（スカイライト コンサルティング訳、英治出版、二〇〇五年）

ものだった。富はもたらされたものの、民間企業はそこでほとんどが開発から離れていった。貧しい人々の完全な敵、とまでは見なされなかったにせよ。

こうした考え方は、いまでは変わってきている。HPのような企業の中での変革が、その要因の一つだ。援助機関や途上国政府も、民間企業の巻き込みが貧困の削減には欠かせないと考えるようになった。それに加えてプラハラードは、貧しい人々から大きな事業機会が生まれることを示した。

プラハラードは、発展途上国九カ国（中国、インド、ブラジル、メキシコ、ロシア、インドネシア、トルコ、南アフリカ、タイ）の経済活動を合計し、その規模に注目した。これらの国々は、発展途上地域の人口の七〇％を占め、同地域のGDPの九〇％を占める。その九カ国合計のGDPは日本のGDPよりも大きく、ドイツ、フランス、イギリス、イタリアのGDPよりも大きい。この「富」も個人の購買力に換算しなおすと非常に小さくなってしまうが、「貧困のペナルティ」を打破できる企業であれば、どんな企業にも事業機会はある。なお、貧困のペナルティとは、貧しい人々が一般的な商品を買う場合に払わなければならない、上乗せ価格のことだ。上乗せ価格の幅は広く、たとえばインドのムンバイでは、米には二〇％、銀行のローンには五三〇〇％が上乗せされる。

手頃な価格に加えて、貧しい人々の市場を開拓するには、流通やマーケティングの面でも異なったアプローチが必要だ。貧しい人々はまとまった量を買う余裕がない。したがって、たとえばインドでは、歯磨きやコーヒーといったものまで、一回分ずつ分けられた商品の売上が爆発的に伸びている。同時に、貧しい人々もそれ以外の人々と同様にブランドを意識している。最貧国にまでテレビや他のメディアが浸透している影響で、貧しい人々も、品質とステータスのあるブランド品を手に入れようとする。

こうした貧しい人々の市場行動を、ハイエンド（高級な）製品を中心に製造している多国籍企業はどう解釈すればよいだろうか。ＨＰが数年前に認識したのは、同社は一回分のプリンタや使い捨てのＰＤＡなどは売り出せないということだ。しかし、「つながること」と技術へのアクセスであれば、「一回分を貸し出す」ことはできる。プラハラードは記す。「バングラデシュでは女性起業家が携帯電話を所有し、村人に分単位でその電話を貸しており、それが活況なビジネスとなっている。バングラデシュの貧しい人々は、その収入の七％ほどを電話代に使っていると推定される。[(6)★]」プラハラードによると、貧しい人々の消費余力を開発するのに欠かせない要素は三つあり、それは「三つのＡ」で表されるという。手ごろな価格（affordability）、アクセス（access）、手に入りやすいこと（availability）の三点だ。ＨＰもこれらの要素を、インドと南アフリカで展開している **e-inclusion** 活動に組み入れている。

二〇〇四年に東南アジアで発生した津波のような近年の自然災害は、ＩＴの重要性を浮き彫りにした。ＩＴは医療情報の提供や、災害の最中に人々に情報を提供するなどの役目を果たすのだ。

（6） C. K. Prahalad, *The Fortune at the Bottom of the Pyramid: Eradicating Poverty Through Profits* (Wharton School Publishing, 2005). Ｃ・Ｋ・プラハラード著『ネクスト・マーケット』（スカイライト コンサルティング訳、英治出版、二〇〇五年）

★ バングラデシュの携帯電話ビジネスの状況は、ニコラス・Ｐ・サリバン著『グラミンフォンという奇跡』（東方雅美・渡部典子訳、英治出版、二〇〇七年）に詳しく書かれている。

ＨＰの特定の製品ラインは、他社の製品よりもこうした社会的ニーズにより深く対応できる。なぜなら同社では、離れた地域との接続を可能にすることに、非常にフォーカスしているからだ（もちろん、これらの製品はアメリカの貧しい人々の役にも立つ。二〇〇五年のハリケーン、カトリーナ上陸の際にもそれが証明された）。ＨＰのグローバルな製品戦略は、伝統的なフィランソロピーとは大きく異なる言葉を使って策定されてきた。慈善団体や救援センターにお金を寄付するのではなく、同社のアプローチは次のように特徴付けられる。すなわち、貧しい人々に資源を与え、その人が自分の耕地を改善するのを手助けする。あるいは、技術的な能力を高めるための道具を提供し、その使い方をトレーニングする。

世界の貧しい人々のニーズをとらえるビジネスは、世界を代表するテクノロジー企業が取り組む仕事としては考えにくい。新任ＣＥＯのハードが真っ先に、彼の有名なコスト削減の対象とするのではないか、と考える人もいるだろう。しかし、なんら変わってはいない。すなわち、いまだにＨＰの製品は最も豊かな人々以外の手には入らないが、ハードは会社一丸となって、その状況を変えようとしているのだ。ＨＰの戦略は、同社の三つの関心事を表した三角形で見ると分かりやすい。三つの関心事とは、新たな顧客を創造するための戦略的投資、多数の競合企業の中で市場の落ち込みを防ぐためのヘッジ、社会に価値をもたらすための方法である。

「ピラミッドの底辺」に取り組むために、ＨＰは以下の戦略も、発展途上国で展開しはじめた。(7) これらの戦略が、マーケティングや e-inclusion などよりも深いところにあるＨＰの文化に組み込まれることを思い浮かべてみよう。

●零細企業促進プログラム（MAP：Microenterprise Acceleration Program）

二〇〇五年、HPは零細企業促進プログラム（MAP）を開始した。MAPの目的は、零細企業（従業員が一〇人以下の企業）に情報通信技術へのアクセスを提供することだ。HPは「MAPセンター」を、以下の国々――エジプト、フィンランド、フランス、ドイツ、アイルランド、イスラエル、イタリア、マルタ共和国、ナイジェリア、ポルトガル、ロシア、アメリカ――に設立した。同センターは非政府組織や地元の公共団体によって運営され、HPの設備とトレーニングを通じて地域の零細企業のニーズが満たされるよう、努力が進められている。

●デジタル・コミュニティ・センター（DCC：Digital Community Centers）

デジタル・コミュニティ・センター（DCC）は、公共サービスが十分に行き届かない地域に、情報技術のインフラを提供するプログラムだ。DCCはそうした地域で情報技術へのアクセスを提供し、同時に仕事や学習で役に立つよう、必要なトレーニングとサポートを与える。このプログラムは、以下の一一の国で展開されている。フランス、ガーナ、ハンガリー、

（7）HP 2006 Global Citizenship Report, E-inclusion,
http://www.hp.com/hpinfo/globalcitizenship/gcreport/socialinvest/einclusion.html
要約版の日本語訳が、以下に掲載されている。
http://h50146.www5.hp.com/info/company/globalcitizenship/pdfs/hp_gcr06_j24.pdf

アイルランド、ヨルダン、ポルトガル、ロシア、セネガル、南アフリカ、イギリス、ウクライナ。

●マイクロファイナンス

マイクロファイナンスは、貧しい人々に、小口のローンやその他のファイナンスを提供するプログラムだ。HPはドイツ銀行とともにマイクロファイナンスのプログラムに取り組んできた。ウガンダや他の国々では、個人ベースで対応してきた。

●iコミュニティ

HPは、コンピュータやインターネットへのアクセスを提供し、個人の目標達成に必要な技術的トレーニングを提供するプログラムを設けている。たとえば二〇〇二年には、南アフリカでiコミュニティ・プログラムを開始した。このプログラムでは、自治体のオフィスや病院、高校などに二三の「コミュニティ・アクセス・ポイント」が設けられた。開始以来、四〇〇〇人の住人がパソコンのトレーニングを受け、女性を含む六〇人がビジネス開発のトレーニングを受けた。HPはこのプログラムを、インドとテキサス州ヒューストンのコミュニティにも移植している。

ＢＯＰ事業から生じるリスクをどのように管理するか

しかし、世界の貧しい人が富を築くということには、別の側面もある。エール大学法学大学院の教授であるエミー・チュアは、著書の『ワールド・オン・ファイア』の中でこう述べる。「民主的政府機関と自由市場の資本主義――まさに、開発とグローバル化が目指すゴールである――を輸出することが、世界中で民族的な憎悪やテロリズムや暴力行為に火をつけている。自由市場の民主主義はたしかに富を作り出すが、富の分配は恐ろしいほど不平等で、それゆえに社会が不安定になる(8)」

発展途上地域のほとんどの国で、市場を支配する少数派、たとえばインドネシアやフィリピンでの中国人、ロシアでのユダヤ人、南アフリカやジンバブエでのイギリス人などが、工業化やグローバル化によって生まれた富のうち、不相応に大きな部分を持っていった。その様子を、チュアは同書で非常に詳細に描き出す。多くの国で市場の自由化と民主主義の導入が同時に行われ、それが少数派を豊かにし、不満がたまった貧しい多数派には声と力を与えた。技術は豊かな少数派のツールとなり、貧しい多数派をコントロールするのに使われた。その結果しばしば起こったのは、血なまぐさい民族闘争だ。私はＨＰのエグゼクティブにこうした懸念をぶつけてみた。驚いたことに、彼らはまったく動じなかった。ちょうど彼らは、この困難な現実に対応する準備を

(8) Amy Chua, *World on Fire: How Exporting Free Market Democracy Breeds Ethnic Hatred and Global Instability* (Random House, 2003).

していたのだ。

この社会的リスクに加えて、発展途上地域での富の拡大には、それ自体が内包するリスクがある。発展途上国の人々が購買力を持つようになると、彼らは先進国の消費者と同様に、ムダや環境破壊につながる行動をとるようになるのである。こうした問題を解決する手段として、HPは行動規範を設け、サプライチェーン・マネジメントやリサイクルを行っている。HPが答えをすべて用意しているとは言えないが、HPがこうした懸念に耳を傾け、問題を防ぐために対策を講じていることは明らかだ。

HPのこのようなリスクへの対応は、社会対応を通じて価値を生み出そうとしている企業のモデルとなるだろう。同社は二つの方向に活動を集約させている。一つは、同社の巨大なサプライチェーンが社会や環境に与える影響をコントロールすること。もう一つは、同社の製品に対して、その寿命が尽きるまで環境面での管理を実施することだ。そしてHPのアプローチにおいては、次の二つの力も相乗効果を持ちながら機能しているようだ。内省的なリーダーシップという内部の力と、公的な規制という外部の力である。これらがハサミの二つの刃のように過去の方法を切り裂き、変化を起こしていく。以下で、こうしたマネジメントの方法を詳しく説明しよう。

世界のサプライチェーンをコントロールする

HPはそのサプライチェーンを通じて、環境と社会に影響を与えている。HPはテクノロジー企業としては最大のサプライチェーンを持っており、年間一万社以上のサプライヤーから、約四六〇億ドルもの購買を行っている。(9) 過去何年かかけて、ＨＰはサプライヤーの社会・環境政策を向上させるという、野心的なプロジェクトを実施してきた。ある意味で、企業の社会的責任についてのＨＰの文化を輸出しているのだ。ＨＰのこの行動は、単に慈善的なものではない。世界中で売られている何百もの製品に企業のブランドがついている場合、その企業が直面する最も大きなリスクは風評被害である。ＨＰブランド製品の八割は外部のサプライヤーが製造している。(10) パロアルトの本社が、プランニングと思考に関してグローバルでありつづけなければならない理由は、ここにある。

サプライヤーの社会・環境面での対応不足が、ＨＰのブランドと評判を傷つける可能性があることは、二〇〇四年一月の事件で明らかになった。ＣＡＦＯＤ（Catholic Agency for Overseas Development）が発表したレポートで、「メキシコ、中国、タイでは、ＩＢＭ、デル、ＨＰ向けにコンピュータ部品を製造している労働者が、『極度に低い賃金で、最悪の状況』に苦しんでいる」と報じられたのだ。(11)

その結果起こった批判を受けて、ＨＰとＩＢＭ、デルの三社は、アメリカ国外の工場で働く労働者の待遇について、共同で「エレクトロニクス産業界行動規範」を設けた。そこでは、サプライヤー

（9）カリフォルニア州ロサンゼルスで開かれた「Social Responsibility Annual Conference」における、カーリー・フィオリーナのスピーチより。二〇〇三年一一月一二日。
（10）CoreRatings Corporate Responsibility Report on Hewlett Packard Company, October 2003, London, UK.
（11）*San Jose Mercurt News*, October 21, 2004.

の労働と雇用、健康と安全、倫理、環境保護に関して、その状況をモニターするための基準が設けられている。[12]批判に対処しただけのようにも見えるが、実はこの規範は、サプライヤーの基準設定を業界内に広めようという、HPの何年にもわたる努力の一環だったのである。レンセラー工科大学での私の教え子であるリック・ゴスは、エレクトロニクス・トレード・グループのトップで、ワシントンDCの登録ロビイストだ。彼はハビブ博士と同様の形で、AHCグループの企業アフィリエートのイベントで話をした。ゴスはHPがこうした行動規範を展開するのに、リーダー的役割を担っていると証明した。

サプライヤーによる環境への影響をマネジメントしようというHPの行動は、少なくとも一〇年前にさかのぼる。一九九〇年代のはじめ頃、アメリカの多くのメーカーが、サプライヤーに環境対策を文書化して提出するよう求めはじめた。共通のフォーマットもなく、サプライヤーはさまざまな顧客に向けて、重複の多い詳細な報告書を多数作成しなければならなかった。一九九五年、HPはPIBA（Pacific Industry and Business Association）をリードして質問用紙を作成し、サプライヤーが一度それを埋めてしまえば、すべてのメーカーに提出できるようにした。[13]この経験は、HPがサプライチェーン・マネジメントにおける動きをリードするのに役立った。

二〇〇二年、HPは「サプライチェーンの社会と環境における責任」という指針を採用したが、そこには「サプライヤー行動規範」が含まれていた。二〇〇四年のHPの「グローバル・シチズンシップ・レポート」には、CAFOD——同年のはじめに、HP（およびその競合）が労働環境を改善するきっかけとなった団体——からのメッセージが載せられており、サプライヤーに関する政策が進展したと認められていた。ＣＡＦＯＤは、結社の自由と団体交渉についてはさらなる改善が必要としながらも、次のように述べた。「サプライチェーンの労働水準に関しては、ＨＰは組織的な活動を行い、継続的に高いレベルのコミットメントを示した。ＨＰはこの分野のリーダーである」[14]

第三者格付け機関であるコア・レーティングのアン・マリー・オコナーは、ＨＰに対して次のような意見を持っている。「ＨＰはフェアな労働を実現し、ビジネス界での代表となるような規範を確立した。同社は、成功する機会を誰もが得られる労働環境の実現に向けて努力している。そして、社会で使われることや手に入れやすさを念頭に、製品やサービスを開発している★」

「メーカーの責任」でリサイクルを進める

製品の社会・環境面での戦いは、サプライチェーンだけでは終わらない。すべての製造業は、製品のライフサイクルを通じて、その環境面でのインパクトを精査されるようになっている。テクノロジー企業は長年の間、比較的クリーンな業界であるとの評価を一般から受けてきた。他の業界のようにそびえたつ煙突はないし、錆びたり腐敗したりするゴミを大量に作り出すような

（12） HP, Dell, IBM Joint news release, October 21, 2004.

（13） Riva Kurt and Leslie Karasin, *Supply Chain Environmental Management.* このレポートは、一九九九年一〇月、United State-Asia Environment Partnership の Clean Technology Environmental Management Program によって作成された。

（14） HP Global Citizenship Report 2004, supply chain performance, http://www.hp.com.

★ ＨＰのサプライチェーン・マネジメントに関しては、補遺Ｂでも説明している。

イメージもなかった。

しかし、こうした見方は変わってきている。近年、多数の活動団体が、テクノロジー・ブームが環境に及ぼす悪影響に注目するようになっているのだ。たしかに、コンピュータやプリンタなどのメーカーが、他の業界のように有害な物質を大量に排出するということはない。事実、エレクトロニクス業界は、アメリカの「有害化学物質排出目録（TRI：Toxic Release Inventory）」の年間排出量の一・六％しか排出していない。しかし、消費者向けエレクトロニクス製品には、銅やカドミウムや水銀、および臭素を含んだ難燃剤など、扱いを間違えると害がある化合物や成分などが大量に含まれている。こうした製品は単純に埋め立てたり、焼却したりすべきではない。そうすると、有害な化合物が地下水に浸出したり、空気中に放出されたりするからだ。だが、実はこうしたことは頻繁に起こっている。

HPはこの問題に対して幅広い行動を起こしている。われわれの住む世界はどんどん小さくなっており、サプライチェーンのコストを削減するために、エレクトロニクス製品の廃棄が当然のこととして続けられると、これまでにないような害を及ぼす――HPの活動はこうした信念に基づいている。**表1**は、製品の廃棄などに対する、HPの環境パフォーマンス指標である。私はHPの信念と社会的な主張を研究するにあたり、この指標を詳しく調べた。

各カテゴリーで数字は変化するが、こうした指標を設けること自体が社会対応の姿勢を表している。有害物質による環境リスクは、製品の設計の段階から生じはじめる。HPは製品設計に環境的配慮を率先して取り入れた。HPの強力な「環境のための設計」プログラムは一九九二年

表1　HPの環境パフォーマンス指標

テーマ	測定基準	単位	対象地域	対象となるHPの施設
エネルギー	電力使用	使用量：百万キロワット CO2 排出量：立方トン	全世界	製造拠点と現場作業
	天然ガスの使用	使用量：百万サーム CO2 排出量：立方トン	アメリカ大陸	製造拠点と現場作業
廃棄物	有害廃棄物の創出と廃棄	立方トン（処分法） 埋立地転換率	全世界	製造拠点と大規模オフィス
	無害廃棄物	立方トン（処分法） 埋立地転換率	全世界	製造拠点と大規模オフィス
化学物質	化学排出ガスと外部施設への移動（有害化学物質排出目録）	立方トン	全世界	化学物質を大量に使う拠点（6カ所）
コンプライアンス	罰金の支払いを伴う違反	罰金額：アメリカドル	全世界	製造拠点と現場作業

出典：Hewlett Packard Social and Environmental Responsibility Report: Innovation, Community, Sustainability. http://www.hp.com

から始まった。私の著書の『環境の卓越性を求めて』が、同社の変革の参考になると認識して、わずか数年後のことである。アメリカでは、エレクトロニクス製品における有害物質の規制は遅々としたものだが、ヨーロッパでの規制は大きな影響力があり、HPは銅や水銀やカドミウムや他の有毒化合物の使用制限に従うと約束した。そして、廃棄されたエレクトロニクス製品の無料引き取りを行うシステムを作ることも約束した。

エレクトロニクス関連の廃棄物の問題は、今世紀とても重大になってくる。シリコンバレー・トキシック・コーリション（Silicon Valley Toxic Coalition）と、バーゼル・アクション・ネットワーク（Basel Action Network）という二つの活動団体は、エレクトロニクス業界に対して、自社製品が害を及ぼす可能性について責任をとるよう、圧力をかけている。北アメリカでリサイクルのために回収されたエレクトロニクス廃棄物の五〇％～八〇％が、実は発展途上国に輸出され、そこで非常に害のある方法で、捨てられるか、分解されるか、焼却されているということが明らかにされた。このことに対して、HPや他のコンピュータ・メーカーやIT企業が反応した。

HPはこの問題に対して、競合企業とは異なるアプローチをとった。HPは一九八七年からコンピュータやプリンタをリサイクルしていたため、競合を最初からリードしていた。リサイクルの対象を、インクジェット・プリンタのカートリッジにまで拡大した後、リサイクル・プログラムを現在、三〇の国々で展開している。展開地域は、北アメリカ、アジア太平洋、ヨーロッパ、アフリカに及ぶ。HPは「メーカーの責任」を先頭に立って呼びかける。すなわち、メーカーは自社ブランドがついた製品を、安全に出荷しリサイクルする責任があるということだ。HPのこうしたアプローチは、リサイクル競争における優位を活用したいという願いと、リサイクル設備への投資からリターンを得たいという考えから生じているようにも思われる。

エレクトロニクス製品のリサイクル問題の展開が示すのは、社会対応型製品を基盤とした戦略をすべての企業で実現できるよう、ＨＰが真剣に取り組んでいるということだ。また、一九八一年にわれわれがコンピュータ依存症になって以来、どれだけこの問題が複雑になったか、ということも示している。今後二五年を考えると、ＨＰによる製品のリサイクルは、縮小する世界の核にあるいくつかの社会的問題を解決するカギとなる――特に、休暇で外国を訪れて、そこで水を飲むことを考えると。「すべてのものはつながっている」というのは、もはや単なる決まり文句ではない。農薬がわれわれの食卓に戻ってくるサイクルや、エレクトロニクス製品の最終的な落ち着き先が、飲料水の汚染度合いに関わってくることを考えてみよう。

エレクトロニクス製品のリサイクルは、アメリカではヨーロッパほど規制されていない。二〇〇一年に業界に関連する四五団体が集まってＮＥＰＳＯ（the National Electronics Product Stewardship Initiative）が結成され、国全体としてのエレクトロニクス製品の再利用やリサイクルのシステムを確立しようとした。しかし、システムの金銭的な仕組みについて合意に至らなかったために、二〇〇四年には中止となった。

多くの企業がリサイクル・インフラの費用をまかなうために、商品の購入時に消費者に「リサイクル費用の先払い（ＡＲＦ：advanced recovery fee）」を求めるという方法を選んだ。しかし、ＨＰとデルは先述したように「メーカーの責任」を主張し、メーカーは自社ブランドがついた製品を、

安全に出荷しリサイクルする責任があるとしている。[★1]

二〇三〇年における企業のリーダーシップと世界の文化

ＨＰにおいて特筆すべきなのは、同社がグローバル社会における富について、新たな見方を作り出そうとしていることだ。本章で取り上げた、リサイクルや個人情報の保護、サプライチェーンに対する監視、製品の回収責任、イノベーションなどの問題は重要性を増していく一方だが、ＨＰは明らかにこうした点において他社をリードしている。ＨＰがその技術や従業員、社会的な責任に取り組む方法は非常に複雑だが、その複雑さこそが時代を先んじている。

デアドレ・Ｎ・マクロスキーによる大著、『ブルジョアの美徳』[★2]には、一八三〇年に記された、トーマス・バビントン・マコーリー卿のエッセイが引用されている。マクロスキーがこのエッセイを用いたのは、ダニエル・デフォーやトーマス・パイン、ビクター・ヒューゴ、アレッサンドロ・マンツォー

非物質化――ＨＰのこれからの社会対応の動き（二〇〇七年〜二〇二五年）

製品の製造において、材料の使用量を減らす「非物質化（dematerialization）」は、ＨＰの今世紀の事業戦略で重要な部分を占める。この戦略は、ＨＰのエンジニアや製造現場の人々や設計者など、幅広い人々を巻き込んでいる。

ＨＰの非物質化の動きの例としては、以下のものが挙げられる。

●**多機能製品**　プリンタ、コピー機、ファックス、スキャナーを一つにまとめたオール・イン・ワン製品は、それぞれに単独の

ニ、トーマス・マコーリーらが、みな民主主義と世界貿易の開放を自由市場と結び付けている理由を考察するためだ。私は同じエッセイを引用して、われわれがいかに急速にワールドインクの世界に到達したかを考察しよう。

一九三〇年の世界を予言するならば、イギリスの人口は五〇〇〇万人となり、食料も衣服も住居も、われわれの時代よりも向上しているだろう。サセックスとハンティンドンシアは、現在のヨークシアのウエスト・ライディングの最も豊かな地区よりも豊かになっている。いまはまだ発見されていない原理で作られた機械が、すべての家庭にある――たいていの人は、そんなことは起こらないと思うだろう。

一七二〇年の株式市場の暴落で、議会は混乱と恐怖

★1 エレクトロニクス製品のリサイクルや廃棄物に関しては、補遺Bでも説明している。

★2 Deirdre N. McCloskey, *The Bourgeois Virtues: Ethics for an Age of Commerce* (University of Chicago Press, 2006).

機能を持つ製品を作った場合と比べて、原材料、エネルギー、梱包財の使用量が四〇%少なくなる。

●**e-pc** HPは二〇〇〇年に、資源効率に優れたパソコン「e-pc」を発売した。e-pcはコンピュータ業界において、自動車製造におけるハイブリッド・パワートレーンのような役割を果たすと考える人もいる。標準的なデスクトップ・パソコンの場合と比較すると、二〇〇一年には使用材料で二三〇〇トン、梱包財で四二〇トン、電気の消費量で八二〇〇メガワットを節約した。

を体験したが、誰かその議会にこう言ってやるべきだった。一九三〇年にはイギリスの富は、どんな想像をもはるかに超えたものとなる。ロンドンの面積は当時の二倍となり人口も二倍となるが、死亡率は半分になる。乗合馬車はロンドンとヨークの間を二四時間で走る。人間は風がなくても航海し、馬がいなくても移動できる。われわれの祖先は、ガリバーの冒険を信じたのと同様に、予言を信じた。しかし、その予言は実現したのである。

二〇三〇年の世界の文化と企業のリーダーシップをいま見ることができるなら、マコーリーの文章にあるような驚きを覚えるのではないだろうか。現在のHPを見ると、それが起こりうると思えてくる。消費者の満足を追求する世界は、さらなる発見とともに成長するだろう。

次のようにまとめよう。人々はより良いツールを作るために、常にイノベーションを追求するだろう。そこでは、技術がお金と同じくらい重要である。イノベーションを抑圧したり妨げたりせずに、追求するよう仕向ける方法を見つけられ

●**LCDモニター**　HPが開発したフラット・スクリーン液晶ディスプレイは、従来のCRTモニターと比較すると、電気の消費量を五〇％削減。生産から回収までに必要な資材の合計量も二〇％減少させた。

●**プリンタ・コンポーネントのデザイン変更**　二機種のインクジェト・プリンタで、カートリッジロッド（これを横切る形で、インクカートリッジがスライドする）の直径を減少させた。これにより、製品の性能には影響を及ぼすことなく、年間で鋼を約一二〇〇トン節約し、HP全体での鋼の調達費用も、四〇％以上縮小さ

たらすばらしい。

二〇〇六年九月、カリフォルニア州パロアルトにて

せることになる。

● **梱包材の削減**　北米における製品輸送を船で行うことにより、梱包材、輸送燃料および輸送費用を削減した。なお、デルはいまでも組み立てとパッケージングを事業の中心に据えているので、HPの動きは、デルにも影響を与えるかもしれない。

● **危険物質の削減**　以下の物質の使用を中止、または禁止した。アスベスト、塩素化炭化水素、ハロゲン化ジェフィニル・メタン、酸化水銀電池、オゾン層破壊物質、PCB（ポリ塩化ビフェニル）、PCT（ポリ塩化テルフェニール）。

8 お金は自分では動かない——投資家が変わる、市場が変わる

前世紀の代表的なマネジメント・グルの一人、ピーター・ドラッカーと最後に話をしたのは二〇〇五年の半ば頃だった。亡くなる数カ月前のことで、ドラッカーは九五歳になったばかりだった。驚くほど元気そうで、すぐにこの世を去ってしまうようには見えなかった。ドラッカーが亡くなったとき、私は手に入る限りの記事を読んだ。そして、彼の多くの著書を読み返した。その過程で、私は一つのことを発見した。それは、「ドラッカーと企業のお金とはほぼ同義語である」ということだ。ちょうど、HPとレーザージェットが同義語であるように。ドラッカーは、足跡を残した。

たとえば、石油会社のアルコ（ARCO：Atlantic Richfield Company）のCEOであるロッド・クックは、一九九〇年代は毎年ドラッカーを招いていた。クックは次の話を私に二度も話した。「耳がほとんど聞こえなくなってからも、ピーターにはロサンゼルスのフラワー・ストリートにあるわれわ

れのオフィスまで来てもらっていた」。私はその理由を尋ねた。「それは、彼がいつも何かを示唆してくれたからだ――特に、われわれが何か間違ったことをしていたときには。キッシンジャーやサッチャーが来た理由はさまざまで、何かのアクセスを得たいとか、新興市場についての話が多かった。それに対してドラッカーは、われわれのマネジメントがどうなっているか、そこをまっすぐに見た。われわれが何か間違ったことをしていると、私が気づくより先にドラッカーが気づいた」

私は他の四〇の企業アフィリエートに、ドラッカーとその著書が彼らの企業にどのような影響を与えたか、何年もの間聞きつづけてきた。彼らも似たような逸話を持っていた。それに対して、ジム・コリンズやジョン・エルキントンやエモリー・ロビンスら、比較的新しいグルたちとは、貴重な経験を共にしたという人はわずか一割ほどだった。この新世代のマネジメント・グルたちは、一回五万五〇〇〇ドルで「刺激になる話」をして、すぐ帰る。ドラッカーがそれで有名だったように、企業に滞在して、教え子たちと一緒になって手を汚すようなことはしない。ドラッカーは依然として影響力を持っており、企業に浸透している。

マネジャーを動かすことや論争には決して背を向けなかった人だが、ドラッカーは彼の実り多い人生の最後の一〇年間、過去を振り返るような雰囲気だった。自身の仕事を確認し、その過程で何を学んだか、私や他の多くの人々に力強く、気高く語った。彼の著作は、前世紀の資本主義を基盤とした価値からグローバル・エクイティ文化へと、見事に移行していった。

「二三歳の人たちをMBAプログラムで教えるのは、ほとんど時間のムダのような気がする」と、二〇〇五年にドラッカーは言った。「彼らには経験が欠けている。会計などの技術は教えることができる。だが、彼らにマネジメントを教えることはできない」。私は心から彼に同意する。

ドラッカーは、ビジネスがまじめな研究の対象となることを示した最初の人々の一人で、企業に対して七〇年の間、二三歳のように振舞わないよう教えてきた。エンロンやワールドコムの時期にも、企業のリーダーにそれを教えた。ドラッカーの最後の一〇年は、どうしたら企業経営に成功するかの研究であり、企業のスキャンダルや陰謀について調査し、なぜ消費者が粗末な商品を買いつづけるのか、真相に迫った。多くのリーダーが、ドラッカーの話に耳を傾けられる間にそうしなかったのは、非常に残念なことだ。本書の最後の二章はドラッカーの著作に捧げ、彼が見ることがなかった重要な事柄に関して、それをアップデートすることを試みる。

「私が見てきた七〇年の間、まったく変わっていない」。驚異的に強気だった株式市場が過去のものとなった一九九〇年代、表に出はじめた一連の企業スキャンダルについて、ドラッカーはロンドンのフィナンシャル・タイムズ紙に何度も語った。ドラッカーや数多くの彼の追随者は、お金が企業の価値を高めもし、歪めもする様子に注目してきた。人生の終焉を前に、ドラッカーはこうしたこと――お金がうまく管理されるのは稀であること――を話した。企業の価値が隠されたり、ムダにされたり、高められたりする理由も、ここにある。また、私が五年ほどを費やして、すべての格付け機関のトップの下に通い、本書の最後の二章を準備してきたのも、これが理由となっている。

ここで、最後の二章のテーマを概括するため、再びドラッカーを引用しよう。「ブームの頂点では、投資家は売上の一〇%増、利益の一〇%増を期待するようになる。しかし、簡単な計算でわかるはずだが、それを永遠に続けることはできない。このことが明らかになると、経営陣は数字を弄ぶようになる。こうしたことは、すべてのビジネス・サイクルで起こる」。より良い世界を追求するに当たって、もはやドラッカーに問うことはできない新世紀の質問を、私は以下のように投げかけたいと思う。

1 優れた情報技術とファイナンスのツールを使って、このような愚かなパターンを打ち砕くことができるか。

2 一般の消費者や増えつづける個人投資家が、暗号を見破って、騙されて損をするのを避けることは可能なのか。

「買い手は注意せよ」シンドロームを打ち破る

株式市場がじっと動かずにいることはない。影響力のある機関投資家に対しても、それは同じだ。株式市場は億万長者を傷つけ、次第にあなたや私のような個人をも傷つけるようになっている。個々の株式の価値は、一見不可思議なプロセスで、日々上がったり下がったりする。株価に影響を与える要素は、天候と同じくらい多様だ。選挙や突然の流行、石油価格、世界の新興市場の操作など、さまざまなものが影響し、莫大な富が一瞬のうちに、ある人から別の人へと移動する。

チャールズ・ダウが、自身の鉄道株の株価指数を補足するために「ダウ・ジョーンズ平均株価指数」を作ったのは、一八九六年のことだった。そのとき彼は、指数に含める価値がある企業は一二社だけだと考えた。一九〇〇年までに、株式公開企業の数は一九五社となった。このうち最大の企業はJPモルガンやUSスチールなどで、時価総額は一四億ドル、すなわち当時のアメリカ政府の年間予算（三億五〇〇〇万ドル）の約四倍の規模だった。こうした株式市場の拡大や新しい企業の創造は、この頃からずっと続いている。前世紀を通じて、上場企業の影響力の大きさは、政治家や企業のエグゼクティブの予想や理解をはるかに超えていた。しかし、ここには単純な真実がある。「お金は自らをコントロールできない。したがって、われわれがより良い製品やより良い世界を望むのであれば、

図23　投資のトレンド

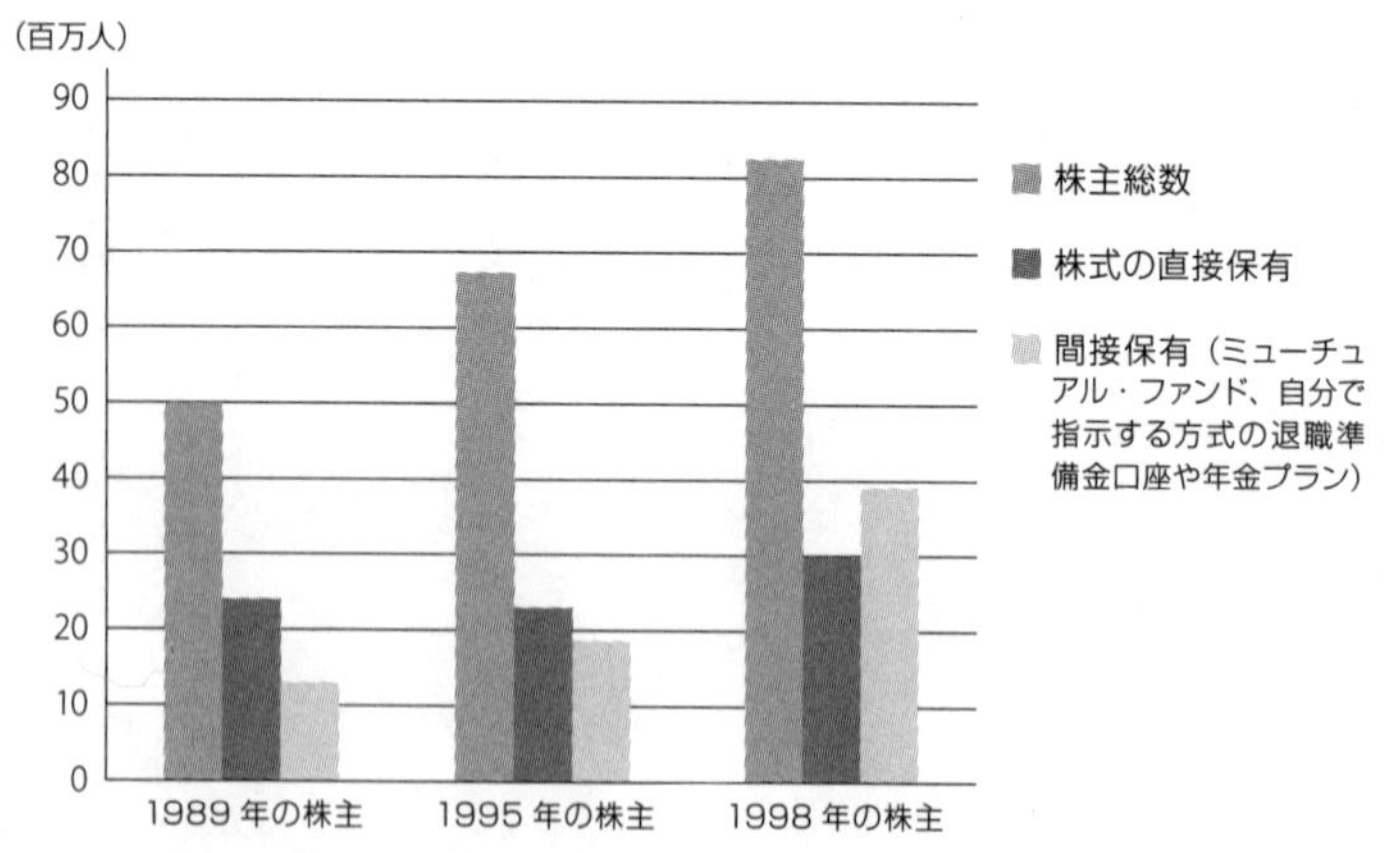

お金の仕組みをどうすれば最大限に活用できるか、学ぶ必要がある」ということだ。

一九九〇年代、ドット・コムの大ブームによって勢いに拍車がかかった株式市場は、信じがたいほど強気となり、株式による金儲けは無敵だというオーラを作り出した。過去には、株式市場が動いても今日ほど多くの資産が動かされることはなかった。しかし今日、株式を所有する人々の割合は史上最高となっている。一億人以上が、個人退職年金や税金繰り延べの年金、株式の直接所有など、さまざまな形態で株式を保有している。この株式所有増加のきっかけとなった時代は、われわれの研究によると、ジョージ・W・ブッシュ以前の時代だ。

ルービン財務長官[★1]以降、一般大衆は金融市場の変動に関して、より多くを学んできた。今日の企業運営に関しても、七〇年前にドラッカーが初めて経営学の舞台に登場した頃とは違うということを、よく知るようになった。事実、クリントン政権の経済アドバイザーたちは、一般大衆が株式や債券について多くを知っているということを前提として、選挙運動を行った。これまでにないほど、われわれの退職金や年金基金は市場の動向に左右されるようになっている。ジョージ・W・ブッシュはたしかに「オーナーシップ社会[★2]」というテーマを掲げた。しかし、その種はクリントン政権二期の間に撒かれていたのである。市場に詳しいクリントン政権の人々が打ち出した政策は、次のように問うた。「より良い世界をつくるために、株式は自動車やコンピュータなど

★1　在任一九九五～九九年、クリントン政権下。
★2　個人が自身の人生や財産のオーナーとなる、自分でより多くの自由と責任を持つ、といった意味。

のように力となれるだろうか？」

さらに正確を期すなら、この議論は過去のアメリカ政治にまで及ぶ必要がある。もっと大きな規模での世界的な富の移動や、富の創造にまで言及すべきだ。ウォール街で二〇年を過ごしたベテラン、マーク・スミスによる著書『エクイティ・カルチャー』★によると、多くの知的・経済的・政治的・社会的な力が合わさって、グローバル・エクイティ文化を作り出したという。スミスは次のように述べる。

この文化は広く普及しつつある。多くの国々で、退職金なども含めた貯蓄の多くの割合を、株式に投資することが一般的になった。五〇年ほど前には、このようなことはなかったし、とても軽率なことと考えられたはずだ。わずか一〇年前（一九九〇年代）には、株式公開など夢にも考えなかったヨーロッパやアジアの中規模企業が、今では突如として株式公開の機会を得られるようになった。それだけでなく、株式を売り出さざるを得なくなっている。伝統的な資金調達手段であった、個人的な借り入れがなくなりつつあるからだ。マレーシアやフランスなどの多民族国家では、新世紀の市場の現状を受けて、企業ガバナンスや経済的な規制の仕組みを全体的に見直さざるを得なくなっている。その結果、企業の社会的な役割といった、基本的な部分も再検討する必要がでてきている。

引用したマーク・スミスの文章の最後の部分は、明らかに本書で論じてきた内容と重なる。現代企業の命運は、文字どおり何百万もの小規模な投資家を通じて、世界中に影響を与える。経済のグローバル化とともにこうした投資家の影響力も拡大しており、先見の明のあるいくつかの企業は、世界の株式市場のペースにあわせて、考え方や行動を大きく変えてきている。これらの企業は独自の社会プログラムを開発しているが、そのプログラムは個人投資家からの社会的圧力を受けて開発されたもので、多くの人が政府を連想しそうな行動をともなうものだ。

グローバル・エクイティ文化のロジック

個人投資家の増大と、社会対応型製品開発（本書の第1章～第7章で解説）が交わることにより、「グローバル・エクイティ文化のロジック」とでも呼べるものへの進化が始まった。上場企業の行動が個々人に与える影響が、現代ほど大きかった時代はない。多くの国の人々が、退職後に備えた貯金のかなりの部分を、「教職員保険年金連合会・大学退職株式基金（TIAA-CREF）」などの持分や、株式や、他の関連する「社会信託」的な金融商品に、当たり前のように投資している。こうした金融商品にわれわれが投資するのは、世界の資本主義の相対的な公平さを、昔の人々よりも信じているからだ。

マーク・スミスも指摘しているが、「エクイティ（equity）」という言葉の語源は、ラテン語で

★ B. Mark Smith, *The Equity Culture: The Story of the Global Stock Market* (Farrar Straus & Giroux, 2003).

「公平」または「平等」を意味する「aequus」から生じた「aequitas」という言葉である。個人の資金が大量に投資されているのは、最も基本的なレベルでは、資本主義のシステムが長期にわたって持続すると（あるいは少なくとも、自分が引退するまでは続くと）信じられているからだ。財務的な観点から言うと、企業の価値から債務を差し引いた残りがエクイティ（株主資本）となる。エクイティは、ほとんどの人にとって「株式」と同義語だろう。しかし、「エクイティ」という言葉は、個々の資産以上の意味を言外に含んでいる。

スミスの本の中で、「エクイティ」という言葉は、「市場で取引される所有権」を指す。ほとんどの人は、金融商品への投資を通じて、数百まではいかなくとも数十程度の企業の一部分を所有している。その結果、われわれは議決権や委任投票を通じて企業に圧力をかけることができる。あるいは、より良い製品を作っている企業に投資することができる。グローバル・エクイティ文化へと近年移行してきたことによる、最も見えにくいが重要な結果は、株式投資家が企業の業績に関して、オープンで透明で裏付けのある情報を求めるという点にある。すなわち、投資家は自らが望む社会的責任を果たしている企業を選んで、自分のお金を託すことができる。

表2　遅行指標の例

売上高	負債の削減
費用	株価
利益	部門別業績

こうした情報公開への圧力が、政府による規制や評価よりも、これからの世界を形作る。今日、多くの上場企業の業績に関して得られる情報の量には、驚かされるばかりだ。重要な情報は二種類の指標で提供される。一つは、現状よりも遅れて現れる「遅行指標」だ。**表2**に示したように、過去の売上や利益などを用いて、企業の財務的な業績を評価することができる。

こうした項目は、企業のある一時の価値を表す。しかし、これら六つの数値だけを見ていたら間違いをおかすかもしれない。そこで、初めて企業を「先行指標」で評価することになる。たとえば、二酸化炭素の排出や、発展途上国における労働政策、企業ガバナンスのプログラムやその進行などだ。こうした指標を用いると、世界が新たな規制や期待を形成するときに、投資家は企業の近未来の価値を評価できる。このような新しい見方ができれば、時には企業の意思決定者よりも、その企業をよく見ることができる。

ほとんどの企業のリーダーは、遅行指標しか見る余裕がない。しかも、最も基本的な財務指標だけだ。事業を動かすのに忙しいというのが、その理由だ。バイサイドの投資家（自社で運用を行う機関投資家など）ともなると、時間はもっと少なく、忍耐力もない。しかし社会対応型の投資家は、社会の関心が高まっているところに、時間をかけてお金を託す人たちのようだ。これは株式投資において、基本的で避けられない要素だ。なぜ株式市場で大勝する人がわずかなのか、負ける人が大勢いるのか、それよりもずっと多くの人が、わずかな利益しか手にできないのか、それを説明する理由もここにある。**図24**は、社会対応型の投資家が検討するであろう指標をまとめたものだ。

現在の企業の格付けのシステムは非常に高価で、レポート一つが一万五〇〇〇ドルから二万ドルもする。しかし、いずれ近いうちに、何千社ものその時点でのレーティングにコンピュータでアクセスする権利を、比較的小額で買えるようになるだろう。それまでの間、世界の市場の第三者格付け機関が、エクイティ・ファイナンスにおける変化を引き起こす力と責任を持つ。トヨタやＨＰなどの企業を選び、より良い世界に向けより良い製品を作ったことに対して、時価総額や株価を通じて報いるのだ。格付け機関は企業に対して、どのようにして自社の優れた点をアピールすべきか教え、投資コミュニティに対しては、そうした企業を信頼すると将来何が約束されるかを教える。

　お金が自らをコントロールすることはないのだから、企業が不振なとき、もはや投資家はその会社にすべての信頼を託す必要はない。投資家は予言の魔法を唱えて（そ

図24　社会対応型の投資家が検討する要素

財務的指標	顧客関連指標	プロセス指標	従業員関連指標
・売上 ・費用 ・利益 ・負債の削減 ・顧客数	・不満の解消 ・顧客満足 ・顧客のリテンション	・品質 ・サイクルタイム ・生産性 ・レスポンスタイム ・多面効果	・従業員満足 ・従業員の教育 ・従業員のリテンション

遅行指標 ←→ 先行指標

過去 ←→ 未来

出典：Lee J. Colan, Sticking to It: The Art of Adherence, How to Consistently Execute Your Plans, CornerStone Leadership Institute, 2003, p.29.

して真実を求めて）外部の専門家を探せば、企業の真の価値についてより良い判断を得ることができる。また、その企業にとって想定外のリスクや機会となりうる、社会的な力に関しても知ることができる。

企業の新しい価値を評価する

製品の品質や価格と売れ行きは、これまで企業の株価に大きく影響してきた。しかし今日では、かつては見えなかったような要因、たとえばガバナンスの仕組みと構成などが株価に影響するようになっている。この隠れた価値を見出すことにより、企業が社会全体の要望にどれだけ応えているか、長期にわたって利益を出しつづけられるかを評価することができる。

企業の信頼に結びつく主な要素

- 信頼できるリーダー
- 社会への関心
- ガバナンス
- 透明性
- リスク・マネジメント
- 知的資産
- 価値創造
- 社会対応
- 優れた製品

こうした新しい価値の評価（バリュエーション）のツールには、勝者を選ぶ上でのマジックがある。イノベストの社長であるヒューソン・バルツェルは、社会と財務の関わりについて次のように話す。

信頼できる企業のリーダーは、複雑化する今日の製品・サービスの市場に対応できるよう自社を導く。イノベーションも、資金を手に入れるためには欠かせない。昔は政府のものであったような社会的な利益を育むために、資金は必要なのである。そして当然のことながら、社会からのプレッシャーや期待に応えることは、長期的な成長と持続的な利益を手に入れるためには、絶対的に不可欠である。

バルツェルは、経験をもとに話している。彼は伝統ある金融機関に二〇年間勤務し、チェース銀行の不動産投資を建て直したのち、イノベストの環境レーティングである「エコバリュー（EcoValue）」に転じた。多くのアメリカ企業が世界市場に向けた製品を、費用を削減するために発展途上国で製造しているが、それらの企業は発展途上国での社会問題を解決するため、行動を起こしている。バルツェルのグループは、四〇以上の業界と、二〇〇〇社以上の企業を評価している（随時更新されている www.ahcgroup.com の「our money matters」ページを参照のこと。また詳しくは、www.innovest.com を見てほしい）。★

一般的な株式評価モデルにおける「業界一律」の誤り

アナリストは、同じ業界の企業には同じディスカウント・レート（割引率）を適用する傾向がある。こうすると、さまざまな業界に投資を分散させやすくなるからだ。しかし、これはたいていの場合、危険な間違いだ。すべての自動車メーカーが同じではないし、コンピュータ・メーカーや石油会社もそれぞれに異なる。イノベストやスタンダード・アンド・プアーズなどでは、前世紀に確立されたこのような評価方法は、企業の隠れた価値を認識できないとする。今後負債を減らし、独自の新たな事業機会を作り出すような企業の価値である。

「今日の株式市場は、多くの場合CEOのリーダーシップの特徴を考慮に入れていない。それが企業の現在価値に含まれているリスクを軽減するかもしれないのに」。こう言ったのはアラン・バンクスだ。バンクスは株式アナリストやインベストメント・バンカーとして、二〇年の経験を持つ。バンクスは、企業の内部の行動が大きく転換したのを見てきた。彼はコア・レーティングの前CEOである。同社は格付け機関で、伝統的な株式評価手法ではカバーしきれないリスクを投資家が理解できるよう、そのためのツールを開発した。バンクスはオックスフォード大学でエンジニアリングを勉強して卒業し、コア・レーティングに入る前は、UBSでインベストメント・バンカーとして二〇年間働いた。

二〇〇三年九月、バンクスはコア・レーティングを、格付け機関としては第三位のフィッチ・レーティングスに売却した。その後フィッチは二〇〇五年に、コア・レーティングをDNVに売却した。DNVは六〇〇〇人の従業員を擁する企業で、格付けを客観的かつ信頼できるものとするには良いポジションにある企業だった。一連の売却を経験したことで、バンクスはすべての格付け

★ イノベストに関しては、補遺Bにも説明がある。

図 25　アメリカ株式市場の夜明けから 1973 年まで

1896	ダウ・ジョーンズ平均株価指数が、ニューヨーク証券取引所に加えられる。 モーガナイゼーション（Morganization: J.P. モルガンによる鉄道会社の更生）。 収益率と財務的安定性の向上。
1902 -1913	1902 年のパニック。 1907 年のパニック。JP モルガンにより沈静化される。 1913 年、連邦中央銀行設立。
1914	第一次世界大戦。 イングランド銀行が、終戦後まで株式市場を閉鎖。 ニューヨーク証券取引所では、戦争により株価が上昇。
1918 -1920 年代	アメリカの全世帯の 15-20%が株式を保有。 新技術、生産性の向上、電気・輸送・コミュニケーションの拡大の時代。 1921 年から 1929 年のあいだに、ダウは 400%上昇。
1929	株価暴落。 ・一般の意見：「投機の行き過ぎ」。 ・学会の見方：この暴落は一般的な見方ではとらえられない。
1931	大恐慌の始まり 1929～1932 年に、アメリカの株式市場は 87%下落。 ルーズベルトは、「売り手がすべての真実を伝えることの負担」を説く。 ドイツのダナート銀行破たん。 イギリス、金本位制を離脱。
1933	ニューディール政策 1933 年銀行法（グラス - スティーガル法）が成立。投資銀行と商業銀行を分離。 FDIC（連邦預金保険会社）設立。
1934	証券取引法 ・株式の政府への登録 ・厳しい情報公開基準 ・株式の市場取引の直接規制 ・証拠金を設定する権限――証拠金は、1929 年の暴落を悪化させた要因とされる。
1944	ブレトン・ウッズ会議 アメリカはイギリスに固定相場制を導入させる。 IMF（世界通貨基金）の設立――固定相場制を維持するのが困難な国に、臨時の資金を供給することを目的に設立された。
1955	投資アナリスト協会結成。
1958 -1959	アメリカ、イギリスにおいて、株式の配当率が政府債券の利率を史上初めて下回り、以後再び上回ることはなかった。
1963	ケネディ大統領による「利子平衡税」の導入により、海外からの投資が抑えられる。 IBM の 60 年代の時価総額は、ドイツの株式市場全体よりも大きかった。
1964	1964 年会社法。 アメリカ市場に追いつくため、ヨーロッパでも情報公開が始まる。主な資産とその売却の情報公開を義務化。
1971	ニクソンの「新経済政策」により、政府によるコントロールが強まる。
1973	

機関におけるこうした展開について興奮して話す。世界の他の金融の専門家も知りはじめたように、DNVコア・レーティング（以下、コア・レーティング）は成功したと、バンクスは知ったのだ。★

ドット・コム・バブルは、たとえば電気通信産業などの、新しいナレッジ・ベースの業界の価値を不適切に高めた。バンクスによると、ドット・コム・バブルは、「長い間進行していた病気の症状の一つ」で、このバブルにより、第三者の専門家による株式評価の必要性が高まった。創業間もないドット・コム企業の価値の上昇は、長期間続いてきたディスカウント・レートの濫用によって、さらに進んだ。アナリストはリスクの高い投資の価値を決める方法として、このディスカウント・レートに依存してきたのだ。**図25**はそうした状況を示したものだ。

図25に示したような要因から、この時代の株式市場はドラッカーが体系化したような古風な見方を生み出した。すなわち、「買い手は注意せよ」というものだ。この時代の市場には、企業が提供する不完全で誤った情報に対抗するような力がなかった。基本的に、企業は真実を伝えていなかった。少なくとも、すべての真実は伝えていなかった。

図26には、一九七三年以降、この状況を変えるきっかけとなった主要な出来事が挙げられている。マーク・スミスが示したグローバル・エクイティ文化は、もっとグローバルで流動的かつ冷酷な力で、企業を外側から支えたり破壊したりする。いまや投資家が注意すべきなのは、企業に操作されることではなく、社会的な力が企業を動かしたり壊したりしてしまうことだ。この変化

★ DNVについては、補遺Bでも説明している。

図 26　世界的エクイティ文化の台頭

1973-1974	アメリカの株価が 45%下落。 イギリスの株価は 73%下落。 この株価下落は、インフレに対する株式市場でのヘッジが進みすぎ、それがバブルとなったために起こった。 米英で株価が下がる一方で、日本では株価が上昇。世界のエクイティ文化における変化を象徴。
1975	日本の株式時価総額が、イギリスの時価総額を初めて上回る。
1979	イギリス株式市場の改革。 マーガレット・サッチャーによる、物価統制委員会の廃止。 80 年代から 90 年代にかけての、アメリカとイギリスの株価上昇が始まる。
1985	プラザ合意。この後日本では円高と低金利が進む。
1986	イギリスのビッグバン。 ロンドン証券取引所で SEAQ（Stock Exchange Automated Quotation. 株式相場や取引に関する情報を収集し、表示するシステム）導入。
1987	10 月 19 日、ダウ平均が 23%／508 ポイント下落。 下落は海外でも始まった。FRB の資金を供給して介入。
1990	台湾の株式市場が、2 月から 10 月にかけて 80%下落。 メキシコでも株価下落。日本でも 90 年代の株価下落が始まる。
1997	10 月、アメリカ市場は 1990 年代の世界的な景気低迷の影響を受ける。 11 月 4 日、三洋証券が経営破たん。 1998 年 9 月、連邦中央銀行は金利の引き下げを実施。世界的エクイティ市場が最初の崩壊を示す。その結果、海外での企業の透明性が高まり、ガバナンスが向上した。
1999	ダウ・ジョーンズとサスティナビリティ・アセット・マネジメント（SAM）が合同で、「ダウ・ジョーンズ・サスティナビリティ・インデックス（DJSI）」を創設。36 億ドル
2001	最初の「Global Index」（FTSE4Good Global Index. 社会的責任投資の代表的指数）がスタート。
2001	アメリカの個人年金基金が、一人当たり 2 万 3780 ドルに。 1988 年までに、アメリカで株式を保有している人は 8200 万人に。 中国などの海外市場が、個人投資家に門戸を開き始める。 ドイツでは 19.3%の世帯が株式を保有。
2002-2003	サーベンス・オクスリー法施行。 2003 年 11 月 4 日、新企業ガバナンス基準。 2003 年末、中国で個人株式投資口座数が 7000 万に。

の重大さに気づかないのは愚かだし、危険である。

新世紀の株式評価方法は、運用担当者に対して、第三者格付け機関の力に注意を払うよう呼びかけるものとなった。すべての化学会社に同じリスク・プレミアムを適用し、BP、シェブロン、エクソンモービル、シェルにほぼ同様の「買い推奨」をするような、「業界一律」の評価をやめて、こうした格付け機関をうまく利用するにはどうしたらよいか。それを見るために、カルガリーにあるオイルサンド★大手の、サンコア・エナジーを詳しく評価・分析してみよう。

サンコア・エナジー――持続可能性を企業価値に結びつける

エンロンの不正会計とカリフォルニア電力市場の操作は、多くの資本が集中する電力関連業界に長い影を落とすことになった。しかし、エネルギー産業におけるこうした厳しい環境の中でも、持続可能性を築く方法を見出した企業がある。その中で最も代表的な事例が、持続可能性とは一般的に正反対と見られる、石油・天然ガス業界の中にある。それがサンコア・エナジーだ。最近、イノベストやスタンダード・アンド・プアーズ、ゴールドマン・サックスが、石油業界のESG（environmental, social, and Governance：環境・社会・ガバナンス）の格付けにおいて、そろって高価だが意義のあるレポートを発表し、この業界の成長がいかに「社会対応」にかかっているかを述べた。

★　油分を含んだ砂。そこから瀝青《ろくしょう》（石油のもっとも濃いもの）を抽出し、それを改質して石油として使う。

このことは、サンコア・エナジーの一九九九年から二〇〇六年までの状況にも示されている。この間、オイルサンド大手の同社は、時価総額を一五〇億ドルから四〇〇億ドルまで伸ばした。石油業界の競合他社よりも速いペースである。こうした時価総額での違いを生み出したのは何なのだろうか。

サンコア・エナジーはカナダのエネルギー企業で、イノベーションに精通している。同社は、一九六七年に世界初の商業用合成石油を作ったことで知られる。それ以来同社は、世界経済を動かしてきた巨大石油会社とは異なる立場にある。中東情勢がどんどん不安定になるにつれ、今後の石油についての不安も高まったが、そんな時期でもサンコアはカナダのアサバスカにあるオイルサンドの開発に集中していた。なお、アサバスカは、世界でも有数の石油の埋蔵地である。また、シェルのような大手石油会社が埋蔵量を見直したようなときにも――シェルは二四％も下方修正した――、サンコアは持続可能な価値という理念に基づいて、成長を続けていた。風力発電のような再生エネルギーにまとまった規模で取り組みはじめるに当たっては、同社は大気や水や地質への影響を削減した。現地の人とともに仕事をし、彼らも石油の探査や抽出から経済的な恩恵を受けられるようにした。そうすることで、サンコアは今後も安定した経営を続けていけそうだ。

サンコアは従来とは異なるタイプのステークホルダー（利害関係者）を得ようと努力してきた。持続可能性というゴールへ、もっともっと近づくためだ。「サンコアのステークホルダーは、われわれが正しい方向へ――持続可能なエネルギー企業になるという、われわれのビジョンに向けて――、進むための羅針盤のようなものだ」。サンコアの社長兼ＣＥＯであるリック・ジョージは言う。「われわれの最大の課題は、株主価値を増大しながら、それと同時に環境への影響を削減し社会に貢献する、そのための方法を見つけることだ。私にとっては、持続可能な開発とは、そういうことだ」。彼は、二〇〇六年には、さらに次のように述べた。「持続可能性とは、われわれのビジネスを運営し成長させることに関して、ステークホルダーの同意を得ることだ。そのためには、ステークホルダーの期待を理解する必要があるし、可能なときには、ステークホルダーの社会的・環境的・経済的目標を、われわれのビジネスプランに織り込む必要がある」。彼がこう言ったのは、一九九九年から二〇〇六年にかけて、生産方法を大幅にアップグレードした後だった。彼は続けて言った。「そうするためには、長期間にわたり全体像を見る必要がある。重要な見方を手に入れるための最善の方法は、より多くの目を、耳を、心を、そして頭を集めることだ。心を開いて正直にステークホルダーと対話し、ステークホルダーを巻き込んで、困難な問題を解決するための、相互に利益のある方法を見出す。そうすれば、われわれはもっと進歩できるし、単独で作業をするよりもずっと多くの、クリエイティブな解決方法を見出せる」

かつて事業は不振に陥ったが、サンコアは見事な復活を果たした。すべての石油・ガス会社が直面するようなリスクを減らすという目標を設け、それを達成したからだ。以下が、他社との差別化のポイントである。

- 職場での安全に関して、二〇〇二年から二〇〇六年にかけて、「ゼロへの旅」プログラムを実施。「プレジデンツ・オペレーショナル・エクセレンス・アワード」を設けて、安全面や環境面で貢献した従業員や関係会社などを表彰している。

●サンコア・エナジー基金を含めた「社会的責任管理システム」を開発。サンコア・エナジー基金は職場のダイバーシティを推進しており、ウッド・バッファロー地域で、先住民が相応の割合で含まれるようにしている。

●サンコアの取締役会には、メル・ベンソンがいる。彼はアルバータ州のビーバー・レイク・クリー・ネイション★のメンバーで、カナダの「アボリジニ・アチーブメント・アワード（National Aboriginal Achievement Award）」を二〇〇三年に受賞した。ベンソンは二〇〇〇年から取締役会に参加しており、彼の存在がアボリジニにとっての「平等への道のりを短くする」よう願っている。

●サンコアは「ビジネス規範」を採用し、その一環として、「インテグリティ（誠実）・ホットライン」を設けた。そこに電話をすると、職場の問題や上司の行動について、内密に懸念点を話すことができる。

●二〇〇六年における企業ガバナンスについて、詳細な報告書が作成された。それによると、同社はトロント証券取引所やニューヨーク証券取引所が設定した基準や、サーベンス・オクスリー法が定めた基準を満たすことが確認された。

●二〇〇五年以来、同社は現在の事業による環境へのインパクトをさらに削減するため、その方法を探究している。その中には、同社の天然ガス事業で生じるフレアリング（不要なガスを焼却処分する際に出る炎）を約半分に削減することなどが含まれている。またサンコアは、政府の規制導入よりも二年早い二〇〇三年に、オンタリオ州の消費者に低硫黄ガソリンを提供しはじめた。

- 二〇〇二年、サンコアは同社初の風力発電プロジェクトをサスカチュワン州で開始した。二〇〇三年には、アルバータ州南部での三〇メガワットの風力発電所の開発に参加すると発表した。この二つのプロジェクトを合わせると、カナダの二〇〇四年時点での風力発電能力の一五%を占めることになる。二〇〇二年から二〇〇六年にかけて、サンコア経営陣はこの分野におけるコミットメントを三倍にした。
- 二〇〇七年二月のAHCグループのワークショップで、サンコアのアル・モンクが話をする予定だ。テーマは、SAPのソフトウェアを環境と持続可能性を示すためのものに調整するために、五年間かけて行った北アメリカで最大規模（五〇〇〇万ドル以上）のプロジェクトだ。

サンコアは、持続可能な価値などの幅広いコンセプトを、金融界にアピールする「数字」に置き換えることに成功した。二〇〇二年から二〇〇六年までの間で、私の会社は内密の「測定して改善する」マトリックスを、サンコアの人々とともに完成させた。コノコ・フィリップスやシェルやHPなどの企業が取り組む前にである。二〇〇七年には、同じプロジェクトをSCジョンソン、アメリカ空軍とも実施し、長期計画における社会的な価値について検討した。サンコアは、

★ Beaver Lake Cree Nation.　カナダ先住民の居住地の一つ。

さまざまな指標を使って測定を行った、たとえば、オイルサンドから生産される石油の量、サンコアのガソリンスタンドにおける交通量などだ。そして二年に一度サンコアは、ＮＧＯや投資家、政府の代表者など、幅広い分野のオピニオン・リーダーに、同社の活動をどのように評価するか尋ねている。

二〇〇三年には、一九二のステークホルダーが、同社の実績についての最初のアンケートに応じた。回答者の三分の二以上が、サンコアの全体的な評価として、エネルギー業界で最も優れた企業の一つとした。二〇〇七年にも、同じ一九二のステークホルダーが再度アンケートに答えた。われわれはここから得られた、社会対応の株式価値に関連する希少なデータを所有しているが、公開することは許されていない。しかし、以下のような特徴は示すことができる。図27に示す三つのチャートは、二〇〇七年におけるサンコアの社会対応の価値を示すものである。サンコアの株価の上昇と高いリターンのうち、どの程度が本書で述べた原則、すなわち価格と品質と社会のニーズにおける競争に基づくものかを検討すれば、チャートに含まれた意味を読み取ることができるだろう。サンコアは、社会対応型資本主義においてリーダー的な存在となり、石油供給とエネルギー戦略やエネルギー価格の決定において、ますます重要な役割を果たすようになっている。三つのチャートは、そのアプローチの成果を示している。

サンコアがグラフに示した価値を生み出せたのは、資本市場において早期に社会的な活動や株式に関する展開を行ったからだ。重要なポイントをまとめると、以下のようになる。

図 27

世界の原油埋蔵量

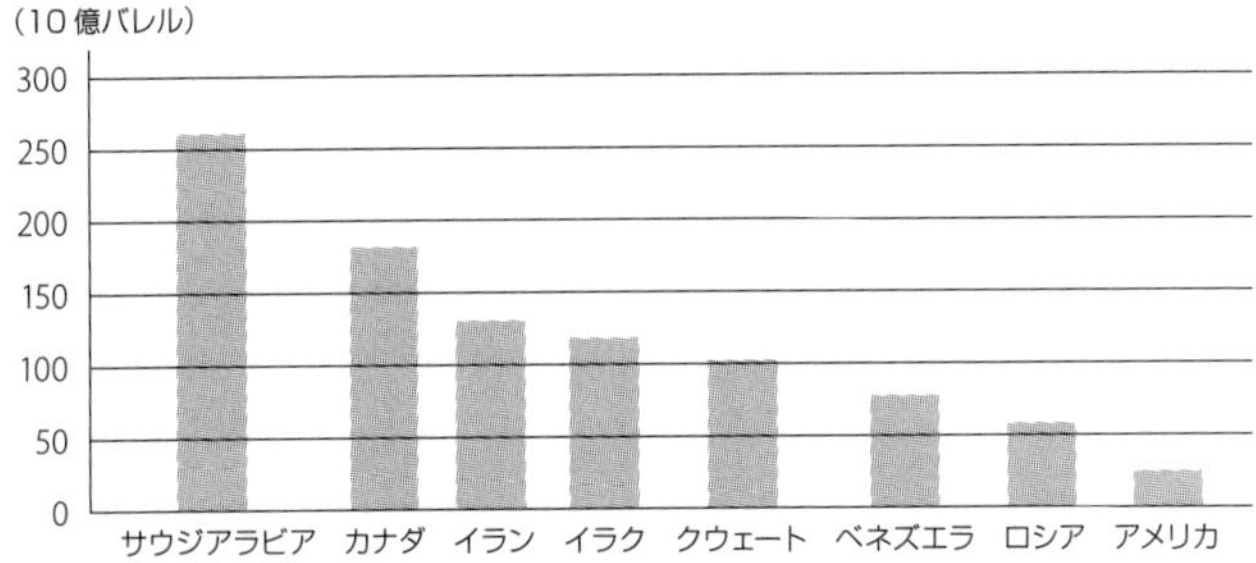

出典：*Oil & Gas Journal*

サンコアの使用総資本利益率*

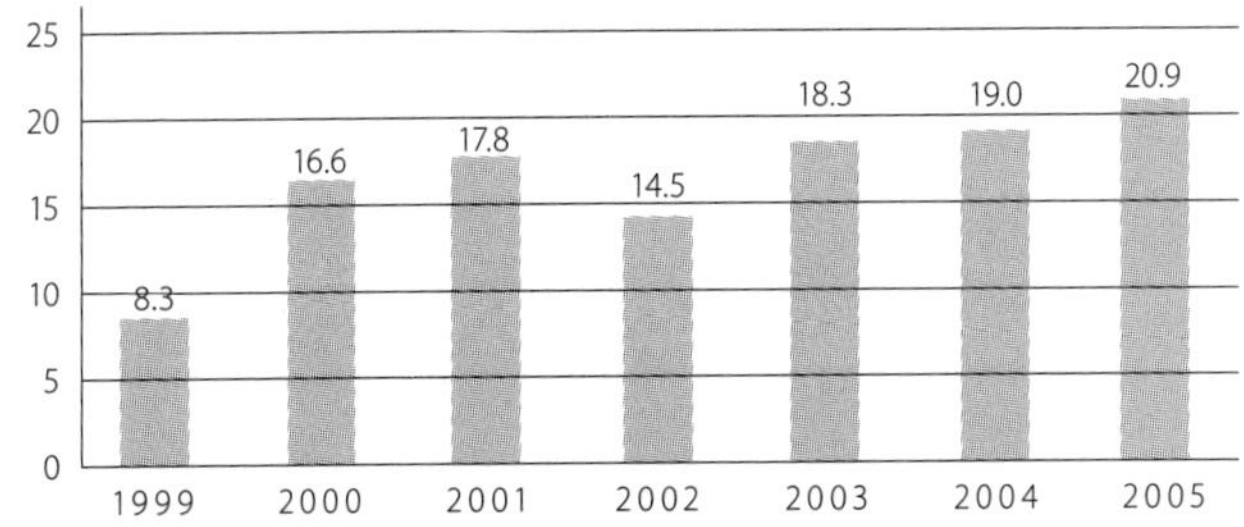

* 純利益を使用総資本(平均株主資本と借入金の合計から、進行中の投資計画を除いた金額)で割った数字。

株価の上昇 (サンコアの株式が公開された 1992 年 3 月 18 日に 100 カナダドルずつを投資したと仮定した場合)

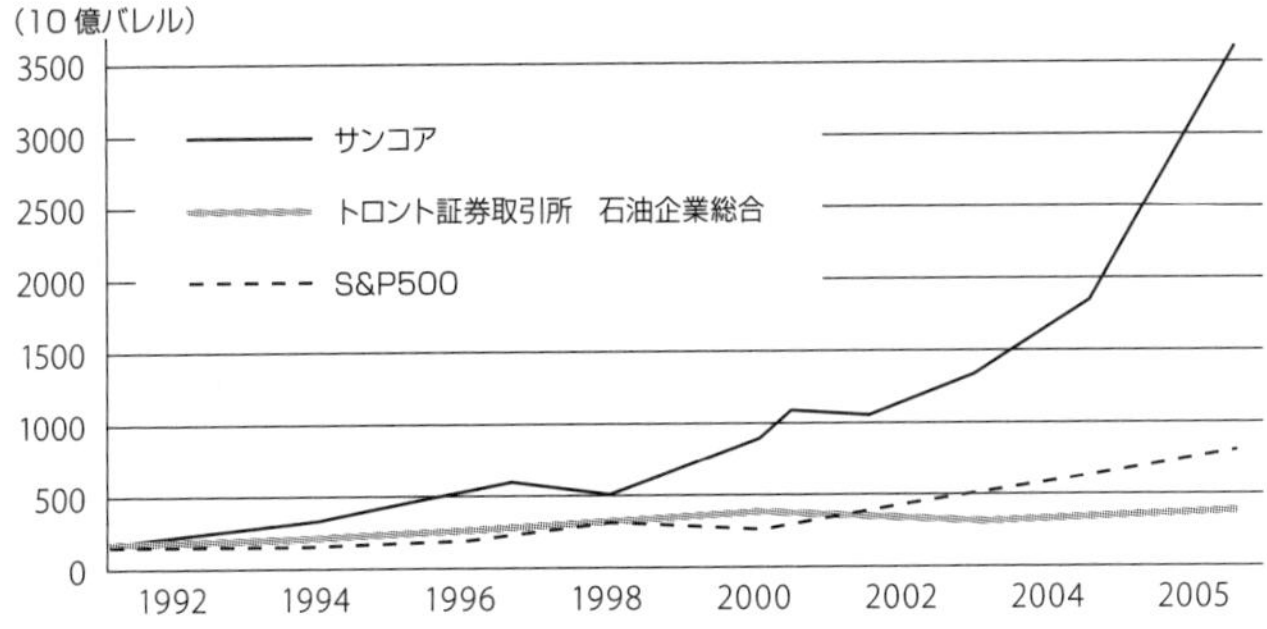

1　サンコアは早い時期に、グローバル・エクイティ文化という新たな状況が生じていることに気づいた。そこでは、投資家はさらなる透明性を企業に求めてくる。そう気づいた結果、同業他社をこの点で上回ることができた。

2　サンコアの各経営陣のポジションは、アルバータ州の地域社会で受け入れられるように設計されているのと同時に、ウォール街やフッツィー（フィナンシャルタイムズ株式取引一〇〇社株価指数）やチューリヒのS&Pでの効果を考えて設計されている。実際、カナダの企業でありながら、同社の株主はカナダよりもアメリカやそれ以外の国に多く存在している。これは世界的な株式価値を考える場合に、重要なポイントである。

3　投資家は変化する企業を求めていることを、サンコアは理解している。同社は可能性と成長が見込める投資機会を提供する。短期的なリターンではなく、長期にわたる成長を維持できる投資機会である。

4　サンコアは、ドラッカー・シンドロームを打ち破る最善の方法も示している。同社は、企業の価値が本社内部や製品の買い手の中だけに存在するのではないと考える。サンコアは、企業の将来の資本コストはリスクをどれだけうまく管理するかにかかっていると考えて行動しているようだ。サンコアは投資家に成長とリスク低減の両方をはっきりと、定量的に示している。確実で成長性のある近未来の姿である。

サンコアの企業価値を他の総合石油企業と比較したら、たとえ二〇〇六年の石油価格高騰の後でも、差が開いたままなのがわかるだろう。サンコアの安定した企業価値の上昇は一般的なレベルを超えている。サンコアやＨＰ、トヨタは、ドラッカー的な世界がどれだけ速く転換しつつあるかを示している。

格付け機関が企業の無形の価値を評価する

サンコアの事例が示すのは、株式には現在の価値と将来の価値があるということだ。今四半期の業績だけを根拠にリーダーを企業から追い出すような人々は、将来の最も良いチャンスを逃している。賢明な投資家は、株価が低いときに買う。たとえば、業績の悪かった企業が立ち直ろうとしているときだ。また、賢明な投資家は優れた企業が伸びはじめるときにも買う。本書に書かれた社会対応的な理由により、どれだけ企業が伸びるかも評価しつづけるのだ。

エンロンの事件をきっかけに、これまでわれわれの社会で長い間秘密の領域だった企業の取締役会に、サーベンス・オクスリー法という規制が及ぶことになった。エンロン(15)の突然の崩壊により国が介入せざるを得なくなり、どうにかリスクを低減させるよう試みることとなったのだ。その結果、企業の開示にはより高い透明性が義務付けられることになった。そして、この一〇年で

(15) エンロンがかつては企業の社会的責任で知られた企業だったことを覚えている人も少なくないだろう（大統領候補だったジョージ・W・ブッシュを説得し、世界の気候変動に関連付けて、二酸化炭素の排出を削減すると約束させたのはエンロンだった）。

初めて、株式市場は普通の状態に戻るよう求められるようになった。サンコアやデュポン、BP、ダウ、GEといった企業は、サーベンス・オクスリー法に振り回されるのではなく、同法をうまく活用しようとしているようだ。

コア・レーティングやS&Pなどの格付け機関は投資家のニーズに応え、より高い透明性と、以前は無視していた株主価値に対するリスクへの評価を提供しようとする。「われわれは、すべての企業と金融業界の橋渡し役となる」と、コア・レーティングの現在のエグゼクティブ・ディレクターであるアンーマリー・オコナーは言う。「われわれは、企業の無形資産への注目度を高める。それが、よき従業員であれ、イノベーションであれ、高いブランド力であれ。これらの点は、金融業界から常に注目されてきたというわけではない。しかし今日では、リスクと、そのリスクに対応する適切なシステムを持つことが認識されるようになってきた。われわれはこうした要素を企業の株式価値評価に組み入れる。他の企業も、無形資産に対応するマネジメント・システムを改善しはじめている」

第三者による格付けという新しいフィールドで働く人々の多くと同様に、オコナーも企業の持続可能な価値に関する知識の拡大については楽観的である。「投資家がリスクと無形の価値について理解を深めれば、長期的な視野を持てるようになる」と、オコナーは言う。過去には、ある特定の企業に関する情報は、機関投資家を通じて個人投資家に伝えられるのが常だった。「現在では、小口の投資家に対する情報の流れは、ずっと公平になっている。悪条件の工場や環境や安全に関する問題などは、メディアでも頻繁に報道される。証券アナリストはクライアントから、いわゆる社会的問題に関して詳しく調査するよう、プレッシャーをかけられている」

製品そのものの評価は、まだ一般的な企業格付けの中には含まれないものの、これらの格付け機関は、より良い世界をつくるという社会の目的に沿うようお金の流れを変えている。ヒューソン・バルツェルやアン－マリー・オコナーらの仕事が示すのは、コンピュータのスイッチを入れれば、投資したいと思うような社会的責任企業を見つけられる、そんな日も遠くはないということだ。

第三者機関による格付けと、来たる情報公開ブーム

株式には現在の価値と将来の価値がある。株価は上がるか下がるかのどちらかで、それゆえに企業診断のさまざまなツールが開発されて、企業に格付けを提供している。格付けは企業内部の有形、無形の価値を、外部から判断したものだ。それはまるで、インターネットを通じて企業の詳細な財務データにアクセスするという方法で、企業屋敷に忍び込むようなものだ。地下室の隅を覗き込んだり、屋根裏に隠されている知的資産の価値を測ったりするような方法もとられる。格付けは成績のようなものと見なされることが多く（AAAからCCCまで）、ある企業を他の企業と比較する際に役に立つ。

元来、すべての格付け機関は、情報公開に積極的な企業に好意的だ。企業において数字や経営戦略の透明性が強調されるようになっているのは、グローバル・エクイティ文化の副産物だと言えるだろう。

多数の格付け機関が、企業と投資家とを結ぶ、信頼される第三者機関になろうとしている。彼らは、何が企業を伸ばし、何が企業を沈めてしまうかを見極めようと、あちこち嗅ぎまわる。リスクとなる

ものが迫り来る規制なのか、長期にわたる気候パターンの変化なのか、ある資源の枯渇なのか。どれであろうと格付け機関は、漠然としていて不確実な状況を、金融の世界で意味を持つ数字に落とし込もうとする。近年、こうした機関はその威信と複雑さを増している。格付け機関は、以下のカテゴリーに分けられる。持続可能な資産のマネジャー、株式指数のプロバイダー、議決権と代理権のエージェンシー、CSR格付けの機関、ガバナンス格付けの機関、そして信用格付けの機関だ。

S&P、ムーディーズ、フィッチ、イノベスト、IRRC、ダウ・ジョーンズSAMなどの主な格付け機関は、それぞれに違ったやり方で分析要素を重み付けしている。しかし、いずれ世界的な標準化が起こるだろう。多くの人は、数年のうちに統一的なデジタル格付けが手に入れられるようになるだろうと言う。遅くとも二〇二〇年までには、入手可能になるはずだ。詳細や最新情報については、www.betterproductsbetterworld.com を参照のこと。手始めに、私がクリスチャン・サイエンス・モニター誌の二〇〇六年三月号に寄稿した「なぜ株式市場は政府よりも環境にこだわるのか (Why Wall Street is Greener Than the White House)」を読んでほしい。

誰がお金をコントロールするのか

メディアやビジネス書は、消費者を、規模と展開力を増すグローバル企業に翻弄される存在として描くことが多すぎる。しかし、アラン・バンクスは別の見方をする。

コントロールを握っているのは、われわれ消費者だ。年金ファンドへの投資が、巡り巡って企業への投資となる。グローバル・エクイティ文化の中で、われわれ消費者は資金を提供するだけでなく、製品も購入している。ある意味で、消費者はこのシステム全体で、絶対的なコントロールを握っている。コントロールの形としては間接的だが、容赦なく厳しいコントロールだ。かつてのように、企業のほうが優勢で消費者は見えない手のようなアプローチをとるのではなく、今日では、顔を平手打ちし、目を覚まさせるようなアプローチをとる。われわれは製品を買わなくてもいいし、お金を出さなくてもいい。われわれはみな、投票権を持っているのだ。われわれのお金は企業の事業の流れの両端で、しっかりと手を結んでいる。

常に大胆なバンクスは、どれだけ急速に資本主義が姿を変えたか、一息で解説する。バンクスはAHCグループのネットワークの中で、あらゆる肩書きを保持している数少ないメンバーの一人だ。彼は元UBSのインベストメント・バンカーで、イングランドで最も優秀な学校を卒業したエンジニアで、いくつもの取締役会で仕事をした公認会計士だ。加えて、バンクスはフィッチ・レーティングスの子会社でCEOを務め、現在はAHCグループのリーダーが多数関係しているバイオ燃料の新会社でCEOを務める。バンクスは限られた時間で多くのことを言えるほど、知識が豊かなのだ。

インターネットは、消費者と投資家の両方に力をもたらした、重要な技術的イノベーションである。「リアルタイムのデータは第三者機関によってすばやく計算される。第三者機関はデータを分類し、株式投資家にどの企業がより優れているのかを教える高度な知識を持っている」。バンクスはこう言った。私とピーター・アスムズが何年も前にサンフランシスコで、初めて彼の概念について説明を求めたときのことだ。

バンクスは、「企業や投資のトレンドにおけるインターネットの位置付け」という一般的な事例を、彼の議論のポイントを示すのに使った。バンクスが、インドにある遺伝子組み換えのコットンの種を扱うベンチャー企業について調べていたときのことだ。バンクスは、ウェブサイトの奥深くに埋まっていた、二一ページのレポートを発見した。そのレポートには、三五〇〇人の若い（十代と、一三歳以下の子供も含めた）女性がその会社に雇われ、五年から七年の間奴隷のように働かされていると記されていた。その主張を裏付ける他の文書もあった。こうした社会的要因は、同社への投資家にとってリスクになると、バンクスは判断した。メディアがこのような話を見つけ、インターネットでそれが広がったら、その会社は長期的に利益を得ることなどできないだろう。このインドの会社もそうだった。バンクスの話は、Sフロンティアの下降部分の実例である。そこでは企業は、単純な理由で急速に滑り落ちる（少女たちを奴隷にした恐ろしい事実を軽視しているのではない。ここでのポイントは、一つの間違いが企業全体を沈めてしまう、ということだ）。

過去一五年にわたって、コア・レーティングスやイノベストのような新しい機関が台頭し、株式投資家が直面するリスクに関して、信頼できる独立した情報源から投資家に情報を提供するようになった。バンクスのようなリスク・プレミアムの専門家としばらく時間を共にすれば、ある事実にすぐに気づくはずだ。すなわち、こうしたリスクはあらゆる規模や形で現れる、ということだ。たとえば、地球規模の気候変動などの環境面での脅威。石油の枯渇などの社会における特定の脅威。ときには、敵対的なビジネス環境や地域なども企業のリスクとなる。そのリスクは地域の文化的習慣や政府の政策などから生じ、当該企業が頭からぶつかるまで、まったく気づかずにいる。社会対応の壁は、突然現れて企業に警告を鳴らすことがある。投資家にとって重要なことは、こうしたリスクが生じる可能性を理解し、どの企業がリスクに対する備えを設けているかを知ることだ。

端的に言うと、企業が社会的な面でどのように実績を上げるかを知れば知るほど、ある企業への投資のリスクとリターン、そして社会的な位置付けと将来の見通しを評価できるようになる。「だからこそ、数々の第三者機関が存在し、すべてのデータを分類して、何が本当に企業を伸ばすのかを見出す必要がある」と、バンクスは結論付ける。

本章の結論は以下のとおりだ。これからもお金は人間がコントロールするだろう。富は、タンスにしまっておけるような物ではない。過去二〜三世紀の間、富は例外なくプロの投資家によって動かされてきた。今日では、数字をでっちあげ、投資家に対して正直でない企業は、メディアによって暴露される。エンロンでの腐敗を示唆する情報は、当初そのような形でもたらされた。ワールドコムのスキャンダルでも同様だった。ウソを暴露したいという人間の基本的な欲求があるから、この世の中に非常に多くのファイナンシャル・アドバイザーが誕生することになった。

今ではどこにでも、彼らを見つけることができる。資産は保護されなければならない。しかし、タンスにしまっておくわけにはいかない。資産は常にこのエクイティ文化の中で活用されなければならない。だからこそ、多くの人が投資するのだ。

そして、世界の株式市場が成熟するにつれ、消費者や投資家の企業に対する力は増す。だからこそ、サンコアやＨＰやトヨタなどの賢明な企業はそれに備えている。消費者と投資家という社会における新しい力は成長しつづけており、彼らの力を評価しすぎるということはない。

二〇〇六年八月、ロンドンにて

第8章のポイント

1 社会対応型の投資家は、お金の仕組みを活用する最善の方法を学びつつある。

2 グローバル・エクイティ文化により、企業に対する消費者の力が高まっている。

3 企業価値評価に関しては、「遅行指標」から「先行指標」へ、シフトが起こりつつある。

4 サンコアのような石油会社でさえも、鋭敏でありさえすれば、Sフロンティアを活用できる。必要なのは、情報の速さと困難な問題に正面から立ち向かう能力だ。

5 第三者格付け機関は企業の価値に関して、企業自身よりも正確に描くことができる。ピーター・ドラッカーや他のマネジメントのグルたちが掲げた「買い手は注意せよ」シンドロームよりも大きい何かを、先進的な資本主義がもたらすのも、このためである。

6 非財務的（社会的）な要素が、企業の株式価値の三〇%をも占める。★ これはトヨタとGMの株式価値を比較したり、HPと競合他社を比較したりすることで明らかになる。こうした一連の無形の非財務的要素が、社会対応の要素となる。なぜSフロンティアを上昇していく企業もあれば下降していく企業もあるのか、こうした要素が教えてくれる。この上昇と下降は、株式市場のように常に変動を繰り返す。

7 価格、技術品質、社会対応のすべての点で競争する用意ができていない企業では、パニックが起こっている。これはイノベストやコア・レーティングの業界研究における株式価値を見れば明らかである。

★ 詳しくは第9章で説明されている。

9 われわれの新たな責任
――価値の変化にどう向き合うか

太平洋の水面下、約一マイルほどのところに、昔の船乗りが決して気づかず、見ようともしなかった、豊かな水中世界が広がっている。ここに科学者は、「海山」と呼ばれる三万以上の休火山を発見した。莫大な宝を秘めたこの山々は、風変わりな生物であふれ、まだ調査されていない生命に満ちている。山々は暖かな水を十分すぎるほど供給し、遠くの海からも多くの生命を呼び寄せる。私は、新たな投資先を求めて株式市場を吟味するとき、古い地球におけるこの新たな領地を思い浮かべる。

どの海山も、一日あたり一〇〇匹以上のシュモクザメが通り過ぎる。カリフォルニア州モンタレーの沖合、わずか七五マイルほどのところで、サンゴ礁が何フィートも波に揺らいでいる。巨大な深海海綿が、この純白の丘に棲む。その中には、穴の中にカニが一度に三匹も住めるほど大きなものもいる。ボラやマダイ、エビに似たオキアミなどが、資源と可能性に富んだこの環境で、王様のように暮らしている。

「長い間、海の底に存在すると考えられてきた宝の山は、現実に存在する」。カリフォルニア大学デービス校の海洋生物学者、パット・クライミーは言う。「それに気づかなかったのは、その深度を明るく照らしたり、調査したりする力が、最近までなかったからだ。海山の近辺には何百種もの生物が暮らしている」

これらの火山は、あらゆる種類の生命を生み出す。ちょうど、今は存在しないフォーチュン五〇〇企業が多くの価値を生み出したように。NASAが小さなコンピュータと耐熱性の素材を作りはじめた一九七二年以来、フォーチュン五〇〇社に含まれた企業のうち、三分の二が事業をたたんだ。倒産したか、大きな企業に飲み込まれた。しかし、世界市場において企業がそのように滅亡していったことが、迅速さと創造性と厳しさとが支配するSフロンティアに何をもたらすのか、われわれは十分に知らない。そこで、海山をたとえとして、征服された企業について語ってみよう。

海山は、海の中で上向きの成長の道筋をつくる。衰退しつつある企業の一部分が、新しい企業の成長に再利用されたり、立て直されたりするのと同様だ。海山で起こる活動の多くは、陸地に住むわれわれには見ることができない。それはまるで、本当に良い投資先を見つけることのようだ。隠された価値を見出すためには、特別な新しい道具が必要なのだ。

私はグローバル・エクイティ文化の話をするとき、格付け機関をヘリコプターにたとえる。寡黙な企業の上空でパトロールするヘリコプターだ。格付け機関はわれわれの投資を危険から守ってくれる。多くの合法的な格付け機関が活動しており、私が最後に数えたときには七四あった。その多くが国境を越えて活動している。今では私は、格付け機関はパトロール以上のものを提供していると考えている。さまざまな格付け機関を調べてみると、第三者格付け機関は海山と同じくらい豊かで多様だと感じられた。ほとんどが独立性を堅持しており、相当な影響力がある。格付け機関は社会対応型の投資家に対して、新たな形の生命を提供する。その生命は、多国籍企業の色彩や魅力、市場における重要性を拡大して見せる。

これほど多くのさまざまな活動的なグループが、企業のリスクについて定量化し分析し、アドバイスを提供するのは、人類史上初めてのことだ。ここからはより良い世界が生まれるはずだ。事実、格付け機関がHPやトヨタのイノベーションと出会うと、格付け機関は非常に大きな影響力を発揮する。格付け機関があるからこそ、われわれは企業の潜在力と持続可能性を理解でき、投資することができる。われわれが投資すれば、企業がイノベーションに回せるお金が増える。

文化や政策や情報がぶつかり合った結果、市場において大小の企業の新たな形が生まれてきた。これを「グローバル・エクイティ文化」としてこの本を通じて述べてきたが、そうした新たな形態が企業の成否を左右し、格付け機関の発言力を決める。最終的には、格付け機関による企業価値評価のツールが、良い世界を作るための最善の道具だということが証明されるかもしれない。新しい評価ツールは、優れた企業とリターンが減少していく企業とを投資家が見分けるのに、すぐに役立つようになるだろう。現時点で予想できるのは、世界中の政府が、大小の企業の活動に関する規制を決めるとき、格付け機関の発見を応用するのではないかということだ。

ここでは、最も有望な五つの評価機関について検討してみよう。バリュー・クリエーション・インデックス、カルバート、イノベスト、IRRC（最近ISSに買収された）、S&Pの五つである。これらの規律ある成長企業を見ると、潮目が変わっているのが分かるだけでなく、新しい生命を生み出す海の底で、何かが起こりつつあることが分かってくる。

魅力を増す無形の価値――バリュー・クリエーション・インデックス（VCI）

二〇〇〇年、キャップジェミニ・アーンスト&ヤング★が、バリュー・クリエーション・インデックス（VCI）を考え出した。VCIは、現代企業の成功と失敗を左右する無形資産について、その定量化を初めて試みたものだ。「今日の経済は、ナレッジやR&D、イノベーションなどの資産を基盤としており、これまでにない課題を提示してくる。それは、無形資産を評価するという課題だ」。同社の報告書はこのように述べる。「ブランド開発やリーダーシップ教育、研究開発への企業による投資は、いまや有形資産への投資の総額を上回る」。新しい水面下の世界が提示されたのだ。

さらに同グループによると、企業価値の少なくとも三分の一が、非財務的情報によって決まるという。（小さな企業では、その割合はさらに大きくなる）。このように無形資産の価値が述べられたことに

★　キャップジェミニ・アーンスト&ヤングに関しては、補遺Bにも説明がある。

より、投資に対する実際のリスクやリターンの可能性を株式投資家がもっと知ることができるよう、世界的に企業の透明性に対する要求が高まった。

キャップジェミニ・アーンスト&ヤングによると、非財務的な事項は、いまでは企業価値の三五%をも占めるという。セルサイドのアナリストが、非財務的な要因をより重視するようになるにつれ、業績予測は正確さを増した。VCIは、いわゆるバリュー・ドライバー（企業価値を生み出すもの）と株価の相関関係を、初めて体系的に定量化しようとした。VCIは各バリュー・ドライバー（他企業との連携、ブランド、イノベーションなど）を、株価に対するインパクトをもとに重み付けする。何が企業の価値を左右するかについて、VCIは従来の見方を再定義した。たとえば、二〇世紀のほとんどのエグゼクティブは、企業の将来の株価の決定要因として、技術や顧客満足が非常に重要だと考えていた。しかし、それらの要因はかつて考えられていたほど重要ではないと、VCIは証明した。また、いまでも多くのビジネスリーダーが、他企業との連携は相対的にそれほど重要ではないと考えている。しかしVCIによると、他社とさまざまなパートナーシップを組んでいる企業は、単独で進もうとする企業よりも、はるかに高い価値と成長率を示すという。まるで、他者とうまくやっていける能力――ビジネスにおける社交的な要素――が、健全なマネジメントとリーダーシップの表れであると言っているかのようだ。このVCIの発見が示すのは、戦略的提携に取り組む企業は、規模の経済をより新しく社会的な、かつ目に見える方法で実現できるということだろう。これは実に革命的なことだ。つい最近まで、形のある資産だけが、株式投資に対する投資家の自信となっていたのだから。

つまり、状況がまったく変わっているということだろうか？　答えは複雑だ。従来型の、形のある資産についての評価は依然重要だ。しかし以前ほどではない。無形の価値が重要性を増したことが、われわれがよく知っていた世界を変えつつある。第三者格付け機関は、業界ごとに、また企業ごとに、株式価値にリスク・プレミアムをつけることが可能だと証明している。Sフロンティアの上昇部分にいる企業は有望な投資対象だと証明され、大きな社会的変化に抵抗する企業は価値を落としていく。

社会面からのスクリーニング――カルバート・グループ★

ウェイン・シルビーは、カルバート・グループの共同創業者である。カルバート・グループは、拡大する社会的問題への対応に特化した投資ツールを、アメリカで初めて設計した企業の一つだ。一九七五年以来、カルバート・グループは、アメリカにおける社会責任投資ファンドとしては最大規模の会社へと成長した。今では同社は、投資家によって異なるリスク選好に適合するよう、さまざまなファンドを設計して提供している。それらのファンドは、総計で二二〇億ドルを株式に投資している。われわれはカルバートから何を学べるだろうか。

カルバートは自社の投資ファンドから悪役企業を追い出すため、一九八二年に初めて社会的な

★　カルバート・グループに関しては、補遺Bにも説明がある。

スクリーニングを始めた。つまり、企業が公表しているほどの価値が本当にあるのか、それを見極めるためのルールを決めたのだ。それ以降、社会的責任投資（ＳＲＩ）として知られるコミュニティが成長し、進化してきた。私が最初の二冊の著書を書いたとき、ＳＲＩのコミュニティは存在していなかった。それはまるで、開拓者が残された海山を発見したかのようだった。「投資対象企業に対するカルバートのスクリーニングの方法は、あまり変わっていない」とシルビーは言う。二〇年の間に行われた主な変更の一つは、「現地の人々の人権問題という、今日強い関心が集まっている社会問題に対応していない企業をファンドから除外する」というものだ。

「私たちには、もっと応援が必要だ」とシルビーは言う。「私たちは、格付けと平行して進めているリサーチに、もっと注目してもらおうとしている。一般の人々ともっと情報を共有し、われわれのデータバンクにアクセスしてもらって、われわれが格付けを決めた根拠を理解してもらいたい。いつも変化を生み出すのは、人々からのプレッシャーだ。私たちは壁に向かって石を投げつけたりしない。そうではなく、建設的に取り組むことが重要だと信じている」

カルバートは、いわゆる遅行指標を中心に考え、投資対象から悪役を取り除くことに多くの力を注いでいる。これよりも新しいトレンドは、社会的な「先行指標」を中心に据えた格付け機関が成長し、成熟してきたことだ。このトレンドは、本書の主要テーマの一つでもある。このような格付け機関の存在により、「企業がグローバル・エクイティ文化の要求に応えながら、どのようにして社会的な変化を起こしていくか」という点に、投資家の関心がより多く集まるようになっている。社会的指標は、企業の持続可能性を示す重要な指標である。

隠された価値を見出す――イノベスト・ストラテジック・バリュー・アドバイザー

私が一九九八年の創設以来注目しているイノベストは、フルタイムの株式アナリストが八五人ほどの会社だが、その影響力は月ごとに大きくなっている。二〇〇六年終盤の時点で、同社が格付けを行っている企業の数は数千に及び、自動車からコンピュータ、銀行から電力まで、扱っている業界も幅広い。私は実際に、イノベストの格付けをもとに投資をしている人に大勢会ったし、さらに多くの人が、同社の格付けを参考に大手格付け機関による格付けを調整しているのも知っている。同社は学校の成績に非常に近い形で、企業がどのように社会のニーズに応えているか、格付けを行っている。

一般的な証券アナリストのレポートは、企業の価値のわずか一部分だけを記しているに過ぎない。氷山と同じように、企業の価値は水面下にあるのだ。イノベストは、一般的なトレンド分析では見えない、真の成長の可能性を感知する方法を開発したという。イノベストのアナリストは、短期的な業績変動の裏に何があるか見るために、企業に生じつつあるリスクや可能性を見たり、企業の組織的・将来的な行方を見たりすることに誇りを持っている。これを大胆と言う人がいるかもしれないし、実際に大胆ではある。また、大きなリターンの可能性という点では、有望でもある。

私は一九九〇年代の終わり頃、イノベストの創業者たちに初めて会った。社長であり創業者の一人であるヒューソン・バルツェルは、はっきりものを言う「ウォール街の申し子」という印象をいつも与える。彼は現代の企業のバリュー・ドライバーのうち、外部との関係に特に関心を持っている。私はもう一人の共同創業者であるマシュー・キールナンとも時折会った。キールナンはトロントに住んでおり、Eメールを使って仕事をしている。何年かの交流の後、私はイノベストに、AHCグループの「株主価値ワークショップ」の議長を務めてくれるよう頼んだ。彼らは四年の間、すばらしい仕事をしてくれた。

しばらくの間、バルツェルとキールナンはイノベストを創設し、動かしているのは自分たちだと主張していた。しばらく後に、私のワークショップの参加者の一人、ジョン・カザックが、自分も同社の企業価値評価手法「エコバリュー」の創設に加わったと言った。これだけ多くのプロフェッショナルたちがイノベスト創設への貢献を主張していることから、同社は魅力のある会社なのだと想像できるだろう。実際、イノベストは非常に魅力のある会社だ。そして、まだまだ伸びそうでもある。株式の動きを評価するために過去を凝視するのではなく、イノベストは水面下を見て、企業がどれだけ良い位置にいるかを判断する。同社の新鮮なアイディアは、図28で示すように、企業価値評価のマーケットを拡大した。

イノベストは図28に示した四つの無形のバリュー・ドライバーに特化している。ここに挙げられた項目はすべて、危険なほど無視されてきた無形価値の領域にある。「金融資本」の下に挙げられたすべての経営機能は、今世紀ますます重要性を増していくだろうと、イノベストは言う。こうした項目が積み重なって、企業の社会的価値が生まれる。株式市場が氷山の一角だけを見る

図28　イノベストによる氷山の全体像

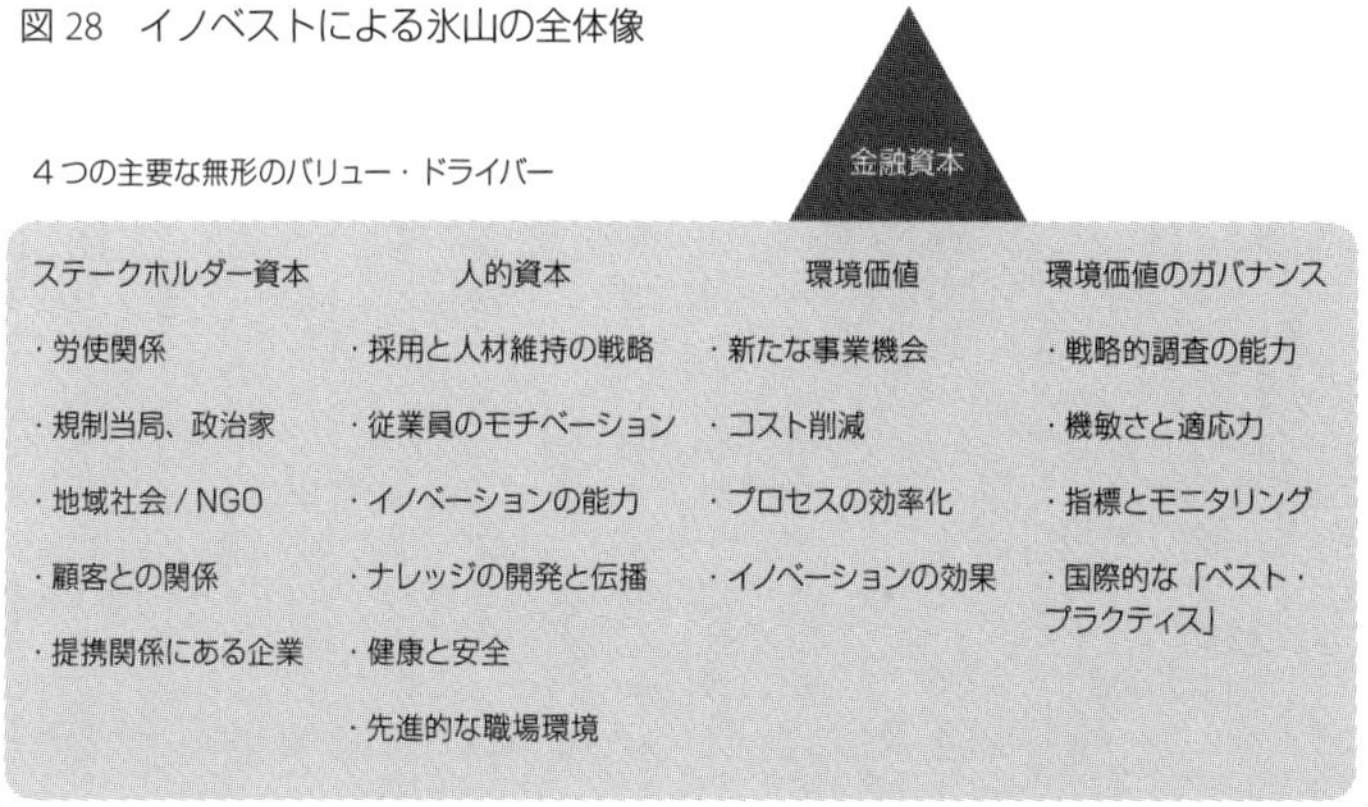

4つの主要な無形のバリュー・ドライバー　　　　　　　　　　　　金融資本

ステークホルダー資本	人的資本	環境価値	環境価値のガバナンス
・労使関係	・採用と人材維持の戦略	・新たな事業機会	・戦略的調査の能力
・規制当局、政治家	・従業員のモチベーション	・コスト削減	・機敏さと適応力
・地域社会／NGO	・イノベーションの能力	・プロセスの効率化	・指標とモニタリング
・顧客との関係	・ナレッジの開発と伝播	・イノベーションの効果	・国際的な「ベスト・プラクティス」
・提携関係にある企業	・健康と安全		
	・先進的な職場環境		

のに対し、イノベストは意識的に市場の変動の下にあるものを見る。

私がイノベストに電話をかけると、たいてい最初に新しいニュースを聞くことになる。「世界最大手クラスの機関投資家と、契約を結んだところだ」と、あるときバルツェルは言った。オランダの年金基金、ABPとの契約だった。同基金は一兆ドル以上を保有する、ヨーロッパ最大の年金基金だ。バルツェルは、「イノベストがメジャーになってきたことが、今回ほど感じられたことはない」と言った。彼の物言いは大げさではあるが、間違いはなく分かりやすい。これが関心や注目を集めるきっかけとなる。

エンロン事件は、イノベストがさらに事業を伸ばす契機となった。バルツェルが言うには、同社が「受託者の義務を細かく説明した」からだ。「ほとんどの投資家は、リスク調整後のリターンしか見ない。投資家は他の点も見る必要があると、われわれは考える。企業戦略や株式価値の背後にある無形の価値や、より大きな社会的要素などだ。企業の社会的責任の分野で活躍している他の企業とは異なり、われわれは可能な限りビジネスライクになろうとしている。そうすることで、資本市場の主流にいる人たちと、話しやすくなるからだ」。バルツェルの言葉は自信にあふれ、彼の口から滑らかにすべり出た。まるで、ゴールドマン・サックスかJPモルガンの誰かと話しているかのようだった。

イノベストは二〇〇四年九月に、スティッチング・ペンションと契約を結んだ。この契約は私にとっても、イノベストの成熟を感じた重要な瞬間だった。この契約で、同社はABPのベンチャー提携部隊であるステート・ストリート・グローバル・アドバイザー（SSgA）と組み、「US・コア・環境ファンド」と名付けた新しいファンドを開発した。「コアという言葉を使ったのは、金融業界の人がよく使う言葉だからだ」と、バルツェルは言った。このファンドは、投資ポートフォリオの核（コア）となるよう設計されたもので、規模の大きなファンドとなるよう株式が選ばれた。何カ月間もテストに次ぐテストが繰り返された。その結果、SSgAの投資モデルにイノベストの環境リスク分析が合わさると、とてもよいリターンが得られることが確認できた。

二〇〇五年以降、イノベストは他の主要な機関投資家とも重要な取引を始めた。たとえば、INCR（Investor Network on Climate Risk: 気候変動リスクに関する投資家ネットワーク）は、イノベストがJPモルガンと組んで行った二酸化炭素プロジェクトの協力を得て、「過度の二酸化炭素」を排出する製品を売る企業への投資を制限しはじめた。これはイノベストにとって大きなステップとなり、同社への評価と信頼性も高まった。元国務長官のマデレーン・オルブライトも、イノベストの二酸化炭素プロジェクトの会議で、スピーチをすることに同意した。

投資に際して二酸化炭素のスクリーニングを課す理由の一つは、金融市場が気候変動を懸念するようになっていること、そしてその気候変動に二酸化炭素が影響を与えるからだ。しかし、金融市場における投資のより大きな動機となるのは、昔からの考え方である「リスクは最小限に、リターンは最大限に」というものだ。これにより、イノベストのレポートが重要かつ面白くなる。イノベストは投資家に、氷山の上部と下部の両方をイメージさせるからだ。同社は、水面下に沈んでしまったかもしれない企業リスクを認識する、最前線に立っている。

一方で、二酸化炭素を出さない化石燃料の代替物を提供する企業は、現在の市場ではまだ認識されていない価値を内包していると言える。「アメリカ国内外の機関投資家の間で求められている投資商品は、数字的なパフォーマンスもよく、受託の面で優れたリーダーシップをとり、気候変動などの主要な環境問題への懸念も示しているものだ」。SSgAグループのチーフ・インベストメント・オフィサーである、アラン・ブラウンは言う。

創業から十年ほどの間、イノベストの第一の専門領域は二酸化炭素だった。「われわれはおそらく他のどんな企業よりも、二酸化炭素について詳しい」とバルツェルは言う。「わが社の事業のほとんどはヨーロッパで展開されているが、ヨーロッパでは京都議定書に沿って状況が進展している。アメリカでは電力・ガス業界などは二酸化炭素のリスクを意識しているが、金融業界はまだ真剣に考えていない」

イノベストは現在、他の重要な社会問題、たとえばサプライチェーンや労働者の権利などにも、展開を始めている。同社は、社会対応型の投資に関しては、最も包括的な企業価値評価方法を確立するだろう。ただし、他の大手企業に買収されなければだが。

「長い間、わが社は環境問題に焦点を当ててきた」と、バルツェルは言う。「事業を始めた頃、社会問題よりも環境問題のほうがデータは多かった。また、社会問題よりも環境問題のほうがビジネスにしやすかった。だが、二酸化炭素や他の環境問題は、企業が直面するリスクとしては最大のものではない。たとえば衣料品業界では、サプライチェーン・マネジメントのほうが、二酸化炭素の排出よりも、ずっと大きなリスクだ」

忠実な顧客の隠れた価値――ワールプールのケース

ミシガン州ベントン・ハーバーにあるワールプールは、家電製品の分野では世界のトップ企業だ。同社は一九一一年に設立され、現在では六万八〇〇〇人の従業員を抱え、一四カ国に製造拠点を構える。そこから一七〇の国々の消費者に製品を提供している。ワールプールの成功を見ると、その氷山の下には何があるのだろうと、疑問に思うことだろう。つまり、消費者が購入する製品の中では、最も耐久性のある製品を製造していながら、どうして高い利益を上げられるのだろうかと。多くのコンピュータは製品寿命が三年〜五年、自動車はその約二倍、一方で家電製品は一五年使えるものもあるし、三〇年の場合もある。製品の回転が速くないのに、なぜワールプールは環境への影響などの社会問題に注意を向ける必要があるのだろうか。

「わが社の長期的な成功は、わが社のブランドや製品を長く支持してくれる顧客を作れるかどうかで決まる」。ワールプールの世界環境・健康・安全プログラムのディレクター、スティーブ・ウィリスは言う。

「われわれにとって計り知れない価値がある問いかけは、『どうすれば忠実な顧客を得られるか』である」。ワールプールは、世界の市場調査に莫大なお金を注ぎ込んでいる。リサーチの目的は、さまざまな文化に暮らす顧客が、なぜ「白い箱の海」からワールプールを選ぶのか、その理由を探ることだ。なお、白い箱の海とは、すべての製品が同じように見える家電業界で、メーカーが直面する困難を表すのに使われる言葉だ。ウィリスは言う。「われわれが発見したのは、家電業界では、エネルギー効率や水や空気の汚染といった社会問題への対応が、企業の業績と強い相関関係にあるということだ」

ブランドごと、市場ごとに評価を行い、ワールプールは洗濯乾燥機のデュエット・シリーズで、競合他社から自社を差別化した。この製品によりワールプールは、「企業の社会的責任の要素を、製品に組み込むことができた。結局のところ、企業の社会的責任においては、環境問題が一番の基本となるのだ」

デュエット・シリーズは、市販の製品としては最もエネルギー効率がよい。その理由の一つは、従来型の垂直な軸ではなく、水平に置かれた軸を中心に、縦に回転するようにしたことだ。重力を電力の代わりに利用することで、電力使用量を減らした。皮肉なことに、大型家電製品による環境への影響は、「製品が必要とする電力の製造」から生じるのであり、製品そのものから生じるのではない、とウィリスは指摘する。

この事例は、ワールプールが社会対応型の製品開発戦略として、エネルギー効率に焦点を当てた理由を説明している。もちろん、環境に影響を及ぼす他の要因としては、水の消費や製品の廃棄などもある。ワールプールはデュエット・シリーズを、製品寿命が尽きたときにリサイクルしやすいよう再設計している。なお、デュエット・シリーズでは縦方向の回転を採用したことにより、他社製品とは見た目がかなり変わり、マーケティング的にもプラスになった。

「市場調査で分かったのは、わが社が環境への負荷軽減に取り組んでいることを顧客が評価していることと、そして顧客がわが社を大きく支持してくれていることだ」。ウィリスは言う。「ワールプールの典型的な顧客は、一番安い製品を選んだりしない。わが社の製品から他社にはない価値が得られると感じるから、顧客は余分にお金を払おうとするのだ。われわれの社会的責任の活動の結果が示すのは、そういうことだ」

株主の動きとその影響――IRRCのリサーチから見えてくるもの

従来からの株式価値評価モデルに、社会的な価値が影響しはじめていると見ているのはイノベストだけではない。二〇〇〇年以降、株主提案が増えはじめた。その結果、主な格付け機関はみな、オピニオン・リーダーが金融紙や業界紙で公表するリスクに加え、NGOに関連したリスクを考慮するようになった。なぜなら、多くのNGOが企業の株式を買い、社会問題を株主総会で提議するようになったからだ。

二〇〇四年、株主提案の数は史上最高となり、株主の行動が活発化していることが明らかになった。二〇〇五年も増加傾向は続いている。株主提案をすれば、政府の規制や経済的な報償や制裁措置などを伴わなくとも、社会的な目的を効果的に達成できる。社会対応型の投資家にとっての新たな「テコの支点」となるのだ。一九九〇年代と同様に、今世紀これまでに行われた株主提案では、環境に関するものの数が最大となった。ワシントンDCにあるIRRC★（Investor Responsibility Research Center）の前社長兼CEOであるリンダ・クロンプトンによると、二〇〇四年に行われた株主提案では、主なテーマは次のとおりだった――世界的気候変動、環境と持続可能性の報告、生命工学と原子力発電所の安全性。

最も多かった株主提案は、世界的な気候変動に関連したものだった。二〇〇四年以前は、気候変動は定量化できないリスクを伴う問題だった。しかし二〇〇三年頃から、イノベストなどの企業の活動の結果、企業にとっての気候変動の重要性が目に見えてくるようになった。二〇〇三年から二〇〇六年までの間、株主提案の数は一貫して増えつづけている。次頁の**図29**からもその傾向が分かる。

成功は成功を呼ぶ。以前は株主提案が行われると、取締役やエグゼクティブたちは、「何様のつもりだ？」といった反応を示した。少なくとも、IRRCの社会問題ディレクターであるメグ・ボーヘンはそう記憶している。「いまでは違う」と彼女は言う。

「企業はここ最近、NGOとともに活動することが増えてきた。そして、第三者の監査を受けた持続可能性報告書を発行する企業の数も増えている」。彼女はコーポレート・ストラテジー・トゥデイ誌にそう記す。こうした提案のうち直接的な変化に結びつくものは多くはないが、状況を動

★　IRRCに関しては、補遺Bにも説明がある。

かしているのは確かで、社会的に責任のある方法で対応するよう企業を促している。

こうした株主や消費者からのプレッシャーに対応して、社会調査のディレクターを任命する企業が増えている。私が最初にこれに気がついたのは、IRRCやカルバートなどの展開からだったが、やがて教職員保険年金連合会もこれに加わった。二〇〇五年頃から、ゴールドマン・サックスやJPモルガンは社会調査ディレクターを雇いはじめ、格付けの取り組みを開始した。環境や社会やガバナンスについてのリサーチや、格付け機関などに関したものだ（ある意味、ESG格付けのようでもある）。「社会調査ディレクター」がたくましく育ち、他の運用担当者に影響を与えるかどうかはまだ分からないが、彼らの存在そのものが注目に値することは確かだ。資本主義は進化

図29　株主提案の数とテーマ

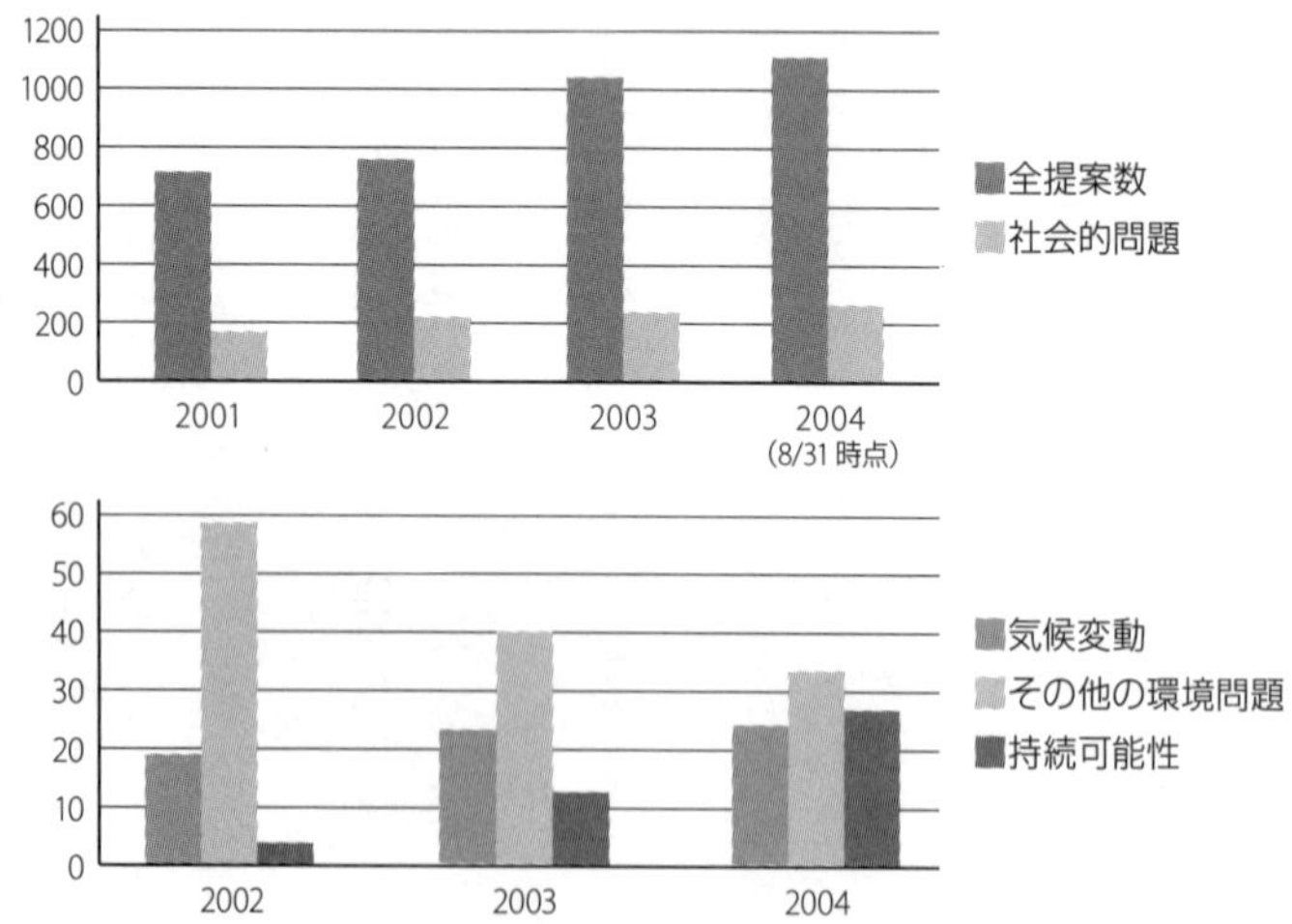

し、企業が財務業績だけでなく、社会的な面でも成績をつけられる時代となった。そして、その成績は株主や投資家にとってとても重要で、企業もそれに対応している。

CSRレポートの力——ギャップのケース

株主提案は、業界全体を良い方向に向けることができる。二〇〇一年頃にもそのような事例が見られた。労働と人権の活動団体はギャップ（GAP）に対して、サプライヤーの基準に関する報告書を求めて株主提案を行うと脅した。三〇〇〇店の小売店舗を持つ同社は、アメリカ最大の衣料品販売店だ。ギャップは真剣にこうした社会的投資家に対応しはじめ、ようやく提案は引き下げられた。

発展途上国における労働の問題は、ここ何年も多国籍企業を悩ませている。いわゆる「搾取工場」問題に関わる社会活動家も、よいデータがないことに頭を悩ませていた。したがって、ギャップがCSRレポートを発表し、同社の衣料品を生産する工場の労働環境を詳細に報告すると、投資関係者は大絶賛した。社会責任投資の関係者だけではなく、もっと主流にいる人々も絶賛したのだ。

同社では九〇人のフルタイムのコンプライアンス担当者が、五〇カ国にある三〇〇〇の工場を延べ八五〇〇回訪問し、その結果が同社のCSRレポートで毎年公表されている。担当者はすべての工場を毎年訪問し、ギャップのサプライヤー行動規範に照らし合わせて評価している。その規範では、児童労働や強制労働や差別を禁止し、結社の自由などの人権を保護している。

「このレポートは画期的だ」とニッキー・バスは言う。彼女は、カリフォルニア州オークランドにある衣料品産業従事者の支援団体である、スウェット・ショップ・ウオッチのディレクターだ。「このような情報を提供している企業は他にない。ギャップのレポートは、労働状況に関してより詳しい情報公開を促すきっかけとなる」。コネチカット州ハートフォードの「熟考と教育と行動センター」エグゼクティブ・ディレクターであるルース・ローゼンバームは、次のように言う。「ギャップはこのレポートを発表するに際して、大きなリスクをとった。株式市場や衣料品業界がどう反応するか、読めなかったからだ。これまでのところでは、極めてよい反響が返ってきている」。現時点では、情報公開リスクをとっただけの見返りがあったようだ。

ギャップの持続可能性コーディネーターである、ステイシー・クラムも同意する。「わが社が社会問題への対応で何をやっているか、他の企業から話を聞きに来る人が増えている」。同社がレポートを発表する前、エグゼクティブたちはレポートを出すべきか悩んでいたとクラムは言う。サプライヤーの工場は、結社の自由などのデリケートな問題で、基準に達していなかった。「情報を公開して、さらに注目を集めるべきなのか悩んでいた」。クラムは言う。「いまでは迷いはない。レポートは非常に好意的に受け止められた。他社も今では、同様のことを行うのに自信を持ちはじめている」

ギャップは二〇〇五年に、エシカル・トレーディング・イニシアチブ（Ethical Trading Initiative）と、ソーシャル・アカウンタビリティ・インターナショナル（Social Accountability International）の企業プログラムに参加すると発表した。両団体とも、世界共通の労働規範の開発を進める団体だ。「われわれがいま調査しているのは、小売業界や産業界全般にわたって、労働環境へのインパクトをどのようにして持続するかということだ。コンプライアンスのプログラムを、どうやって一つの工場から地域全体へと移行するか検討している★」

社会的要素を企業評価に取り入れる——S&Pの力と影響力

私は長年にわたり金融の世界を見てきたが、S&Pをたとえ1四半期でも無視することはできなかった。マグロウヒル・グループの二〇億ドルの部隊であり、客観的でバランスのとれた格付け機関である同社は、企業の信用力のかなりの部分を決定する。S&Pは金融機関の資本コストの決定を手助けし、金融機関がその資本コストでお金を貸してそこからリターンを得、企業の成長に手を貸せるようにする。われわれはそのS&Pのジョージ・ダラスが本書のあとがきを書き、彼の考えを示してくれたことを嬉しく思う。

S&Pは本書の第8章で書かれたようなことを、大きく扱いはじめている。それは一見矛盾したことのようにも見える。なぜならS&Pは、イノベストやカルバートが掲げるような社会的な仮説で、自社の分析にバイアスをかけたりしないからだ。S&Pは主張を掲げる企業ではない。客観的でバランスのとれた企業だ。彼らが新たな社会的変数を取り入れているのであれば、それは実際に価値の変化が起こっているからであり、そうするだけの十分な理由があるからだ。S&Pは評価を行うが、主張はしない。それが同社の強みである。またこの点から、社会的変数がどの程度のものになったか推測することができる。

★ この項に関連するGAPのウェブサイトが、補遺Bで紹介されている。

S&Pの展開のいくつかは、イノベストやカルバートが最初に発見したものだし、それ以外はIRRCやコア・レーティングなどが発掘したものだ。しかし、世界経済に影響力がある企業の取締役会に乗り込んだのは、S&Pだ。人々は、まるでハーバードの教授の言葉を聞くように、S&Pの発言を聞く。S&Pは文句のつけようがない専門家で、同社が社会的なプレッシャーに反応しているのであれば、同社が助言を与える企業も納得する。

本書の冒頭の話を振り返ってみよう。近未来の世界を形作る勢力を、われわれはテコの支点のイメージで考えた。今後は、法律や人々や価格がテコとなって、企業に変化を起こす。これはS&Pが非常によく知っている領域だ。われわれはエネルギー価格の変動や気候変動、生態系の崩壊などが、テコに新たな力をかけていると記し、それがより良い世界を作るための、より良い製品への動きにつながると述べた。S&Pはこうした企業の価値に影響する新たな力を、現実のものとして見ている。また同社は、より良い製品を作ることが、企業の成長や将来の価値を生み出す最善の方法だとも考える。

S&Pのような主流のアナリストたちが、こうした社会的展開を彼らの方程式の新たな前提条件として見ている。その理由はこうだ。ソーシャル・インベストメント・フォーラム（Social Investment Forum）の研究によると、SRI（社会的責任投資）ファンドの資産は二兆一六〇〇億ドルになっているという。大きな額ではあるが、世界の経済活動の多くを占める株式市場合計の五%にも満たない額でもある。S&Pが検証する領域は、世界経済全体だ。つまり、主流の九五%とSRIの五%の両方だ。「S&Pは、エンチラーダ★全体に取り組むということだ」と、ヒューソン・

バルツェルはメキシコ料理を食べながら私に言った。

S&Pのマネジング・ディレクターであるジョージ・ダラスは、企業ガバナンスの専門家だ。彼はそのすばらしいキャリアを通じて、ガバナンスが企業のリスク全体にどう影響するかを考えてきた。「われわれの仕事は、投資家に自らがとっているリスクをより良く理解してもらうことだ」と、ダラスは言う。「帳簿上の価値と市場価値との大きな乖離を、どのように説明するか。会計の不適切さは、確かにその一因となる」。ダラスは、ドラッカーが話の冒頭でよく用いたような警告を思い出させる話し方をした。そして、ダラスの話はもっと深まっていった。「しかし、今日の企業価値の非常に多くの部分が無形資産にある。ブランド価値や企業の評判には価値がある。企業ガバナンスや持続可能性などの〝ソフト〟な問題や、非財務的リスクも同様だ。こうしたすべての要因が、企業のリスク全体に大きく影響を与えている。それを客観的分析で把握するのは難しいが、さらに研究し調整しつづけていかなければならない」

ダラスは「良いガバナンスは価値を創造する」という考え方に傾いていると認めた。しかし同時に、ガバナンスと価値の関係を明らかにするには、精密な実験をして立証するために調査の領域を広げる必要があることも認識している。確かなのは、「ガバナンスの不在は、株主価値と債権者の価値の両方を破壊するということだ。われわれが調べた事例が示すのは、企業ガバナンスが貧弱で株主との関係も貧弱な場合は、企業と投資家の両方に損害を与えるということだ」

★ メキシコ料理の一種。

ダラスは、金融業界がガバナンスに注目しはじめたのは、アメリカで数々のスキャンダルが起こるかなり前だという。「一九九〇年代の終わり頃、企業ガバナンスの問題は、アジアやロシアの新興市場で前面に出てきた。腐敗がシステム全体に染み込んでいたのだ」。最初は個々の悪役企業がターゲットにされたのも理解できる。「その頃アメリカでは、情報公開と企業の透明性に関しては長い歴史があったため、自己満足に陥っていた。加えて、アメリカの法律と規制があれば、アジアやロシアで現れつつある種類のガバナンスの問題は起きないと見られていた。新興市場で危機が起こった後も、非常ベルが鳴ることはなかった。ガバナンスに対する懸念は、アメリカでは大して生じなかった」。ダラスはこう述べた。「エンロンの事件が起こるまでは」

現在のダラスの仕事の焦点は、ガバナンスがリスクにどう影響するかだ。彼のタイムリーな大著『ガバナンスとリスク』[★1]にも、この点が記されている。ダラスは言う。「ガバナンスと定性のリスクを追跡し、意味のある精密なやり方で評価するのが難しいため、事態は非常に複雑になってきている。良いガバナンスがどのように企業のリスクを減らすかに関して、信頼できる測定方法を定めることができれば、金融市場はもっと効率的になるはずだ。われわれはその重要な旅路に出たばかりだ」。さらに続けて、「企業ガバナンスからリスク・マネジメント・システムまで、さまざまなリスクがどのように企業のリスクの全体像に影響するのか、S&Pではその点の理解を高めようとしている」

社会やガバナンスの問題に関しては、いまや人類史上で最大の量の情報が入手できるとダラスは言う。「しかし、その情報で何をするのか。それが問題だ」。彼はシェイクスピアのように話した。

グローバル・レポーティング・イニシアチブ（ＧＲＩ：Global Reporting Initiative）のデータの収集は忍耐強く尊敬すべきものだが、そこに欠けているのは、集めた情報が、信用格付けやディスカウント・レート、事業上のリスク環境などにどのように影響するのかがはっきりと説明されていない点だ」。こうダラスは指摘した。いまでもこれは大きな欠点だ。もし、社会やガバナンスの問題と、金銭的な成功との関係を定量的に証明することができたなら、流れはもう止められなくなるだろう。

「こうした情報の多くが株主に向けられたもので、財務分析とはまったく結びついていない。持続可能性の概念を金融市場に取り込むことに関しては、われわれはまだ初期段階にいる」。こうダラスは結論付けた。しかし彼の話しぶりから、近い将来このニーズは必ず満たされるということが感じ取れる。ダラスに何十回もインタビューし、個人的にも会って話をしたが、いつでも私はフロイトの『幻想の未来』[★2]に書かれている有名な傍白を思い出した。「知識人の声は小さい。しかし、聞いてもらえるまで休むことはない。数え切れないほど拒絶されつづけ、ようやく成功するのである」。こうした忍耐強さは、Ｓ＆Ｐが取り組んでいるすべての事項で見られる。

企業行動や社会的善に関する理想主義的な考え方について、ダラスは現実面から検証する。

★1　George S. Dallas, *Governance and Risk: An Analytical Handbook for Investors, Managers, Directors, and Stakeholders* (Mcgraw-Hill, 2004).

★2　Sigmund Freud, *Future of an Illusion.*　フロイト著『幻想の未来』。日本語訳は『幻想の未来／文化への不満』（中山元訳、光文社、二〇〇七年）などがある。

しかし、重要な社会問題——たとえば、世界的な気候変動やサーベンス・オクスリー法などのガバナンス改革——に関する対話にS&Pが参加しているという事実は、お金の動きと大手金融機関が変化していることを裏付けるものだ。S&Pの活動は、決してバイアスがかかったり飾られたりしない。彼らの重要性の認識は企業の取締役会まで達し、社会的な改革を引き起こす。このような仕事は、お金の世界全体を高めるような効果がある。資本市場の進化は、緊急の社会問題への対応をリードする企業に対して、正のフィードバック・ループを作り出す。そして逆もまた真なりである。資本市場の進化は、上向きと下向きのどちらの方向にも進む。信用や価値などに関する、純粋に数値的な診断という高みの領域に行くか、あるいは個々の企業それぞれと運命を共にし下降していくかである。

社会的リーダーシップとSフロンティア

本書では、大企業における社会的リーダーシップの事例をいくつも取り上げてきた。その説明のために、大きなフレームワークを用いた。先進的な資本主義における新しいパターンを認識するためのフレームワークだ。またわれわれは、各事例をコンセプトで補強しようと試みた。社会とビジネスが、健全な緊張関係と重大な意見の相違にもかかわらず相互に関係し合っている、その根底にあるコンセプトである。そして最後に、大胆な警告とわれわれの前にあるフロンティアのイメージで、この本を締めくくりたいと思う。

この最終章には、補足としてミニ・ケースをいくつか入れた。メインのケースであるトヨタとHPが、氷山の一角に過ぎないことを示すためだ。サンコアの現地の人々に対する気遣いは、同社の評判を高め、ブランドの価値を増やした。また、化石燃料の業界において、資源が消え行く中で製品を供給するという大きなストレスに耐えながら、長期間生き延びる確率を飛躍的に高めた。ワールプールは、一五〜二〇年に一度だけ買い換えればいい白物家電を売るという事業を行っているが、同社は企業が顧客を何世代にもわたって維持する方法を示した。すなわち、世界の環境負荷を減らすという大胆な動きに出たのである。これらの企業が将来を確かなものにするために、このような困難で大きな決断をしたことを、われわれも誇りに思う。ここに、サンコアとワールプールはわが社の長年のクライアントであることを明らかにしておく。

本書はまた、優れた企業のリーダーシップの事例がすべて含まれるような、資本主義におけるパターンを認識した。本書では、社会の中には資本主義に新たな形と責任を与える力が働いているという考えを示した。しかし、破壊的な勢力も同様に動いており、それは打ち負かすか改善しなければならない。Sフロンティアの性質そのものが提示するのは、われわれは長い旅を始めたばかりで、正しい方向に進むには、たくさんの仕事が残っているということだ。

現在、エンバイロメンタル・ディフェンス（Environmental Defense）のエグゼクティブ・ディレクターで、クリントン政権下では国務省の外交官だったフランク・ロイは、本書のまとめとなる警告を、次のように非常にうまく表現する。ロイは、多国籍企業の力を信頼しすぎないよう警告する。「地球温暖化などの社会問題を解決するという重責すべてを企業に課すのは、公平でないし、生産的でもない」と、ロイは言う。「政府の規制や法律にも、基準を設定するという役割はまだ残っている。企業世界の製品の完璧さに頼り過ぎないようにしよう。企業が多くのことを自発的に行うのは、いまだに難しい。多くのＣＥＯが短期業績に縛られているのだから」

ロイは同時に、彼の同僚である環境問題専門家にも警告を発する。「環境問題の分野では、企業を搾取や公害を引き起こす悪役だと考える人たちがいる。企業が良いか悪いかは問題ではない。企業は政策やモノやお金を動かす大きな力を持っている。もし環境団体が企業と手を組むことを決めれば、思いがけず多くを達成できるかもしれない。これは本書から得られる教訓だ。これを、敵と取引をすると考える人がいるかもしれない。そうした見方をすると、本当に敵を作ってしまうことになる」

ロイはこの一〇年ほどを、なぜ気候変動が重大な問題となっているのかの検討に費やしてきた。彼はこの課題が「よくない状態」にあると表現し、アメリカにおける企業と政府の乖離が起こっていると言う。気候変動に関するアメリカの内側をこのように表現して、ロイは政府とビジネスの相互依存の深まりが、この本の中心だと言った。

ロイは彼のスタンスを、ワシントンでアラン・バンクスと私に説明してくれたことがある。民と官の両方の組織を数多く調査した結果に基づいた、非常に印象的で情熱的な議論だった。「現在の行き詰まりは、きわめてアメリカ的な現象だ。企業は政府に逆らいたくはない。最初は、企業はもっと先まで進もうとするが、エネルギーに関する新たな基準を求めることには、抵抗がある。気候変動に関する新たな規制を促すところまでは、なかなか行動を起こせない。ワールドインクの本の最後は、それがなぜなのかを問うことで終わるべきだ。以前は自分たちに課さなかったことを課すような新しい政権に、企業は責任を持ちたくない。政府が強制していないのに、自分たちが推進しようとしていることを、株主に説明したくない」

より良い製品がより良い世界を作ると信じるならば、われわれは企業の力と政府の法的な力の両方を信じ、両者の力を合わせて社会を前に動かすべきだ。私の本全体でもこのポイントを語っている。両方がなければ、われわれが直面する問題を切り開いていくことはできない。

しかし、思いがけない希望をもたらす可能性があるのは、社会対応の新たな勢力である多国籍企業だ。彼らは、二酸化炭素の影響を受ける地球市民と直接的にやり取りしている。それはまるで、エクイティ市場において、消費者が企業の変革に向けて毎日力を貸してくれているかのようである。消費者の行動のスピードは、政府の規制よりも速い。かつてわれわれは、必要な変化を起こすには、ロビー活動を待たなければならなかった。いまでは世界のエクイティ市場が、自身のお金を社会的に優れた製品や投資に使って、投票しているかのようである。SフロンティアのSの字は、常に調整されているのである。

これは目新しい、二一世紀に独特な感覚であり、責任でもある。われわれには、政府と企業の両方が必要だ。政府に対しては、資源やエネルギーの差し迫るニーズに対する解決策を探す上で、強い役割を求める必要がある。加えて、政府には、社会対応の企業という新しい勢力を支え、励ましてもらわなければならない。

今世紀は、単なる非難はせずに、早急な答えを求めて取り組もう。多国籍企業の幅広い展開により、社会問題を企業が解決するという、いままでにない視点をわれわれすべてが持たなければならなくなっている。おそらくこれが、Sフロンティアの最後のS——システム思考（systems-thinking）だ。地球はただ一つだけだ。地球はわれわれが維持すべき、究極のシステムである。

二〇〇七年二月、マンハッタン、ウォール街にて

第9章のポイント

1　失敗した企業が残した残骸の中に、多くのアイディアや技術やナレッジの基盤などが見つかる。グローバル・エクイティ文化は、こうした遺物や企業の一部分を常に整形しなおし、新しい社会的価値として移行する。これは究極のコンポスト・パイル（ゴミを堆積・発酵させて、堆肥にするもの）だ。

2　かつては、物理的な資産が企業の価値の主要な部分だったが、今日の株式の価値にはそれ以外の無形の価値が大きく反映されている。たとえば、製品グループの社会的な位置付けや、社会的なブランドなどだ。お金が自らをコントロールできない理由の一つは、いまでは新世代の格付け機関が、市場や投資のコミュニティによる評価をコントロールしているからだ。

3　カルバート・グループは企業の社会的責任のパイオニアだ。同社が企業のスクリーニングのプロセス（遅行指標）を一般的にし、それが一九八〇年代初期に「良い企業」を決める方法の主流となった。二〇年も経たないうちに、七四以上の格付け機関が活発に事業を行い、影響力を持つようになった。

4　一九九〇年代半ばに創業されたイノベストは、独自の「エコバリュー」という手法（先行指標）でスクリーニングを行い、企業の将来の社会的価値を予測する。同時に、S&Pなどの主流の格付け機関も、これらの展開を同社の事業と組み合わせることで、影響力のある仕事をしている。ここでは、どんな組み合わせ方をするかが重要となる。

5　グローバル・エクイティ文化は、株主提案というツールを活用し株主総会にも進出している。これにより、社会対応の企業は繁栄し、ほぼ毎日システムを修正することができる。グローバル・エクイティ文化は透明かつ頻繁な報告を要求する。また、厳しく評価をしつづけ精査しつづける。

6　社会責任投資のファンドは、株式市場のわずか五％ほどを占めるに過ぎない。しかし、S&Pやゴールドマン・サックス、教職員保険年金連合会などが社会調査や格付け手法などに一斉に取り組みはじめているのを見ると、社会対応型の投資が主流に向かいつつあることがわかる。これは、より良い製品を要求するための、最も画期的で信頼のできる出発地点となるだろう。

7　世界の気候変動などの問題は、アメリカの社会的な企業に対して新しいジレンマを提示する。「製造費用の野放図な増加に噛み付く株主を怒らせることなく、政府も求める劇的な変化を起こすには、どうしたらよいのか？」

われわれはみな、「産業文明」と呼ばれる荒っぽい実験から生まれた産物である。生物の種としてのわれわれ人類は、石器時代、青銅器時代、そして初期の工業化時代などを通ってきた。今日、われわれの「オン・デマンドな世界」は、人々の経験を素早く、もっとあからさまに共有するよう求めてくる。今世紀の運命は、発展途上の世界にかかっている。そこには地球の人口の九〇％が存在し、政府からも多国籍企業からも、十分に相手にされていない。私は最後に、この本を発展途上国の同胞たちに捧げたいと思う。

ＨＰは、すべては「あなた」次第であるとわれわれに気づかせてくれた。つまるところ、世界のエクイティ文化は「あなたと私とスミスさん」にかかっているのだ。市場や社会においてやり合うには、少なくとも三つの非常に異なる勢力が必要だ。取引を行うための三つの力だ。もはや売り手と買い手だけではない。今日では、誰かがあなたの肩越しに覗いている。私があなたに物を売ろうとするとき、だれかがそれを助けようとしたり、邪魔したりする。もしあなたがこのことを忘れ、自分の利益だけしか考えなかったら、あなたの計画は価値が減り、あなたの戦略は社会的な影響力がないと分かってしまう。反対に、もしこのことを覚えていたら、相互作用のある関係ができ、社会対応の企業の考え方を行動に取り込むことができる。もしわれわれ（あなたと私とスミスさん）が一緒になって、社会対応の製品を推進したら、われわれが直面する問題に対していくらでも工夫をすることができる。Sフロンティアには、このように包括的に協力し合う余地がたくさんある。

より良い世界にはより良い製品が必要だし、逆もまた真なりである。世界はテレコミュニケーションの技術や消費者の満足を追求する世界（『ロング・テール』★などの本に詳しく書かれている）により、ますます張り詰めたものになっているが、われわれが信頼できるリーダーが増えていることに感謝しよう。われわれに、あなたの行動の結果や、あなたの懸念を共有させてほしい。ともに解決しよう。この本を継続的対話の出発点としよう。

この本を締めくくるに当たって、われわれ一人ひとりにより良い製品を確保するという困難な道を選んだ多くのリーダーに感謝を捧げたい。改革を続け、目の前にあるフロンティアを進んでいく余地は多くある一方で、粗雑かつ性急に作られた製品は受け入れられなくなってきている。優れたリーダーから学び、日々の習慣や思考、どの製品を手に入れて使うかを選ぶとき、そのリーダーたちを思い浮かべよう。八年がかりでこの本を書くことで得た結論は次のとおりだ。この消費者中心の世界では、結果を考えて買うこと、そして、ツールや専門家の視点を生かすことで、自らの行動をもってより良い世界への道筋を示すことができる。一緒に旅をしてくれてありがとう。

二〇〇七年二月、ニューヨーク州サラトガ・スプリングスにて

★ Chris Anderson, *The Long Tail: Why the Future of Business is Selling Less of More* (Hyperion Books 2006).

あとがき「お金の力と消費者の力　投資の観点から見た社会対応」――ジョージ・ダラス

企業の社会的責任というテーマは、世界中でますます注目されるようになっている。それに賛成する人も反対する人も共に勢いを増しているが、私が仕事をしている国際資本市場では、どうやら後者のほうが優勢なようだ。企業の社会的責任を擁護するのではなく、疑ってかかるのである。この懐疑論者たちの主張はこうだ。「企業がその国や地域の法律に従っているのであれば、それで社会との契約を果たしたことになる。つまり社会的責任を果たしている」。より大きな社会的責任を企業に求める人々にとっては、この主張はあまりにも単純でビジョンがないように思えるかもしれない。しかし、企業の社会への責任に対して、これまで投資の世界がどのように見てきたかを考えると、先の観点も理解されなければならない。

しかし、こうした状況は変化しつつある。それは、SRIファンドの規模が拡大したからであり、主流のファンドも社会や環境の側面を研究しはじめ、こうした面での企業の過小評価や過大評価が生じていないかと考えはじめたからである。さらに、国連による「責任投資原則」の発表などの展開もあり、投資の意思決定過程に環境や社会やガバナンスの観点をもっと盛り込もうとする人たちには追い風が吹いている。

それでも、投資の世界の主流にいる人々が、突然これまでの投資分析の方法を投げ出して、社会と環境を主な投資の材料として取り入れたり、それ自体を投資の目的としたりするとは考えにくい。企業による社会や環境面での失策がそのまま大規模な危機に結びつきでもしない限り、そうしたことは起こらないだろう。もし、企業の社会面での業績を重視するよう投資家を動かしたいと考えるのであれば、こうした問題をビジネスやファイナンスの言葉で表現する必要がある。この点でカギとなる言葉は「リスク・マネジメント」と「持続可能な競争優位性」である。

グローバルに展開する独立系調査機関であるS&Pでは、このうちリスクの側に焦点を当てており、その観点から企業ガバナンスについて検討している。われわれは組織として、良い企業ガバナンスと企業の責任を、核となる価値として提唱している。これらの要素は健全で効率的な資本市場を形成する上で重要であり、同時に社会に広く恩恵をもたらすとわれわれは考える。一方で、良くない企業ガバナンスはリスク要因となり、株主や債権者にマイナスの影響を与える。われわれが自社の分析事業において重点をおいているのは、まさにこの種のリスクである。

当社の分析サービスとリスク評価を利用している投資家は、世界の社会問題を解決するという大きな責任を背負いたいとは思わないだろう。機関投資家のほとんどは、それぞれのリスク耐性に応じて自社の投資リターンを最大化しようとしているだけだ。中には、社会問題は、顧客に対する受託責任の達成を阻害するかもしれないと考える人もいる。しかしこのような機関投資家も、もし投資している個々の企業の持続可能性の観点から、社会と環境の持続可能性の問題を理解できるのであれば、別の見方をするかもしれない。たとえば、「従業員の分裂や裁判、顧客の喪失やブランド価値の損失などのリスクを避ける」という言葉で表すのである。

企業の責任は、リスク・マネジメントという陰鬱とも言える角度から見るのではなく、もっとポジティブな観点から見ることもできる。つまり、持続的競争優位を築き上げるという戦略的な観点である。これはブルース・ピアスキーによる本書を締めくくる方法としては、無関係ではないものの、遠回りのやり方だ。ブルースは製品開発――ほぼすべての企業が実施する、実際的なプロセス――に焦点を当てた。そして、社会的に責任のある製品やサービスを、長期戦略として創造している先進的企業の例を紹介していった。彼は、よく似ているが時には相反する目的を両立させることを説く。つまり、社会的な価値と消費者の幸福を創造しながら、持続可能なポジショニングと事業と投資家のための長期的な価値を築くということだ。

ブルースは企業と社会の役割に関して、価値を基盤としたアプローチを取ることとした。これは彼が長年にわたり、環境マネジメントの分野で仕事をしてきた影響だろう。また彼は、企業側が合理的に私欲を追求することが、社会対応型の製品開発をある程度の規模とするためのカギであると認識している。この認識も現実的だ。そして、トヨタやHP、GE、ワールプールなどの現実のケースを本の中で多く使っている。ブルースは長期的な価値の創造について、企業に向けて企業の言葉で語り、社会対応型の製品開発がビジネス社会の中で意味のある影響力を持つためには、「ウィン-ウィン(双方に有利)」なものでなければならないとしている。

ブルースはリーダーシップの章で、エイブラハム・リンカーンらの偉大なヒーローが感じたパラドックスに触れた。現代の人々もまた、パラドックスを感じている。われわれは投資に対して最高のリターンを得たいが、同時に自分自身と家族のために、最高の食品や水や空気や社会もほしいのである。両方を手に入れることは可能なのか？

社会対応型製品開発へのフォーカスは、社会的責任投資より大きいとは言わないまでも、同じくらいのインパクトを与えるだろう。消費者としてのわれわれは、自分の健康によく環境的にも優れた製品を使うことを重視する。投資家としてのわれわれは、多分そうした側面をさほど重視しないだろう。たとえば、個々の消費者としてのわれわれは、健康を考えてタバコを吸わないという選択をするかもしれない。しかし、投資する際に、ポートフォリオにタバコ会社の株式が含まれていたとしても、それほど気にしないだろう。

別の言い方をすると、金融資産は個人としてのわれわれにはやや抽象的だが、毎日使う普通の製品やサービスは、明らかにわれわれの生活に直接的な影響を与える。優れた企業であればどの企業でも、顧客を維持し新しい顧客を獲得するために、自社製品を使う人々のニーズや望みを理解しようとするだろう。それは、その企業が意図的に企業市民としての戦略をとっているかどうかには関係がない。したがって、社会的に意識の高い消費者が、責任のある製品やサービスをますます要求するようになった場合、そこからまず影響を受けそうなのは事業体としての企業の意思決定であり行動である。社会に焦点を当てた投資ファンドではない。少なくとも社会的投資がもっと広がるまでは、そういう状況だろう。

こうした中で、『ワールドインク』は企業の社会的責任と製品開発の両方の文献として、タイミングよく、役に立つものだ。またビジネスの現実にも基づいている。ドイツ人の哲学者ヘーゲルが、命題（テーゼ）と反対命題（アンチテーゼ）という正反対の力が統合されることが歴史の進歩だと説いたように、本書も社会の幸福と企業の私欲という対照的な二つの力を調和させるよう呼びかける。本書には「価値を基盤として製品を開発すると、より競争力があり、より成功する製品となる」という基本的な仮定があるが、これによって本書は企業にも投資家にも、知的で「責任感のある」消費者にも、前向きなビジョンを提供する。そしてこの三者すべてが、より良い世界を作るために、より良い製品への要求を生み出し、そうした要求を支持していく必要があるのである。

二〇〇六年一二月、ロンドンにて

S&P　マネジング・ディレクター　ジョージ・ダラス

訳者あとがき

急激な石油価格の変動、地球温暖化による環境への影響——私たちの周囲では、こうした社会問題が急速に進行している。その速度は、私たちの多くが予想していた以上のものかもしれない。しかしそれでも私たちは、こうした問題を自分自身の問題としてはなかなかとらえにくい。企業であればなおさらのこと、目前の業績目標や事業課題などに追われ、「それどころではない」と言いがちなのではないだろうか。

しかし著者であるピアスキー博士は、きっぱりと言う。

「企業がまず動くべきだ」

「消費者であり個人投資家である私たちが、その力を使って企業を動かすべきだ」

企業の社会的責任を説いた本ならば、他にも多数あるだろう。しかし、本書がユニークなのは、社会的な課題への対応（社会対応）を、企業が「製品開発」と「戦略」を通じて、その事業の中にしっかりと組み込むべきだとしていることだ。ボランティアや社会奉仕など、いわば「事業外」の位置付けで、社会対応に取り組むことを勧めているのではない。

企業は、「社会対応型の製品開発」や戦略をとることによって利益も上げ、市場での評価も勝ち取る。むしろ、社会対応の戦略をとらなければ、今後は市場で生き残っていけないというのが、著者の主張である。そして、「社会対応」と「利益」の両方を実現した例として、トヨタやＨＰなど、さまざまな企業の事例を紹介する。

そして著者は、私たち個人が社会に対してできることも示す。ここで著者が提案するのも、エネルギーの節約やリサイクルといった、よく言われる手法ではない。消費者として、社会問題の改善につながるような商品を購入すること。個人投資家として、社会対応を行っている企業に投資することである。一見まわりくどい手法のようにも見えるが、消費者や投資家の動きに企業が必ず反応するであろうと考えると、現実的な手法だと言える。

こうした現実的な手法と、それを実行している企業があると、「企業が社会を良くする」という言葉も単なるきれいごとではなく、実現できる可能性が見えてきそうだ。

本書においてもう一つユニークな点を挙げるとすると、社会対応に関して非常に幅広いテーマを扱っているということだろう。『ワールドインク』の中で語られる内容には、たとえば次のテーマが含まれる。企業が製品開発と戦略を通じて社会対応を行うこと。またそれを実現するための企業のあり方やリーダーシップのあり方。そしてそれに対する個人の動きや、今後個人投資家の力になるであろう格付け機関の動き。加えて、企業が社会対応に取り組むべき根拠となる「現代企業の力」について――。この幅広い内容の中から、読者は多くを学ぶことができるだろうし、実際に訳者も目を開かされることが多かった。

また本書は、日本やアメリカなどの個々の国をベースとするのではなく、「全世界」をベースに話が進められている。日々の生活では、国内や限られた国にばかり目が向きがちだが、「全世界」という視点を持つこと、その中で何が起こっているかを把握することの大切さも教えられた。

本書では以上のような幅広いテーマが取り上げられており、しかも相互に関係し合っているので、理解するのが「非常に簡単」とは言えないかもしれない。しかし、読み進めているうちに、次第に『ワールドインク』の世界が見えてきて、全世界で進んでいる変化を感じ取れるようになるのではないかと思う。

著者は「この本を議論のスタート地点にしてほしい」と言う。参考文献も数多く紹介されている。企業がどれだけ社会を良くしていくことができるか、この本をきっかけに考えはじめてもよいのではないだろうか。

二〇〇八年二月　東方雅美

現在では100億ドル以上の資産を管理している。(http://www.calvertgroup.com/)

IRRC

IRRCは、企業のガバナンスと社会的責任に関して、質の高い、客観的な情報を提供する。同社は1972年に設立され、500以上の機関投資家に対して、代理の調査と分析、ベンチマーク、代理投票サービスなどを提供している。IRRCは、同社がカバーする問題に関しては、その見解を表明しないという点でユニークである。顧客は、IRRCのデータと分析が客観的で、バイアスがかかっていないと信じることができる(http://www.irrc.org/)。

ギャップ（GAP）の社会的責任と情報公開

ギャップと同社の情報公開については、以下のウェブサイトを参照のこと。

- 社会的責任　http://www.gapinc.com/public/SocialResponsibility/socialres.shtml
- 環境　http://www.gapinc.com/public/SocialResponsibility/sr_environment.shtml
- 報告書　http://www.gapinc.com/public/SocialResponsibility/sr_report.shtml

AHC グループのウェブサイトの「お金の問題（Money Matters)」ページには、こうした世界を動かす状況について最新の状況が記されている。また、評価・分析のツール、経営コンサルティングとリーダーシップ・トレーニングの内容についても書かれている。

第9章　われわれの新たな責任——価値の変化にどう向き合うか

キャップジェミニ・アーンスト＆ヤング

キャップジェミニ・アーンスト＆ヤングは、世界でも最大級の経営・IT コンサルティング企業である。同社は、事業戦略やマネジメント、IT に関するコンサルティングや、システム統合、技術開発、設計、アウトソーシングなどに関するサービスを世界的規模で提供する。

キャップジェミニ・アーンスト＆ヤングの「企業創造センター」は、ニューヨークで 1999 年に設立された。すばやく効率的に新たな事業を創造し、立ち上げることがその狙いだ。企業創造センターは、キャップジェミニ・アーンスト＆ヤングの手腕や業界知識、世界展開などをさらに強化するものだ。また、新たに開発された「バリュー・ウェブ」を推進するものでもある。バリュー・ウェブは、法律、ブランド、採用、資金提供などのサービス提供者の中でも最高の企業をネットワークしたものだ。企業創造センターはニューヨークとシカゴにあり、ヨーロッパにもサポート施設がある。すでに複数の企業が誕生し、大企業も革新的なアイディアを同センターで育てている。

キャップジェミニ・アーンスト＆ヤングは世界で 5 万 8000 人以上を雇用し、世界での売上は約 77 億ユーロだ（1999 年、推計)。さらに詳しくは、www.capgemini.com を参照のこと。企業創造センターについてのニュース・リリースも、以下のウェブサイトで見ることができる。

● http://www.capgemini.com/news/2000/1205MerrillLynch.shtml

カルバート・グループ

同社はアメリタス・アケイシア・ミューチュアル・ファンドの子会社で、SRI のカルバート・ファンドを管理し、販売している。カルバート・ファンドは 30 以上の投資信託で構成され、労働者との関係、企業ガバナンス、製品の安全性、地域社会との関係、人権などの項目に関してカルバートの基準を満たした企業に投資を行っている。同社は 1976 年に設立され、社会的なスクリーニングをかけた最初のファンドを 1982 年に発売した。2000 年には、カルバート・ソーシャル・インデックスを発表。

くは、以下のウェブサイトを参照のこと。

- http://www.walmarteffectbook.com/

★1 KLD Research & Analytics. SRI 専門の調査会社。後述のドミニ 400 インデックスなどを開発。
★2 Domini 400 Social Index. SRI の代表的インデックス。

イノベスト・ストラテジック・バリュー・アドバイザー

イノベスト・ストラテジック・バリュー・アドバイザーは、投資に関するリサーチとアドバイスを行う企業で、企業の環境や社会、ガバナンスなどに関する評価を専門としている。特に、それらの問題が企業の競争力や収益力、株価などにどのように影響するかに焦点を当てている。同社は 1995 年に設立され、投資家にとっての非従来的なリスクや価値を探し出すことをミッションとしている。現在では、ABN アムロ、メロン・キャピタル、ブラウン・ブラザーズ・ハリマン、T・ロウ・プライス、クレディ・リヨネらのパートナーと、10 億ドル以上の資産運用顧問契約を結んでいる。イノベストはまた、シュローダーやステート・ストリート・グローバル・アドバイザー、ロックフェラーなどに、カスタムでポートフォリオ分析と調査のサービスを提供している。イノベストの法人顧客には、世界でも大手の年金基金 2 社―― CalPERS（アメリカ）と ABP（オランダ）――がいる。加えて同社はフォーチュン 500 に含まれる企業のシニア・エグゼクティブらに、調査とアドバイスを提供している。（http://www.innovestgroup.com/）

DNV

1864 年に設立された DNV は、生命や財産や環境を守ることを目的とした独立系の基金で、リスク・マネジメントのサービスを提供する代表的企業である。DNV はナレッジをベースとした企業だ。従業員は 6400 人で、優れたエンジニアや技術者を数多く擁している。DNV は 100 カ国に約 300 のオフィスを持つ国際的企業で、本社はノルウェーのオスロにある。DNV の世界的なネットワークは、効率的な情報システムによって結ばれ、顧客に対して世界中で一貫した価値を作り出している。（http://www.dnv.com/）

- B. Mark Smith, The Equity Culture: The Story of the Global Stock Market, Farrar Straus & Giroux, 2003.
- サンコア・エナジー　http://suncore.com/

はKLD*1が、ドミニ400インデックス*2からウォルマートをはずすという決定を支持した。KLDは、ウォルマートが「搾取工場で作られた製品を仕入れている」という非難に対して、十分な対応を取っていないことを問題視したのだ。

- http://money.cnn.com/magazines/fortune/fortune500/full_list/
- http://www.mallenbacker.net/csr/CSRfiles/page.php?Story_ID=50
- Steven Little, *The 7 Irrefutable Rules of Small Business Growth* (John Wiley & Sons, 2005).

2006年、チャールズ・フィッシュマンは『ウォルマートに呑みこまれる世界』を出版した。同書は、ウォルマートという巨大企業の、経済、社会、環境に対する影響を検証したものだ。フィッシュマンは次のように記す。

> 「ウォルマートは、われわれがどこで買い物をし、何を買い、いくら払うかを決める。たとえこれまで、ウォルマートで買い物をしたことがなくても、である。ウォルマートは仕入先企業の奥深くまで入り込み、彼らが何を売るかに影響を及ぼすだけでなく、製品の見せ方や、製品を作る工場労働者の生活まで変えてしまう。時には、工場が所在する国まで変えてしまうことがある。ウォルマートは世界中に事業を広げ、中国でおもちゃを作る人々や、チリでサケを育てる人々、バングラデシュでシャツを縫う人々の生活や仕事を規定する——たとえ彼らが、生涯ウォルマートで買い物をすることがなくとも。
>
> ……ウォルマートは、われわれが消費者として自分自身をどう考えるかさえも変える。ウォルマートはわれわれの品質に対する感覚を変え、何が買い得なのかについての感覚も変えた。様々な商品——衣料品から家具、鮮魚まで——がいくらであるべきなのか、ウォルマートが提供する低価格により、われわれの感覚は常にリセットされる。ウォルマートはわれわれが世界を見るレンズを変えた。「ウォルマート効果」は、文字どおりすべてのアメリカ人の毎日の生活に及んでいるのである。ウォルマートが店を開くと、その町や市の経済状況が変わる。ウォルマートはアメリカの経済状況も変える。1つの企業が、着実に、静かに、決然と、歴史上最大となった経済を動かす。ウォルマートは世界で最も強力で、影響力の大きい企業である」

- Charles Fishman, *The Wal-Mart Effect: How the World's Most Powerful Company Really Works—and How It's Transforming the American Economy* (Penguin Press, 2006). チャールズ・フィッシュマン著『ウォルマートに呑みこまれる世界』(中野雅司・三本木亮訳、ダイヤモンド社、2007年)

チャールズ・フィッシュマンと『ウォルマートに呑みこまれる世界』について詳し

第8章　お金は自分では動かない――投資家が変わる、市場が変わる

ピーター・ドラッカーに関する参考文献

- Peter Drucker, *The Effective Executive* (Harper & Row, 1966).　P・F・ドラッカー著『経営者の条件』（上田惇生訳、ダイヤモンド社、2006年）
- Peter Drucker, *Managing in Turbulant Times* (Harper & Row, 1980).　P・F・ドラッカー著『乱気流時代の経営』（上田惇生訳、ダイヤモンド社、1996年）
- Peter Drucker, *Innovation and Entrepreneureship: Practice and Principles* (Harper & Row, 1985).　P・F・ドラッカー著『イノベーションと企業家精神』（上田惇生訳、ダイヤモンド社、2007年）
- Peter Drucker, *Management Challenges for the 21st Century* (HarperBusiness, 1999).　P・F・ドラッカー著『明日を支配するもの』（上田惇生訳、ダイヤモンド社、1999年）

企業のレンズを通して資本主義を理解する――ウォルマートの影響力

資本主義はただ研究するだけでは十分ではない。資本主義は、企業によってどう適用されているかを研究することが重要だ。ウォルマートやスターバックス、トヨタなどの多国籍企業に加えて、グリーンマウンテン・コーヒー・ロースターズや、トムズ・オブ・メインなどの、中堅から小規模な企業でどう適用されているかを見るのである。われわれの経験では、またスティーブン・L・リトル――2005年に著書『小企業の成長のための否定しがたい7つのルール』（*The 7 Irrefutable Rules of Small Business Growth*）を発表した――らの経験では、小規模な企業はすべて、初期のビジョンから発展した進取性を維持している。中堅企業でも、パタゴニアやハーマンミラーのように、革新をしつづけ、企業の社会的責任や社会対応を製品や事業運営や事業規範に生かしている企業がある。

しかし、ウォルマートのように、売上が3124億ドル（2005年）、従業員が世界に170万人ほどもいるような巨大企業になったらどうなるだろうか。ウォルマートは、2006年のフォーチュン500で、エクソンに次ぐ規模だった。ウォルマートの売上規模についてさらに言うならば、同社の売上は、メルクとコカコーラ、ゴールドマン・サックス、プロクター・アンド・ギャンブル、ボーイングの売上をすべて合計した金額を上回る。

企業が成長するにつれ、その社会的責任も大きくなる。ウォルマートはこのことについて2005年に、これまでにないほど感じるようになった。投資家やNGOや従業員、株主、顧客らが、地域社会への投資、エネルギー使用、労働者の権利、健康、サプライチェーンなどに関する問題について問いかけはじめたのだ。事実、2005年に

● http://www.businessweek.com/magazine/content/06_15/b3979109.htm

E廃棄物と製品引き取りの法制化を推し進める要因が、もう1つある。EUで規制が定められつつあることだ。EUは近年、E廃棄物を規制するルールを設定しはじめるよう、指針を出している。EUは次のように言う。「EUは、電気・電子機器の廃棄を防ぎ、再利用やリサイクルなどを促進するよう、対策を進めつつある。そうした廃棄物の量を削減して、やがては廃棄物をなくし、同時に関係する企業の環境パフォーマンスを向上させるのがその目的である。加えて、製品の廃棄をなくし再利用を進め、人間の健康を守るために、EUはこの種の製品における有害な物質の使用を制限するよう、対策を進めている」。E廃棄物に関してEUが出した指針の中で注目すべきものは、次の2つだ。①廃電気・電子機器に関する理事会指令（WEEE Directive）、②電気・電子機器における有害物質の使用に関する制限（RoHS Directive）。HPなどの多国籍企業は、こうした指針の影響を受ける。事実、HPは後者の指針に関して、それを遵守するための仕様を発表している。

● http://www.hp.com/hpinfo/globalcitizenship/environment/pdf/gse.pdf
● http://europa.eu.int/scadplus/leg/en/lvb/l21210.htm
● http://europa.eu.int/comm/environment/waste/weee_index.htm

さらに詳しい情報に関しては、デービッド・フレージャー（David@ahcgroup.com）に連絡を。

環境にやさしい生産（EBM）

環境にやさしい生産（EBM: Environmentally Benign Manufacturing）を行うには、製品の誕生から廃棄までの環境へのインパクトを理解しなければならない。EBMは、製品の設計、製造、廃棄の各段階で、環境に及ぼす影響を最小限にする方法を見出し、実行しようとするものだ。EBMに関して詳しくは、MITのプログラム（http://web.mit.edu/ebm/）を参考にしてほしい。また、国立科学財団（NSF）は半導体製品のEBMにおける革新的な研究に対して、SRC（Semiconductor Research Corporation: 半導体研究会社）と共同で資金を提供している。資金は、「NSF／SRC環境にやさしい半導体製造のためのエンジニアリング研究センター」（http://www.erc.arizona.edu/）を通じて提供される。同研究センターでは、「半導体業界において、環境を考慮した設計を新たなプロセスやツールに組み込むこと」に焦点を当てている。この研究センターには、以下の有力大学も参加している。アリゾナ大学、MIT、スタンフォード大学、カリフォルニア大学バークレー校、コーネル大学、メリーランド大学、パーデュ大学、MITリンカーン研究所。

HP のビジネス行動規範とサプライチェーンに関して詳しくは、以下を参照のこと。

- http://www.hp.com/hpinfo/globalcitizenship/environment/supplychain/index.html
- http://www.hp.com/hpinfo/globalcitizenship/environment/supplychain/compliance.html
- http://www.hp.com/hpinfo/globalcitizenship/environment/pdf/suppolicy.pdf

エレクトロニクス製品の引き取りと廃棄物

マイクロプロセッサの進化とエレクトロニクス製品の小型化に伴い、また新しいエレクトロニクス製品を市場に出すまでのサイクルタイムの短縮により、E 廃棄物（エレクトロニクス製品の廃棄物）がここ 20 年ほど問題となってきた。E 廃棄物の中には、有害な材料や物質（鉛、クロミウム、水銀など）が含まれることがあり、それが環境に流出する可能性がある。そのため、カリフォルニアやメインなどの州で、E 廃棄物（コンピュータ、携帯電話、携帯用電子機器、テレビなど）のメーカーによる引き取りが定められた。

HP は E 廃棄物引き取りの法制化に賛同しており、競合のアップルや IBM、ソニー、フィリップスなどを不安にさせている。HP は製品リサイクルのためのインフラを以前から建設しており、E 廃棄物の引き取りと、リサイクルした材料の新製品への活用に向けて準備が整っている。ビジネスウィーク誌は、2006 年 4 月 10 日号の記事で HP の取り組みを検証し、次のように報じた。「2005 年、HP は 7 万トン以上の製品をリサイクルした。これは同社の売上の約 10% に当たり、前年より 15% の増加となっている。加えて、HP は 250 万個を超える製品（2 万 5,000 トン以上）を回収し、整備しなおして、再販または寄贈した」。これは HP にとっての競争優位となっている。他社はリサイクルのインフラに大きな投資はしておらず、引き取りのコストが大きな負担になるのではないかと恐れている。

E 廃棄物の引き取りに関する重大な問題の 1 つは、「遺産問題」とでも呼べるもので、すなわち何十年もエレクトロニクス製品を製造しつづけている企業は、どこまで責任を取るべきなのか、という点だ。E 廃棄物や製品の引き取り方針についてもっと詳細に定めなければ、莫大な負担になると恐れている企業もある。先のビジネスウィーク誌の記事にも、次のように書かれていた。「パナソニック、ソニー、フィリップスなど 10 数社の消費者向けエレクトロニクス製品メーカーは、『責任あるリサイクルのための製造者連合』を結成した。IBM やアップル、キヤノンなどの力を得て、彼らは国中の州政府にロビイストを派遣。カリフォルニア州のいくぶん緩いリサイクル・プログラムを模した法律ができるよう、圧力をかけている。彼らは、メーカーが廃棄物を引き取るのではなく、製品の売上に 10 ドルを賦課してそのお金で州政府がリサイクル費用をまかなうようにし、メーカーは負担を受けないようにしようとしている」

- Granville N. Toogood, *The Articulate Executive: Learn to Look, Act, and Sound Like a Leader* (Mcgraw-Hill, 1996).
- Jack Trout, Steve Rivkin, *Differentiate or Die: Survival in Our Era of Killer Competition* (John Wiley & Sons, 2000). ジャック・トラウト、スティーブ・リブキン著『ユニーク・ポジショニング』(島田陽介訳、ダイヤモンド社、2001 年)

第7章 ヒューレット・パッカードの世界観――すべては「あなた」次第だ

環境サプライチェーン

サプライチェーン、すなわち企業が生産に必要な部品やその他のものやサービスを受け取る流れは、製品ライフサイクルの一部を構成する。サプライチェーンを積極的にマネジメントしている企業は、コストを最小化し、資源を最大限に利用し、環境へのインパクトを削減することを意図して、それを行っている。サプライチェーンでは、実務上のさまざまな点を検討する。どこからものやサービスがやって来るか、どのように包装され輸送されるかなどの点である。また、労働慣行、倫理、人権、人間の健康と安全などの、企業の社会的責任に関わる項目についても検討する。HP のように積極的にサプライチェーンをマネジメントしている企業は行動規範を設定し、その中でサプライチェーン管理の方針などを述べている。HP の「サプライチェーンの社会と環境における責任」には、次のように記されている。「企業の社会的責任に対する HP の取り組みは、われわれのサプライチェーンに対しても適用される。HP のすべてのサプライヤーは、世界中のどこでも、社会的、環境的に責任のある形で事業を進めてもらいたいと考えている。われわれはサプライヤーと協力し合い、以下の原則が遵守されるよう努力する」

その原則とは、次のとおりである。

- 法律と規制の遵守：サプライヤーは、その事業と HP に提供される製品が、関連する国や地域の法律や規制を遵守していることを確認する。
- 継続的改善：サプライヤーは、環境と従業員の健康と安全、人権と労働に関する方針を、その事業と意思決定プロセスに盛り込む。サプライヤーは、健全な事業と科学的な原則を基盤とした、効果的なマネジメント・システムを維持する。すなわち、適切な目標を設定し、定期的に業績を評価し、継続的な改善を実行する。
- 情報開示：サプライヤーは、HP からの要求があった場合、明確で適切な報告を行う。良いサプライヤーを選び、維持する上で、HP は「サプライヤー行動規範」の要件を満たす業者を優先する (http://www.hp.com/go/supplierE)。

5　障害でビジョンが見えなくなる。
6　短期間で得られる成果を作り出さない。
7　成功を宣言するのが早すぎる。
8　企業文化の中に変化をしっかりと位置付けない。

コッターはまた、どのようにして企業の内部に危機意識を生み出すか、またなぜそうすべきなのかを検証し、プロセスだけでなく製品にも焦点を当てるべきだということを書いている。同書では、企業はムダと非効率を憎むべきだということも描かれる。コッターは「チェンジ・エージェント」としての経験や、多くの企業をコンサルティングした経験から変革を引き起こす8段階のモデルを開発した。各段階は、先に挙げた8つの間違いと結びついている。

1　企業内に十分な危機意識を生み出す。
2　変革を推進する連帯チームを形成する。
3　ビジョンと戦略を立てる。
4　変革のためのビジョンを周知徹底する。
5　幅広い人々に、行動を起こす権限を与える。
6　短期間で得られる成果を作り出す。
7　成果を集積し、さらなる変革を続ける。
8　新しいアプローチを企業文化に浸透させる。

- http://www.refresher.com/!leading
- http://leadertoleader.org/knowledgecenter/L2L/fall98/kotter.html
- http://www.esi-intl.com/public/publications/22002changemanagement.asp

第6章の参考文献

- St. Francis of Assisi, *The Little Flowers of Saint Francis of Assisi: The First English Translations* (The Heritage Press, 1965).
- St. Francis of Assisi, *The Little Flowers of Saint Francis of Assisi* (Doubleday Publishing, 1989).
- John C. Bogle, *The Battle for the Soul of Capitalism* (Yale University Press, 2005).
- John P. Kotter, *Leading Change* (Harvard Business School Press, 1996).　ジョン・P・コッター著『企業変革力』（梅津祐良訳、日経BP社、2002年）
- Donald T. Phillips, *Lincoln on Leadership: Executive Strategies for Tough Times* (Warner, 1992).

● テーマ 9　新世紀に向けてのリスク削減と用地修復の戦略
● テーマ 10　成長への道筋：社会的リーダーシップを通じて企業価値を創造する
● テーマ 11　お金に関する事項：財務リスク、株式価値評価モデル、格付け機関の台頭

以上 11 のテーマは、ガバナンス、イノベーション、最新の課題、企業の責任、お金の管理、近未来を感じ取ることなどの内容をカバーしている。これらの問題は、CEO や現場のトップが得意とするところであるか、あるいは企業が成長するにつれ、こうした問題に圧倒されてしまう。AHC グループの「コーポレート・ストラテジー・トゥデイ」と上記の論文について詳しくは、以下を参照のこと。
● http://ahcgroup.com/res_art_ind_issue.htm

企業トップのコミュニケーションとトゥーグッドの著作

われわれはまた、今日 CEO やリーダーのあいだでは「企業の透明性と報告書が流行している」ということにも気づいた。今日の優れたリーダーは、外部の見物人から隠れたりしない。むしろ、CEO の役割はある部分「最高表現責任者（チーフ・エクスプレッション・オフィサー）」となっている。企業の責任や情報公開の努力について、喧伝するチャンスを逃さないのである。
● Granville N. Toogood, *The Articulate Executive: Learn to Look, Act, and Sound Like a Leader* (Mcgraw-Hill, 1996).

1982 年以来、グランビル・トゥーグッドはグランビル・トゥーグッド・アソシエーツを運営している。同社はエグゼクティブ向けのコミュニケーション・サービスを提供する会社で、個人や企業や政府が世界のマーケットで発展し繁栄するためのサポートを行っている。グランビル・トゥーグッドと彼の本について詳しくは、以下を参照。
● http://www.toogoodassoc.com/articulate.htm

より良い製品に向けて変革を組織する

ジョン・コッターは 1996 年に出版した書籍『企業変革力』で、企業変革で犯しやすい間違いを 8 つ挙げている。

1　自己満足を許容しすぎる。
2　変革を推進するチームが十分な力を持たない。
3　ビジョンの力を過小評価する。
4　ビジョンを十分に伝えていない。

- http://tompeters.com/
- Tom Peters, *Thriving on Chaos: Handbook for a Management Revolution* (Video Publishing House, 1988). トム・ピーターズ著『経営革命（上・下）』（平野勇夫訳、阪急コミュニケーションズ、1989年）

★1 19世紀に活躍した、アメリカを代表する詩人。代表作は『草の葉』（*Leaves of Grass*）
★2 ヘンリー・ルイス・メンケン。20世紀初期に活躍したジャーナリスト。
★3 Kathy Rooney, *Movers and Shakers* (Bloomsbury Publishing, 2003).

第5章　隠れた企業価値を探せ――屋敷の構造を解き明かす

ピーター・センゲは有名な『最強組織の法則』で、現代企業において知識の形成と知識の強さが重要であることを示した。私が本章で試みたのは、同様の原理を私の経験に照らし合わせ、読者が企業戦略の本質をイメージできるようにすることだ。企業屋敷のイメージに関する最新の情報は、本書のウェブページ、www.worldincbook.com を参照してほしい。

第6章　信頼できるリーダーを育てる――10のステップ

リーダーシップ・スキルを伸ばす

リーダーシップとリーダーシップ・スキルに関しては、数多くの本が出版されている。われわれは経営コンサルタントとして、多国籍企業のトップレベルの人々にも中小企業にもサービスを提供してきたが、その中でわれわれがリーダーシップのトレーニングと能力開発に欠かせないと考えたテーマがある。以下は、AHCウェブサイトの「コーポレート・ストラテジー・トゥデイ」で、5年間にわたり取り上げたテーマである。

- テーマ1　企業の責任に関する新たなトレンド
- テーマ2　事業のつまずきを防ぐ
- テーマ3　企業の情報公開が投資家にどうアピールするか
- テーマ4　責任あるエネルギー開発
- テーマ5・6　エンロン後のガバナンスにおけるリーダーシップの位置付け
- テーマ7・8　近未来に関するケーススタディ

Bhopal (John Wiley & Sons, 1995).
- Bruce Piasecki, *In Search of Environmental Excellence: Moving Beyond Blame* (Simon and Schuster Adult Publishing Group, 1990).
- Dr. Seuss, *If I Ran the Zoo* (Random House Books for Young Readers, 1950).

第4章　トヨタに学ぶ――「持続可能な成長」への戦略

トヨタを理解する

トヨタについて、その中から学ぶのと外から見るのとでは、日本とマンハッタンほどの距離がある。これまで、研究者からコンサルタント、ニュース・アナリストまで、多くの人がトヨタについての情報を私に提供してくれた。しかし、1999年から2002年までの間北アメリカのトヨタでストラテジストとして仕事をした経験ほど、私の研究にとって意義深く、啓発的だったものはなかった。この期間、私はエンジニアリング、環境、渉外、営業のトップとともに仕事をした。私は「トヨタウェイ」が実際に動くのを目にし、ムダのない生産、環境にやさしい生産を目の当たりにした。また、持続可能な製品プラットフォームや製品グループ、すなわちハイブリッド・システムの開発と、プリウスの発売に関する戦略に参加することができた。

トム・ピーターズ

フォーチュン誌はトム・ピーターズを経営学のグルの元祖と呼び、ラルフ・ワルドー・エマソンやヘンリー・デイビッド・ソロー、ウォルト・ホイットマン[*1]、H・L・メンケン[*2]と並び称した。エコノミスト誌は、彼を断トツのグルと呼んだ。ビジネスウィーク誌は、彼の「独自の見方」を評価し、「ビジネスウィークの最良の友であり、最低の悪夢」であるとした。2004年に出版された書籍『実力者』[*3]は、ビジネス・経営分野の学者や実業家125人の実績を紹介しているが、その中でトム・ピーターズはマキャベリやJ・P・モルガン、ジャック・ウェルチらとともに紹介されている。

トム・ピーターズは1973～1974年にホワイトハウスで麻薬問題に関するシニア・アドバイザーを務め、1974～1981年はコンサルティング会社のマッキンゼーで働き、1979年には同社パートナーと組織効率向上プロジェクトのリーダーを兼務した。

コーネル大学で土木工学を専攻して卒業（学士、修士）、スタンフォードでビジネスを学んだ（修士、博士）。彼はモスクワにある州立経営大学をはじめ、複数の機関から名誉博士号を授与されている。トム・ピーターズとその業績について詳しくは、以下を参照のこと。

- Peter M. Senge, *The Fifth Discipline: The Art and Practice of the Learning Organization* (Bantam Doubleday Dell Publishing Group, 1990). ピーター・センゲ著『最強組織の法則』(守部信之訳、徳間書店、1995年)
- Patricia Aburdene, *Megatrends 2010: The Rise of Conscious Capitalism* (Hampton Roads Pub Co Inc, 2005). パトリシア・アバディーン著『メガトレンド2010』(経沢香保子監訳、ゴマブックス、2006年)
- Scott Bedbury, Stephen Fenichell, *A New Brand World: 8 Principles for Achieving Brand Leadership in the 21st Century* (Viking Press, 2002).
- Warren G. Bennis, *On Becoming a Leader* (Perseus Pub., 2003). ウォーレン・ベニス著『リーダーになる』(芝山幹郎訳、新潮社、1992年)
- Warren G. Bennis, *Organizing Genius: The Secrets of Creative Collaboration* (Addison-Wesley, 1997).
- Warren G. Bennis, Burt Nanus, *Leaders: Strategies for Taking Charge* (HarperBusiness, 1997). ウォーレン・ベニス、バート・ナナス著『リーダーシップの王道』(小島直紀訳、新潮社、1987年)
- Warren G. Bennis, Michael Mische, *The 21st Century Organization: Reinventing Through Reengineering* (Pfeiffer, 1995). ウォーレン・ベニス、マイケル・ミシュ著『組織が元気になる時』(田辺希久子訳、ダイヤモンド社、1997年)
- Warren G. Bennis, Jagdish Parikh, Ronnie Lessem, *Beyond Leadership: Balancing Economics, Ethics and Ecology* (Blackwell Business,1994).
- Warren Bennis, *Why Leaders Can't Lead: The Unconscious Conspiracy Continues* (Jossey-Bass Publishers, 1989). ウォーレン・ベニス著『リーダーはなぜリードできないのか』(千尾将訳、産業能率短期大学出版部、1977年)
- Peter Drucker, *The Effective Executive* (Harper & Row, 1966). P・F・ドラッカー著『経営者の条件』(上田惇生訳、ダイヤモンド社、2006年)
- Peter Drucker, *Managing in Turbulant Times* (Harper & Row, 1980). P・F・ドラッカー著『乱気流時代の経営』(上田惇生訳、ダイヤモンド社、1996年)
- Peter Drucker, *Innovation and Entrepreneureship: Practice and Principles* (Harper & Row, 1985). P・F・ドラッカー著『イノベーションと企業家精神』(上田惇生訳、ダイヤモンド社、2007年)
- Peter Drucker, *Management Challenges for the 21st Century* (HarperBusiness, 1999). P・F・ドラッカー著『明日を支配するもの』(上田惇生訳、ダイヤモンド社、1999年)
- GE エコマジネーション http://ge.ecomagination.com/
- Bruce Piasecki, Kevin A. Fletcher, Frank Mendelson, *Environmental Management and Business Strategy: Leadership Skills for the 21st Century* (John Wiley & Sons, 1998).
- Bruce Piasecki, *Corporate Environmental Strategy: The Avalanche of Change Since*

資本主義の新時代――スチュアート・ハートの著作など

企業にとって世界はより複雑に、より困難になりつつある。エネルギーやテロ、国際政治的対立、天然資源、気候変動などに関するリスクや世界のメガトレンドが、企業のビジネスのやり方や製品デザイン、未来に対する考え方などに影響を与えている。スチュアート・ハートは、2005年に出版した著書『未来をつくる資本主義（*Capitalism At The Crossroads*）』で、企業が自らの価値を高めながら貧困をなくし環境を守るというやり方で、社会のニーズに向けて変革していく方法を説いている。同書は、新しい技術が世界の貧しい地域にどのようにして取り込まれ、利益を生み出すかを検証する。2005年の著書をふまえて、ハートはコーネル大学のビジネススクール（Johnson School of Business）で新たな動きを指揮している。持続可能なグローバル企業センターと名付けられた場所で、ハートのコーネル大学での研究はピラミッドの底辺にいる人々――世界の40億人の貧しい人々――に役立つ活動を模索している。

持続可能なグローバル企業センター（Center for Sustainable Global Enterprise）について詳しくは、以下を参照のこと。

- http://www.johnson.cornell.edu/sge
- http://www.johnson.cornell.edu/sge/history.html

ピラミッドの底辺にいる人々に対する活動に関して詳しくは、以下を参照のこと。

- http://www.johnson.cornell.edu/sge/bopinitiative.html
- Stuart L. Hart, *Capitalism At The Crossroads: The Unlimited Business Opportunities In Solving The World's Most Difficult Problems* (Wharton School Publishing, 2005). スチュアート・L・ハート著『未来をつくる資本主義』（石原薫訳、英治出版、2008年）

持続可能なイノベーション　参考文献

- Janine M. Benyus, *Biomimicry: Innovation Inspired by Nature* (HarperCollins Publishers, 1997).
- Paul Hawken, *The Ecology of Commerce: A Declaration of Sustainability* (HarperCollins Publishers, 1993).
- William McDonough, Michael Braungart, *Cradle to Cradle: Remaking the Way We Make Things* (North Point Press, 2002).
- C. K. Prahalad, *The Fortune at the Bottom of the Pyramid: Eradicating Poverty Through Profits* (Wharton School Publishing, 2005).　C・K・プラハラード著『ネクスト・マーケット』（スカイライト コンサルティング訳、英治出版、2005年）

仏教経済学者はこうした考え方を、ひどく非合理的だとするだろう。なぜなら消費は、それを最小限にして人間の幸福を達成すべきものだからだ。例えば、衣服の目的がある程度の体温調節と良い外見を得ることであるならば、この目的を最小限の努力で達成することが、仏教的な務めとなる。つまり、布地の年間使用量を最小にし、最小限の労力でデザインする。ここで労力が最小限になれば、より多くの時間と体力を芸術的な創造に使うことができる。素材を裁断せずに美しいドレープを作り出せるにもかかわらず、現代の西洋の国々のように複雑な仕立てを行うのは、非常に不経済だとされるだろう。すぐにダメになるように物を作るのは愚かさの骨頂であり、醜く、みすぼらしく物を作るのは粗野であること極まりない」

「……したがって、仏教経済学者の観点からすると、地元のニーズに基づいた生産が、経済として最も合理的といえる。一方で、遠方から物を輸入し、その結果、遠くの見知らぬ人々のために生産し、輸出をする必要が生じるのは、非常に非経済的である。そうした行為は、例外的に小さな規模でのみ許される。現代経済学者でさえも、遠方の勤務地までの通勤に多くの交通サービスが消費されているのは、不幸であり、高い生活水準を示すものではないと認めている。同様に仏教経済学者も、近くにある資源を使わずに、遠くの資源を使って人間の欲求を満たすことは、成功とは言えずむしろ失敗であるとするだろう。現代経済学者は、人口1人当たりの輸送量や輸送距離の増加を経済発展の証とする傾向があるが、仏教経済学者は同じ統計を見て、望ましくない破壊的なパターンであると考えるだろう」

「現代経済学と仏教経済学のもう1つの大きな違いは、天然資源の利用という面に現れる。フランスの著名な政治哲学者であるベルラン・ドゥ・ジュヴネルは、“西側の人”を次のように表現するが、これは現代経済学者についての描写とも言えるものだ。『西側の人は、人間の努力以外を支出と見なさない傾向がある。どれだけの鉱物資源をムダにしたか気にかけず、もっとひどいことに、どれだけの生き物を殺したかも気にしない。人間の命も、さまざまな生命によって構成されるエコ・システムに依存しているということに気づかないのである』」

シューマッハーの現代資本主義に対する酷評は、社会対応型資本主義を構成する要素にもなっている——経済の繁栄は、自然と精神のシステム、すなわち環境と宗教とのバランスの上に成り立っているという部分である。企業はより少ないもので活動できるよう、より小さな製品を作るよう検討しており、エネルギーや材料、化学薬品の使用量を減らし、加工と輸送をより少なくしつつある。シューマッハーの『スモール イズ ビューティフル』は30年前に発表されたが、その当時より現代において重みを増している。特に、『ワールドインク』の時代に、企業がどのようにして社会を変えるか、また社会がどのようにして企業を変えるかを考える際に重要になっている。

地域の生活に合った技術を指す。

シューマッハーはその後、イギリスのリサージェンス誌の執筆者となった。他の執筆者にはレオポルド・コー、ジョン・パップウォース、ダニーロ・ドルチ、ポール・グッドマン、ジョン・シーモア、サティシュ・クマーらがいた。ベストセラーとなった『スモール・イズ・ビューティフル』(1973年に発行)は1999年にハートリー・アンド・マークスから再発行された。他の著書に、『宴のあとの経済学』[*1]『混迷の時代を超えて』[*2]がある。

● http://www.schumacher.org.uk/homepage.htm

付記　E・F・シューマッハー・ソサエティは、『スモール イズ ビューティフル』の著者にちなんで名付けられた非営利の教育団体で、1980年にマサチューセッツ州グレート・バーリントンに設立された。同団体は「社会的・環境的な持続可能性は、人間的尺度の地域社会の価値観と自然環境への敬意を経済問題に適用することによって達成できる」ということを示すプログラムを提供する。E・F・シューマッハー・ソサエティについて詳しくは、次のウェブサイトを参照のこと。

● http://www.schumachersociety.org/

● E. F. Schumacher, *Small Is Beautiful: Economics as If People Mattered* (Harper & Row, 1973). E・F・シューマッハー著『スモール イズ ビューティフル』(小島慶三・酒井懋訳、講談社、1986年)

[*1] E. F. Schumacher, Peter N. Gillingham, Good Work (Harpercollins, 1980). E・F・シューマッハー著『宴のあとの経済学』(伊藤拓一訳、ダイヤモンド社、1980年)

[*2] E. F. Schumacher, A Guide for the Perplexed (Harper Perennial, 1978). E・F・シューマッハー著『混迷の時代を超えて』(小島慶三・斎藤志郎訳、佑学社、1980年)

E・F・シューマッハーの「仏教経済」

E・F・シューマッハーは、著書の『スモール イズ ビューティフル』の中の「仏教経済」と題された章で、仏教徒には「正しい生活」が求められるということを検証した。また、仏教の教えには、社会を超え経済に生かせるような学びがあることも解説した。シューマッハーによると、資本主義が資源・人間・時間・場所を使う方法と比較すると、「仏教経済」はずっと効率的かつ合理的だという。

「仏教経済が基調としているのは、シンプルであることと非暴力だ。現代経済学者から見ると、仏教徒の生き方で驚くべき点は、その徹底的した合理性だ――驚くほど小さな手段が、非常に満足のいく結果に結びつく。現代経済学者は、これをなかなか理解できない。経済学者は「生活水準」を年間の消費額で計ってきた。その前提には、消費が少ない人よりも、より多くを消費する人のほうが幸福だという考えがあった。

Mark P. Rice, Robert W. Veryzer, *Radical Innovation: How Mature Companies Can Outsmart Upstarts* (Harvard Business School Press, 2000).

企業はどのようにして市場で機能し、社会を変えるか

企業は社会の発展において、常に何らかの役割を果たしてきた。多くの地域社会で企業は経済開発と繁栄の支えとなり、インフラを開発し、労働者にそこそこの収入と住居と生活の質を提供してきた。企業のフィランソロピー活動により、大学や革新的な研究、医療プログラムや病院に資金が提供されたり、公衆衛生や安全、環境、公園やレクリエーションなどに関する政府の事業が支えられたりし、社会の豊かさが実現されてきた。世界中で企業の規模と影響力が拡大し、一国の規模よりも大きな企業が増えると、企業の方針や製品や行動は、一般の人々や投資コミュニティや政府から監視されるようになった。企業の社会における役割については多くが書かれてきたが、現代企業がどのようにして機能し、社会を助け、変えていくかについては、目立った著作は少ない。その中で代表的な書籍には、以下のものがある。

- Karl Marx, *Capital: A Critique of Political Economy, Vol. 3* (Penguin Group, 1981).
  カール・マルクス著『資本論』。邦訳は筑摩書房（2005年）他、多数の出版社から発売されている。

E・F・シューマッハー

E・F・シューマッハーは、1911年にドイツに生まれた。1930年代にローズ奨学生としてオックスフォードで学び、第2次世界大戦以前にナチス支配下での生活を避けてイギリスに戻った。戦争中に敵国人として抑留されたものの、その非凡な能力が認められ、イギリス政府の経済と資金の流動に関して力を貸すこととなった。戦後シューマッハーは、ドイツ経済の復興を担う、イギリス監視委員会の経済アドバイザーとして働いた。1950年から1970年までの間は、ブリティッシュ・コール（国営石炭会社）のチーフ・エコノミック・アドバイザーを務めた。同社は80万人の従業員を抱える、世界でも有数の大組織であった。シューマッハーの先見性のある計画は（彼はOPECの台頭と、核エネルギーの問題を予測した）、イギリスの経済回復を助けた。

1955年にシューマッハーは、経済コンサルタントとしてビルマ（現ミャンマー）を旅した。滞在中に彼は自身が「仏教経済」と呼ぶ原理を構築した。それは、「よい仕事は適正な人間の成長に欠かせない」という信念と、「地元の資源を使って地元のニーズに応えるために生産を行うことが、最も合理的な経済のあり方だ」という信念を基にした考え方だった。またこのとき、今では「適正技術」と呼ばれているものに結びつく発想を得た。適正技術とは、地球にやさしく使い手にやさしい技術で、その

第３章　社会対応型資本主義――経済は根本から進化する

社会対応型資本主義

社会対応型資本主義に関する有益な参考文献としては、『ザ・フェデラリスト』（*The Federalist Papers*）が挙げられる。『ザ・フェデラリスト』は、1787年から1788年の間に執筆され、同時期にニューヨーク州の複数の新聞に掲載された。ニューヨーク州の有権者に、提案された憲法を批准するよう説得するためのものだった。同文書は85の論文から成り、どのように新しい政府が運営されるのか、なぜその政府の形がアメリカ合衆国にとってベストなのかを解説している。『ザ・フェデラリスト』は、ある意味でアメリカにとっての初期のガバナンス条項といえるもので、今日でも、憲法を作成した人々の意図を解釈するために使われている。同文書では、エグゼクティブと裁判官の役割と権力に関する問題、経済と商業と軍隊に関する問題、政府の役割と責任、他の政府との関係などが考察されている。

- http://www.foundingfathers.info/federalistpapers/
- http://thomas.loc.gov/home/histdox/fedpapers.html（アメリカ議会ライブラリー）

* A・ハミルトン、J・ジェイ、J・マディソン著『ザ・フェデラリスト』（斎藤真・中野勝郎訳、岩波書店、1999年）

革命的イノベーション

社会対応型資本主義は、革命的なイノベーションを競争優位と見なす。ニューヨーク州トロイにあるレンセラー工科大学の経営技術大学院（Lally School of Management and Technology）では、革命的なイノベーションがどのように既存の製品を向上させ、企業に新たな市場機会をもたらすのかを研究している。同校の研究者たちは、革命的なイノベーションを次のように定義する。「世界初の性能を持っているもの。あるいは、これまでの性能を劇的に（5倍～10倍）向上させるもの。あるいは、劇的に（30%～50%）コストを削減するもの」。したがって、革命的イノベーションは、社会対応の製品開発と社会対応型資本主義の一角を占める。なぜなら、優れた性能やコスト削減や飛躍的なイノベーションに取り組む企業は、エネルギーや環境や社会的な側面を取り入れることによって、それを実現するからだ。革命的イノベーションとレンセラー工科大学について詳しくは、以下を参照のこと。

- http://www.lallyschool.rpi.edu/programs/index.cfm?p=68&inc=content.
- Richard Leifer, Christopher M. McDermott, Gina Colarelli O' Connor, Lois S. Peters,

Competition (John Wiley & Sons, 2000). ジャック・トラウト、スチーブ・リブキン著『ユニーク・ポジショニング』(島田陽介訳、ダイヤモンド社、2001年)

第2章　Sフロンティアをめざせ——「社会対応」とは何か

本章での考察は、著者の25年に及ぶ経営コンサルタントとしての現場での経験をもとにしたものだ。

著者のコンサルティングの実例は、AHCグループのウェブサイトに掲載されているので、そこを参照されたい。

NASAと耐熱性の素材

NASA(アメリカ航空宇宙局)は、先進的な素材と技術の開発において、主導的な役割を果たしてきた。NASAの素材や技術は独自の性能を持ち、より良い製品や製品システムの開発につながった。NASAの研究は、運輸、エネルギー、ヘルスケア、光学とイメージング、化学と素材などの業界の発展に役立った。NASAの研究を基に生まれた技術には、半導体、排気試験装置、先端素材コーティング、接着剤、無線通信、超音波スキャナー、MRI、白内障手術器具、放射能漏れ探知、汚染コントロール装置、食品とフリーズドライの包装技術、高密度バッテリー、煙探知機、衝撃吸収ヘルメット、複合材料のゴルフクラブ、マイクロプロセッサ、コンピュータ、航空管制などがある。このリストを見ただけでもインパクトがあるが、NASAの研究が寄与したものは決してこれにとどまらない。つまり、大きな政府は現代社会に大きく貢献したということだ。そして、この先の世代にも影響を与えそうだ。

新しいところでは、NASAエイムズ・リサーチ・センターは、低密度セラミック複合材の研究をしている。この素材は、過去にスペース・シャトルに使われた素材よりもさらに耐熱性が高い。TUFI(toughened uni-piece fibrous insulation)と呼ばれるこの素材は、現在シャトルに使われているガラス・コーティングのセラミック・タイルと比べて、再突入時に受けるダメージに対し、20倍から100倍も耐熱性が高くなると考えられている。

詳しくは以下のウェブサイトを参照のこと。

- http://www.sciencenews.org/articles/20030405/bob8.asp
- http://www.thespaceplace.com/nasa/spinoffs.html
- http://www.hq.nasa.gov/office/hqlibrary/pathfinders/spinoff.htm (NASA本部のライブラリー)

スミスは、社会がどのように商品やサービスを取引し、それがどのように株式の取引に発展していったかを描く。スミスが提示する「エクイティ文化」の概念は、より良い製品やより良い社会に結びつくという点で、社会を動かす重要な概念である。スミスはウォール街で20年を過ごしたベテランの株式トレーダーで、最初はCSファーストボストンで働き、のちにゴールドマン・サックスに移った。スミスは『現代株式市場の発展』(*Toward Rational Exuberance: The Evolution of the Modern Stock Market*)という本も書いている。

エクイティ市場には、「バリュー・シフト(価値の転換)」が起こっている。エクイティ市場と株価の形成において、個人投資家の果たす役割が大きくなってきている。個人投資家は、委任投票などの方法により、企業の変革に影響を及ぼす。エクイティによる資金が、借り入れによる資金に代わっている。本書の最後の2章は、エクイティ市場におけるバリュー・シフトについて、詳しく解説している。

第1章の参考文献

- Joseph M. Juran, *Juran on Leadership for Quality: An Executive Handbook* (Free Press, 1989).
- Joseph M. Juran, *Juran on Planning for Quality* (Free Press, 1988).
- Joseph M. Juran, *Juran on Quality by Design: The New Steps for Planning Quality into Goods and Services* (Free Press, 1992).
- E. F. Schumacher, *Small Is Beautiful; Economics as if People Mattered* (Harper & Row, 1973). E・F・シューマッハー著『スモール イズ ビューティフル』(小島慶三・酒井懋訳、講談社、1986年)
- Peter M. Senge, *The Fifth Discipline: The Art and Practice of the Learning Organization* (Bantam Doubleday Dell Publishing Group, 1990). ピーター・M・センゲ著『最強組織の法則』(守部信之訳、徳間書店、1995年)
- Charlotte Roberts, Peter M. Senge, Richard B. Ross, *The Fifth Discipline Fieldbook: Strategies and Tools for Building a Learning Organization* (Doubleday, 1994). ピーター・M・センゲ著『フィールドブック　学習する組織 「5つの能力」』(柴田昌治訳、日本経済新聞社、2003年)
- Dr. Seuss, *If I Ran the Zoo* (Random House Books for Young Readers, 1950).
- B. Mark Smith, *The Equity Culture: The Story of the Global Stock Market* (Farrar Straus & Giroux, 2003).
- Eliot Porter, Page Stegner, Wallace Earle Stegner, John Macrae, *American Places* (Greenwich House: Distributed by Crown, 1983).
- Jack Trout, Steve Rivkin, *Differentiate or Die: Survival in Our Era of Killer*

中にはネイチャー・ソサエティのブック・オブ・ザ・イヤーを獲得した『環境の卓越性を求めて』（*In Search of Environmental Excellence: Moving Beyond Blame,* 1990）などがある。同書はまた、20 世紀の環境関連書籍ベスト 50 の中にリストアップされ、ニューズウィーク誌の環境関連エディターで人気ライターであるグレッグ・イースターブルックが選んだ、環境に関する一般向け書籍トップ 30 の中にも含まれた。ピアスキーは、ロサンジェルス・タイムス紙、バルチモア・サン紙、テクノロジー・レビュー誌、クリスチャン・サイエンス・モニター誌などにも寄稿している。

ピアスキーの著書、共著書は以下のとおりだ。『環境マネジメントと事業戦略』（*Environmental Management and Business Strategy: Leadership Skills for the New Century,* 1998）、『企業の環境戦略』（*Corporate Environmental Strategy: The Avalanche of Change Since Bhopal,* 1995）、『環境の卓越性を求めて』（*In Search of Environmental Excellence: Moving Beyond Blame,* 1990）、『有害廃棄物管理におけるアメリカの未来』（*America's Future in Toxic Waste Management,* 1988）、『投棄の先に』（*Beyond Dumping: New Strategies for Controlling Toxic Contamination,* 1984）。これらの著書に関して詳しくは、AHC グループのウェブサイトを見てほしい。また、2007 年の『ワールド・インク』出版時点で、『環境の卓越性を求めて』の新版が、ハンプトン・ローズ（Hampton Roads）から 2008 年に発売されることが決まった。この件に関しては、ハンプトン・ローズのジャック・ジェニングスにコンタクトを取るか、本書のウェブサイトを見て、最新情報や連絡先を確認してほしい。

1990 年以来、ピアスキーと彼のスタッフは、42 の企業アフィリエートに向けて何百ものワークショップを開いてきた。そのテーマには、用地改善、電力市場、ガバナンス、イノベーションなどがあった。1995 年に出版された『企業の環境戦略』に対して、クライアント企業のチェンジ・エージェントや役員らが関心を持ったことから、われわれは環境とエネルギー戦略をより金融市場に近づけようとし、金融機関などと提携することなどによりこれを実現した。提携した企業には、イノベスト、DNV（コア・レーティング）、IRRC などがある。

グローバル・エクイティ文化

マーク・スミスが著した『エクイティ・カルチャー（The Equity Culture)』は 2003 年に出版された。同書ではエクイティが築き上げる社会、すなわち株式やその他のエクイティの値動きによって日々形成される社会について、その形成過程が検証されている。

- B. Mark Smith, *The Equity Culture: The Story of the Global Stock Market* (Farrar Straus & Giroux, 2003).

補遺B

※文中★印は訳注

われわれが補遺Bを書いたのは、『ワールドインク』の原理について、更なる議論を喚起し、学術的な研究を進めてもらうためだ。したがって最初に言っておきたいのは、読者のどなたでも、気軽にわれわれのアメリカン・ハザード・コントロール・グループに連絡を取ってほしい、ということだ。

われわれのウェブサイトに掲載すべき重要な参考文献をご存知であれば、直接シニア・アソシエイトのマーク・コールマン（メールアドレス：Mark@ahcgroup.com）に連絡をしてほしい。ブログに書き込みをしたい、アマゾンにコメントしたいなどの場合も、マークに連絡してもらいたい。マークは本書の議論を形作る8年の間われわれとともにおり、コンサルティング事業でも重要なリサーチに手を貸してくれた。

本書で紹介した企業アフィリエートに会いたいと思われたなら、AHCグループの企業アフィリエート・ディレクターを6年間務めている、ラシェル・マクラッケンが担当だ。彼女のメールアドレスは Rachel@ahcgroup.com、直通電話は、518-583-9615である。本書に関連して、あなたの会社への訪問を希望される場合も、彼女に連絡してほしい。

もし、われわれのワークショップ、例えば「企業戦略において高まる、再生エネルギーの役割」などに参加を希望されるのであれば、担当はデービッド・フレイジャー（メールアドレス：David@ahcgroup.com）だ。上記の再生エネルギーのワークショップの資料は、われわれのウェブサイトのワークショップのページにある「2006年11月」のイベントのページで、パスワード「renew06」と入力すると見ることができる。シーメンス、グーグル、ナイキ、オースチン・エナジーなどの企業の発表資料が掲載されている。われわれが発表する『コーポレート・ストラテジー・トゥデイ』に掲載される最新の論文についても、デービッドにご依頼いただけばお知らせすることができる。

第1章　ワールドインクの時代――企業の役割が変化する

ブルース・ピアスキーの過去の著作

ブルース・ピアスキー博士はアメリカン・ハザード・コントロール・グループの創設者であり、社長である。同社はエネルギーや素材、環境問題などを専門とする経営コンサルティング会社で、1981年に設立された。ピアスキーはこれまでに、事業戦略、バリュエーション、企業変革などをテーマに、5冊の独創的な著書を執筆した。そのを持つが、重量は大幅に軽い。

ボーイングはまた、GEのエコマジネーション・プログラムと共同で、よりエネルギー効率の良いジェット・エンジンの開発も進めている。GEのジェンクス（GEnx）エンジンは、他の同じサイズのエンジンと比べて、15％エネルギー効率が良い（このエンジンは大韓航空のボーイング787ドリームライナーで、現在使用されている）。またこのエンジンは、30％長く、30％部品が少ない翼に乗るよう開発されている。

ボーイングでエネルギー効率のよい技術への投資が始まったのは、ライバルであるエアバスが商業用ジェット機の生産と売上で1位になったときだ。ボーイングは製品を差別化することを決め、エネルギー効率をその焦点にした。2006年1月までに、95の航空会社が、次世代737型機を2960台発注。同月時点で1333台の受注残があり、現時点の販売価格で690億ドルの価値となっている。

ウォルマートの魚に関すること

2006年2月、ウォルマートは海洋管理協議会（MSC）認定の漁業従事者からのみ魚を仕入れる計画であると発表した。MSCは独立の非営利団体で、魚の乱獲を防ぐために設立された。ウォルマートによれば、今後3年から5年のうちに、北アメリカの店舗で仕入れて販売する天然魚は、MSC認定の漁業従事者からのものになるという。同社がこの目標を設定したのは、持続可能な製品を手頃な価格で提供する市場を育てるためだ。

ウォルマートの決定と行動が大きな意味を持つのは、同社が年間2850億ドル以上を売り上げる、世界最大の小売業だからだ。ウォルマートは世界に5700店舗を持ち、2000店舗のディスカウント店と食料品店を展開する。2005年には、世界に165店舗を出店する計画だ。これだけの展開と売上があるため、ウォルマートの影響力は大きい。ウォルマートが持続可能な漁業を促進すると決めたことは、漁業全体に多大なインパクトを与える。加えて、持続可能な食品と製品に対して、一般の関心を呼び起こし、そうした製品への売上にも影響を与える。ウォルマートは現在、MSC認定の漁業従事者とともに動き、非認定事業者が認定を受ける期間として、3年から5年を設けている。

トーマス・フリードマンの言う「フラット化する世界」が進展するにつれ、アメリカやインドや中国など多くの国で、データセンターがどんどん設けられていく。サン・マイクロシステムズによると、全データセンターの80%が熱と電力の面で制約を受けているという。また、増えつづける電力使用と発熱のため、40%のデータセンターが冷却と換気の装置を改善する必要があるという。

ゴールドマン・サックス流、金融リスク管理手法

2006年のはじめに時価総額が570億ドルを超え、株価が127ドルを超えたゴールドマン・サックスは、金融市場に変化を起こすべく立ち上がった。

2006年1月、ゴールドマン・サックスは「環境方針」を発表し、再生エネルギー投資のために10億ドルを確保するとした。この方針は、同社のトップが支持し、ガバナンスの仕組みでこの方針が実行されるよう監視するという、会社をあげてのものだ。環境方針は同社のコーポレート・シチズンシップ部門が監督し、直接同社のエグゼクティブ・オフィスに報告を上げる。

ゴールドマン・サックスの環境政策が示すのは、排出ガス取引、風力や再生エネルギーの開発、エコ・システム市場の開発、エネルギー効率、環境技術などに対して投資を行ったり、その金融市場が広がったりする可能性だ。

同社の環境政策は、世界銀行の「赤道原則」に対する同社のコミットメントを浮き彫りにする。赤道原則は、世界の開発プロジェクトに対して資金提供する際の、社会・環境面でのリスクを管理する枠組みだ。ゴールドマン・サックスはまた、環境に良い調達や商業開発、気候変動などに関する定めを設け、2012年までに温室効果ガスの排出量を7%削減するなどの目標を設定した。それ以外の目標には、例えば次のようなものがある。木材や紙などは、再生利用されたものか、環境的に問題がないとされたものを使う。地元の製品をもっと利用する。ニューヨークに18億ドルかけて建設する新しい本社ビルでは、LEED*の認定基準でゴールド・レベルを目指す。

* Leadership in Energy and Environmental Design.　アメリカのグリーン建築評議会（USGBC）が設定した建築基準で、建物と敷地の環境性能を評価するもの。獲得した点数により、ゴールドやプラチナなどのレベルが得られる。

ボーイングで「効率の良い空」を飛ぶ

2006年1月、ボーイングは同社の737型機で、エネルギー使用量を削減する2つの先進的技術を発表した。1つは、既存のモデルよりも700ポンド軽い機体。もう1つはカーボン・ブレーキだ。カーボン・ブレーキはスチール製のブレーキと同じ性能

15億ドルを投資する。2004年の投資金額は7億ドルだった。

- エコマジネーション製品の発売数を毎年増やしていく。環境的に優れ、その効果も測定可能で、顧客にとって価値がある製品やサービスを拡大する。エコマジネーション製品の売上高を2004年の100億ドルから、2010年には少なくとも200億ドルにし、それ以降は、もっと大きな売上を狙う。こうした製品の例としては、風力や太陽光発電などの再生エネルギー、エネルギーの生産と消費を効率的かつクリーンにする資材、より効率的な輸送技術、水を節約または浄化する製品とサービスなどがある。
- 温室効果ガスの排出量を削減し、エネルギー効率を高める。顧客がそれぞれの環境目標を達成するのをサポートするだけでなく、GE自身も温室効果ガスの排出量を2012年までに1%削減し、ガスの濃度を2008年までに30%削減する（それぞれ、2004年との比較において）。同社の成長予測に基づくと、何も対策を講じなければ、温室効果ガスの排出量は2012年までに40%増加する。

2005年10月には、ユニオン・パシフィック鉄道がハイブリッド機関車「グリーン・ゴート」を10台、レールパワー・テクノロジーから購入した。グリーン・ゴート製品は、一般的な機関車と比較すると、大気への排出量が80～90%少なく、ディーゼル燃料の使用量が40～60%少ない。ユニオン・パシフィック鉄道は、この機関車を南カリフォルニアの路線で走らせ、同地域の大気に関する要求水準を満たすようにする。ユニオン・パシフィック鉄道は、グリーン・ゴート機関車98台に、8100万ドルを支払う。

グリーン・ゴート機関車は操車場でも使われる。操車場で機関車は走ったり止まったりするために、エネルギー効率が悪くなる。こうした動きをする場合、ハイブリッド機関車は理想的だ。ハイブリッド機関車は、燃料費と排出ガスを減らし、騒音も抑えるよう設計されている。

アメリカで作られた最初のグリーン・ゴートは、2005年4月29日に、テキサス州フリーポートにあるBASFの化学工場に出荷された。その後、ユニオン・パシフィックやBASF、カナダ・パシフィック鉄道などの企業が発注し、100台以上のグリーン・ゴート機関車が操車場で働いている。

サン・マイクロシステムズで、電力使用の少ない毎日を作る

2005年11月、サン・マイクロシステムズは、環境を重視したプロセッサーの先駆けとして「クール・スレッド技術を用いたSPARC T1プロセッサー」を発表した。同プロセッサーは70ワット以下の電力しか使用せず、インテルのゼクソンや、IBMのパワー・プロセッサーなどの競合製品（約150ワットを使用）と比べると大幅な使用量の削減となる。

補遺A　社会対応型資本主義と製品開発

※文中★印は訳注

以下に示すのは、多国籍企業による社会対応のケーススタディである。

図30　大手企業による社会対応の動き

2006

2006年2月
世界最大の小売業であるウォルマートは、「北米市場向けの鮮魚や冷凍魚を、海洋管理協議会から認証を受けた漁業従事者からのみ購入することとする」と発表した。3～5年以内に実現する予定だ。

2006年1月
ボーイングは航空機の燃料効率の面で、新たな一歩を踏み出した。同社は、既存の航空機よりも700ポンド軽い737型機を開発したと発表したのだ。加えてボーイングは、スチール製のものに代えて、カーボンでできたブレーキを投入した。

2006年1月
ゴールドマン・サックスの「環境方針」によると、同社は「10億ドルを再生エネルギーへの投資のために確保しておく」としている。

2005年11月
サン・マイクロシステムズは、「クール・スレッド技術を搭載した、SPARC T1」を発表した。環境に配慮したプロセッサとして大きな進歩であり、画期的な製品だ。同製品は競合製品の二分の一しかエネルギーを消費せず、同時にスループット（処理量）を増加させた。
http://www.sun.com/processors/UltraSPARC-T1/index.xml

2005年10月
レールパワー・テクノロジーは、同社のハイブリッド機関車98台を、ユニオン・パシフィック鉄道が購入したと発表した。
http://www.railpower.com/dl/news/news_2005_10_13.pdf

2005年5月
GEのCEOであるジェフリー・R・イメルトは、GEが新たに「エコマジネーション」を開始すると発表した。エコマジネーションとは、技術とイノベーションで、重大な環境問題の解決を図ろうとする活動である。
http://ge.ecomagination.com

2005

GEで大いなるイマジネーションを持つ

2005年5月9日、ジェフ・イメルトはエコマジネーションの開始を発表した。エコマジネーションは、重要な環境問題を技術とイノベーションで解決しようとする試みだ。GEは2005年の売上高が1480億ドル、世界中に30万人の従業員がおり、多角的に事業を行っている。GEの事業には、ジェット・エンジン、テレビ放送（NBC)、プラスチック、発電所、機関車、送電設備、発電機とタービン、原子炉、画像診断装置、商業金融、消費者向けファイナンス、設備管理、保険などがある。このうち、金融・ファイナンス事業がGEの売上高の50%近くを占めている。

エコマジネーションの目標は、以下のとおりだ。

- 研究開発投資を倍増する。GEは2010年まで、よりクリーンな技術の研究に年間

● 著者

ブルース・ピアスキー

Bruce Piasecki

企業による環境問題への対応について専門性を有する経営コンサルティングファーム、アメリカン・ハザード・コントロール・グループ（AHC グループ）の創設者・会長。エネルギー・環境問題に関して、トヨタ、BP、シェブロン、デュポンなど数多くの有名企業のアドバイザーを務める。ベストセラーとなった『環境の卓越性を求めて』（*In Search of Environmental Excellence*, 1990）のほか、『環境マネジメントと事業戦略』（*Environmental Management and Business Strategy: Leadership Skills for the New Century*, 1998）、『企業の環境戦略』（*Corporate Environmental Strategy: The Avalanche of Change Since Bhopal*, 1995）、『有害廃棄物管理におけるアメリカの未来』（*America's Future in Toxic Waste Management*, 1988）、『投棄の先に』（*Beyond Dumping: New Strategies for Controlling Toxic Contamination*, 1984）など、環境問題と企業の社会的責任に関する著書多数。本書は数々のビジネスリーダーとの 25 年余にわたる実践的研究活動の集大成である。

※ URL：www.worldincbook.com

※ e-mail：bruce@ahcgroup.com

※講演依頼等：matt@lauthorities.com (Matthew Jones / Learning Authorities)

● 訳者

東方雅美

Masami Toho

慶應義塾大学法学部卒。バブソン大学経営大学院修士課程修了。大手出版社にて雑誌記者として勤務した後、教育関連企業の出版部門にて、経済・経営書の企画・制作に携わる。現在は独立し、書籍の翻訳、編集、執筆、および企画・コンサルティング等を行う。翻訳書にマリリン・ヴォス・サヴァント著『論理思考力トレーニング法』（中央経済社）、共訳書にラム・チャラン著『リーダーを育てる会社・つぶす会社』、ピーター・ターツァキアン著『石油　最後の 1 バレル』、ニコラス・P・サリバン著『グラミンフォンという奇跡』（以上、英治出版）、共著書に『MBA クリティカルシンキング』（ダイヤモンド社）などがある。

● 英治出版からのお知らせ
弊社ウェブサイト（http://www.eijipress.co.jp/）では、新刊書・既刊書のご案内の他、既刊書を紙の本のイメージそのままで閲覧できる「バーチャル立ち読み」コーナーなどを設けています。ぜひ一度、アクセスしてみてください。また、本書に関するご意見・ご感想を E-mail（editor@eijipress.co.jp）で受け付けています。たくさんのメールをお待ちしています。

ワールドインク

なぜなら、ビジネスは政府よりも強いから

発行日　2008年 4月14日　第1版　第1刷

著者　ブルース・ピアスキー
訳者　東方雅美（とうほう・まさみ）
発行人　原田英治
発行　英治出版株式会社
〒150-0022 東京都渋谷区恵比寿南 1-9-12 ピトレスクビル 4F
電話　03-5773-0193　FAX　03-5773-0194
http://www.eijipress.co.jp/
プロデューサー　高野達成
スタッフ　原田涼子、秋元麻希、鬼頭穣、大西美穂、岩田大志、藤竹賢一郎
松本裕平、浅木寛子、佐藤大地、坐間昇
印刷・製本　大日本印刷株式会社
装丁　長島真理

ISBN978-4-86276-024-1　C0034　Printed in Japan

DIALOGUE FOR THE
INTERDEPENDENT PLANET

高度文明社会と環境汚染、グローバル経済と地域経済、富裕と貧困、民主化と抑圧、平和と紛争、善と悪、私とあなた、誰かと誰か……この地球上のすべての物事は、互いに複雑に絡み合い、支え合い、影響し合う、「相互依存（Interdependence）」の上に成り立っています。

近代以来の工業社会がさまざまな問題に直面している今日、私たち自身が「何に依存しているか（What we depend on?）」、「何に影響を及ぼしているか（What we impact on?）」を自らに問いかけ、考え、行動することが、求められています。

こうした考えのもと英治出版は、資源・エネルギー、貧困、経済開発、自然環境、国際紛争など、グローバルな視点と取り組みが要される諸問題について、良書の発行を通じて広く問題提起と情報提供を行い、明日への「対話」を促します。

英治出版株式会社

[本書は以下の方々のご協力を得て発行しています（敬称略）]
三谷宏治、斉藤学、岡野晃明、今野玲、小坂敏和、原市郎、渡辺智志、雲丹亀知優、
髙橋渉、森正勝、松島栄樹、北畠勝太、古瀬豪、中澤竜馬、山口貴文、秋山咲恵、
小山史夫、近藤修、石本徹、小林潤一郎、鷹野秀征、小林活水、坂本竜也、
梅田友彦、諏訪部晋正、鈴木敏正、勝屋信昭、時任英陽、坂之上洋子

ディープエコノミー

生命を育む経済へ

ビル・マッキベン著
大槻敦子訳
四六判ハードカバー
本文 336 ページ
定価：本体 1,900 円+税
ISBN978-4-86276-029-6
2008 年 5 月発行予定

誰のための経済なのか？
人々は、その答えを求めて自ら動きはじめた。

ある調べによると、アメリカにおいて「自分はとても幸福だ」と答えられる人の割合が年々低下している。また他の国々でも、豊かになるにつれて、これとよく似た傾向が出始めている。経済成長によって物は手に入れたが、幸福は減ってしまった――。

一昔前、多くの環境保護論者が「ディープエコロジー」を主張した。これは、生態系における一生物としての人間の役割を、深く問うように促したものだ。今、私たちは「経済」についても同様の問いに迫られている。「誰のための、何のための経済なのか」と。

この答えを求めて自ら動き始めた人々がいる。インド、中国、南米、ヨーロッパ……あらゆる地域で住民たちが変化を生み出し、地域経済を活性化させているのだ。バーモントのファーマーズマーケット、ブラジル・クリチバの交通システム、インド・ケララの教育など、地域に芽生えた確かな力を、環境ジャーナリストがいきいきと描く！

変化ははるか下のほうから沸き上がりつつある。目を凝らしてみなければ分からないが、変化は確かに起きているのだ。たとえば……ファーマーズマーケットは食品経済において最も成長が著しい分野だ。数も売上も 2 倍に膨らみ、この 10 年でさらに倍増した。これは、土地の使い方から地域社会のアイデンティティにいたるすべてに新たな可能性があることを示唆している。

これとよく似た試みが、経済の他の分野、世界のさまざまな場所でも生まれつつある。行政によるものではなく、地域住民が自ら望み、必要だと感じて始まった試みだ。そして、新しいディープエコノミーを築くための足場を一つ一つ下のほうから形作っていく。普通の人々が身近なところから始めた静かな改革だ。（本文より）

スチュアート・L・ハート著
石原薫訳
四六判ハードカバー
本文 352 ページ
定価：本体 2,200 円+税
ISBN978-4-86276-021-0
好評発売中

未来をつくる資本主義

世界の難問をビジネスは解決できるか

われわれは、未来のために何を残せるのか？

テロリズム、環境問題、反グローバリズムの勢力によって、グローバル資本主義は現在、重大な岐路に立たされている。同時に、今日のグローバル企業もまた岐路にある。著しい方向転換をしない限り多国籍企業の未来は暗いままだろう。

今、直面している地球規模の難問に対処しなければ、甚大な環境変化が起こる可能性がある。これらの課題に、建設的に対処することが、資本主義が次の世紀も繁栄し続け、人類に利益をもたらすための鍵を握っているのだ。

「持続可能なグローバル企業」とは、利益を上げつつ、世界の貧困層の生活レベルを向上させ、後世のために生態系の健全性を守るビジネスを創造するという、民間主導の開発アプローチを表している。我々は、未来のために何を残すべきか？　挑戦は既に始まっている。

持続可能性の時代は到来した。しかし今、われわれは経済システム全体にそれを浸透させねば、長期健全性は保てない。そのためにも、資本が最善の用途に効率的に配分されるよう市場の進化をさらに進めることだ。今まさに、180度の意識改革が必要だ。われわれは地球を、破産する企業ではなく、長期投資の対象として見るべきである。

『不都合な真実』著者
元アメリカ合衆国副大統領、アル・ゴア

ニコラス・P・サリバン著
東方雅美・渡部典子訳
四六判ハードカバー
本文 336 ページ
定価：本体 1,900 円+税
ISBN978-4-86276-013-5
好評発売中

グラミンフォンという奇跡

「つながり」から始まるグローバル経済の大転換

携帯電話が世界を変える！
アジア・アフリカに広がるソーシャル・ベンチャー、
衝撃と感動のストーリー

アジア・アフリカの発展途上国で、携帯電話が急速に普及している。その波は、これまで電気すら通っていなかったような地域、1 日 2 ドル未満の所得で生活する「貧困層」の人々にまで及ぶ。携帯電話によって、経済・社会全体がダイナミックに変化しはじめた。情報通信が活発化し、農業も工業もサービス業も一気に発展。アフリカの「貧困層」の人々が、ケータイで買い物をしているのだ！

だが、なぜ、そんな「貧しい」人々に、携帯電話が広まったのか？

物語は、世界でも最も貧しい国の一つ、バングラデシュから始まる。戦争で荒廃した祖国の発展を夢見る起業家イクバル・カディーアは、バングラデシュでの携帯電話サービス立ち上げを考え、ただ一人、さまざまな企業や投資家に、その夢を説いて回る。

彼の夢に共鳴し、協力を申し出たのは、2006 年ノーベル平和賞を受賞したグラミン銀行の総裁、ムハマド・ユヌスだった。さらに、ノルウェーの電話会社、ジョージ・ソロスら米国の投資家、日本の総合商社・丸紅、NGO、そして現地の人々……夢は多くの人や企業を巻き込み、「グラミンフォン」が誕生。その衝撃は、アフリカ・アジア各国に、野火のように広がっている。

生活が変わり、ビジネスが生まれ、経済が興り、民主化が進む。「貧困層」として見捨てられてきた 30 億人の人々が立ち上がる。世界が、大きく変わり始めた。その全貌をドラマチックに描いた、衝撃と感動の一冊。

「グラミン銀行は貧困層を変え、グラミンフォンはすべてを変える」
ムハマド・ユヌス

「本書は、新たな成長のエンジンを求めるすべての経済人の必読書だ」
C・K・プラハラード

「私はこの話を全世界の人に知ってもらいたい」
ビル・クリントン

「ボトム・オブ・ザ・ピラミッド（BOP）に対してビジネスに何ができるか。本書はその実践的な方法と、その戦略によって人々がどのように救われるかを、わかりやすく示してくれる」
スチュアート・L・ハート